JN120504

地域金融機関による企業支援の新しい展開

事業性評価に基づく人材マッチングの可能性を探る

家森信善・編

はしがき

　経済のグローバル化、少子高齢化やIT化などの構造的な変化に加えて、2020年以降のコロナ禍によって、多くの中小企業は従来のビジネスモデルの変革に迫られている。新しい挑戦に社内人材だけで対応していくことが難しいのは当然である。私が実施している企業アンケートでも明らかになっているが、資金繰りと同じぐらい、あるいは、それ以上に、経営人材の不足が深刻な経営課題となっているのである。多くの中小企業は、必要な事業転換を担う経営人材を外部に求める必要があるが、独力で、自社に相応しい人材を探してくるのは難しい。

　金融機関の観点で言えば、従来のように資金面での支援だけにとどまっていては、顧客である中小企業の窮状を救うことはできなくなっているのである。金融行政もそうした点を認識しており、近年、金融機関が提供できる業務の範囲を緩和してきている。本書が注目する人材支援に関しては、2018年に金融庁が監督指針を改定して、金融機関による人材紹介業務を解禁し、2021年5月の銀行法の改正によって、登録型人材派遣業務についても認められるようになった。実際、この規制緩和の機会を利用して、多くの地域金融機関が人材紹介業務に参入している。

　しかしながら、新しい業務であるゆえに、参入してみたもののほとんど実績を上げることができていない金融機関や、もっと悪いことに、企業支援ツールとしてではなく、手数料獲得ツールと位置づけてしまっている金融機関があるようである。金融機関からの人材紹介・マッチングは「懲り懲りだ」という中小企業が増えてしまっては、せっかくの有効な支援策の活用が大きく制約を受けることになってしまう。

　そこで、啓蒙活動の一環として、家森は様々な機会に論考（たとえば、「金融機関による人材紹介業務の進展と期待」『金融ジャーナル』2022年10月、家森信善・米田耕士「地域金融機関による人材紹介」『日本労働研究雑誌』第

738 号　2022 年 1 月、対談記事「いま「レビキャリ」を勧める理由」（伊藤豊金融庁監督局長との対談）金融庁主催セカンドキャリア支援フォーラム 2023年 2 月 11 日）を発表するとともに、2022 年 12 月 7 日に神戸大学においてシンポジウムを企画した。その内容が多くの関係者に参考になるとの声が多かったところから、シンポジウムの議論を収録した上で、本業支援の有力ツールとしての人材マッチングへの金融機関の取り組みの意義や現状、課題を考察することを目的にして、本書の刊行を決意した。

　本書の執筆に際しては、全国的な動向や優れた事例を紹介するために、政府（内閣官房や金融庁）、政府事業を始め様々な人材支援事業に関与しておられるPwC コンサルティング合同会社、広島銀行や北洋銀行、東濃信用金庫に寄稿やシンポジウムへの登壇をお願いした。おそらく、現在の金融機関の人材紹介について、ベストの執筆陣をお願いできたと思っている。さらに、本書の特徴の一つは、神戸大学が立地する兵庫県の動向にフォーカスして、県内の金融機関（みなと銀行と、筆者が近年共同研究を進めている尼崎信用金庫）、支援機関（兵庫県プロフェッショナル人材戦略拠点）からも寄稿をいただいたことである。

　計画通りに、編者の意図を汲んだ原稿を提出していただいた本書の寄稿者の皆様、シンポジウムにおいて豊富なご経験と深い知見を披露していた登壇者の皆様に心から感謝したい。

　本書の編集を終えて、読者に対して、事業性評価をしっかりと実践している地域金融機関なら、この支援ツールをうまく活用して、企業の本業の発展を実現できるというメッセージを伝えられたと自己評価している。もしこの自己評価が正しかったとすれば、本書の刊行が日本の地域金融の質向上に大きく貢献したことになるであろう。なお、本書は、人材紹介業務を取り扱っているが、近年、金融機関が取り組み始めた新しい支援ツール（たとえば、地域商社機能など）に対しても、本書の議論の大半が当てはまるものと考えている。

　本書の刊行に際しては、公益財団法人・神戸大学六甲台後援会から「令和5年度　学術成果公開（研究成果刊行）助成」を受けている。神戸大学六甲台後援会は、神戸大学の社会科学系部局の卒業生の皆様が、母校の研究活動を支援するために作られた公益財団法人である。日頃からの同財団の支援は本当にありがたく、同財団および卒業生の皆様に改めて感謝の意を記しておきたい。

　家森が所属する神戸大学経済経営研究所はわが国の金融論研究の中核の一つである。本書は、神戸大学経済経営研究所の発行している経済経営研究叢書（金融研究シリーズ）の別冊としての性格も持っている。また、神戸大学社会システムイノベーションセンターにおける研究会や、科学研究費補助金の研究成果でもある。神戸大学経済経営研究所、神戸大学社会システムイノベーションセンター、科学研究費補助金に対して感謝したい。

　さらに、本書は、2023年4月に発足した地域共創研究推進センターとしての初めての書籍である。本書の刊行も含めて同センターの活動に対しては、神戸大学・令和5年度「地域連携事業（組織型）」の支援も受けている。

　最後になるが、本書の出版を実現していただいた神戸大学出版会の皆様にもお礼を申し上げたい。

　2023年8月

神戸大学経済経営研究所教授
同地域共創研究推進センター長

家森　信善

目　次

第 1 部　広がる金融機関の人材マッチング支援

第 1 章　地域金融機関の事業性評価と人材マッチング

第 2 章　金融機関による人材マッチング支援と　　　　　　政府の支援策

第1部

広がる
金融機関の
人材マッチング支援

第1章 地域金融機関の事業性評価と人材マッチング

日下　智晴

1. 地域金融機関のありよう

　地域金融機関という呼称は、現在では地方銀行、第二地方銀行、信用金庫、信用組合を総称するものとして定着している。これは通称メガバンクのようなグローバルな金融機関と対比させ、主に国内で地域企業を主要な取引先とする金融機関という意味合いで使われるようになった。ところが大雑把なことに、銀行と信用金庫、信用組合では根拠法が異なることは捨象している。

　事実歴史を紐解くと、それらを一括りにしていることを見直したくなるほど異なる成り立ちをしている。地方銀行には二つのタイプがあり、メガバンクと同じく明治期に設立された銀行を源流とするものと、昭和期（戦後）に設立された銀行とが混じっている。地域一番行は、多くの県で前者である。

　第二地方銀行は中世に興った相互扶助の仕組みである講（無尽）を源流とし、近代に無尽会社として法整備されていた会社を戦後に相互銀行へと衣替えしたものである。そして昭和が終わる頃に普通銀行に転換した際に、それまでにあった地方銀行と区別するために第二地方銀行と名乗ることになった。

　銀行や無尽会社は私企業であるため、基本的に取引先を選別する。そのため、仲間を集めてコミュニティ金融を展開したのが信用組合であり、戦前にはその根拠法が銀行法とは別に制定されていた。その後の戦時統制で銀行は集約されいわゆる一県一行となるなかで、地域の事業者にとっては金融の重要な機能を組合に期待していた。戦後になると、コミュニティ金融をさらに広げるために新たに信用金庫法が制定され、信用組合の一部が移行するなどして現在の金融機関が出揃ったのである。

このように歴史も法律も異なる金融機関が混在しているのが我が国の金融の特徴であるが、そこには常に均質化の圧力がかかってきた。戦後の復興期から高度成長期にかけて多くの事業者が資金を求めて金融機関に列をなしたため、金融機関はもっぱら貸出の原資となる預金集めに奔走した。そのことにより、監督当局から「預金取扱金融機関」としての規制を横断的に受けたのである。その象徴が「他業禁止」であり、原則として預金業務・為替業務・貸出業務を行うものとされた。その結果、利用者には金融機関の見分けがつかなくなり、名称や支店の大きさが違う程度にしか差異がなくなってしまった。

　そのような預金取扱金融機関は、その均質性ゆえに過剰ではないかと言われ続けてきた。それが顕著になったのが2000年代前半で、メガバンクは統合が進む一方で、地方銀行、第二地方銀行は金融庁から信用金庫、信用組合と同じいわゆるリレバンを求められたことで行為の均質化が加速した。法律の区分によらず行政的に「地域金融機関」と括られ、中小企業貸出先数を競ったことで企業の取引金融機関数を顕著に増加させた。それにより、地域金融機関の数が多いことは企業のためにならないという意見が出てもおかしくはなかった。

　ところが現実的には、根拠となる法律の異なる銀行と信用金庫、信用組合はそのままでは統合できない。銀行どうしであっても、地方銀行と第二地方銀行では外から見ると分からないながら大きな差があり、共同持株会社の設立はあったものの合併による減少はわずかであった。

2. 待ったなしの人口減少

　そのようななか、2008年から我が国は総人口減少へと転じてしまった。

　戦後は一貫して人口の増加があったため、現在の金融機関にとっては経験したことのない外部環境となった。14年には「増田レポート」が消滅可能性自治体という衝撃的な試算をし、地域の未来に一気に暗雲が広がった[1]。そこで

1　日本創成会議・人口減少問題検討分科会 提言「ストップ少子化・地方元気戦略」2014年5月。

政府は、まち・ひと・しごと創生本部を創設して地方創生を重要政策として位置付けた。同じくして金融庁は、金融機関に対して「持続可能なビジネスモデルの構築」を求める姿勢に転換した。地域の未来がなくなってしまえば、地域金融機関の経営は成り立たなくなるからである。

　このような人口減少社会の到来により、地域金融機関にとっては地域社会の持続性と自らの持続性がほぼ同義となった。特に信用金庫や信用組合は法律で営業区域が限定されるため、均質だから数を減らせば良いという単純な話ではなくなった。未来に存続できるかどうかが分からなくなってしまったのである。

3. 法人営業への注力

　人口予測は最も誤差の少ない将来推計であり、今後人口は確実に減っていく。そうなると、地域金融機関にとっては個人向け営業の拡大の余地がなくなる。しかもコロナ禍でさらなる出生者数の減少に見舞われており、ファミリー層は今後減少の一途をたどっていく。そうなると、支店を数多く構えて個人相手に営業することは、明らかに持続的ではないことになる。

　そのため、事業者向けすなわち法人営業が地域金融機関の頼みの綱となる。今ある地域企業を成長させるだけでなく、地域の資源を活用した新たな事業を立ち上げることも必要である。人口減少は不可避であっても、事業を興こすことで地域経済の総和を維持・拡大させることはできるはずである。15年には金融庁が、「企業経済の持続的成長」を金融行政の目的として掲げたことも、そのような問題認識によるものである。

　ところが、金融機関の法人営業には、99年制定の「金融検査マニュアル」が立ちはだかっていた。それに定められた自己査定では、企業向け融資については当該企業の財務状態と担保の有無で分類することを義務付けていた。それは不良債権をあぶり出すことには一定の効果があったものの、企業業績の変化がそのまま融資への引当に影響し金融機関の業績を左右するようになる。この構造は景気後退時の信用収縮を過度に生じさせるため、リーマンショック後の

09 年にはその効力を一時的に停止させる法律（中小企業金融円滑化法）を制定しなければならなかったほどであった。

　その問題を改善するために、金融庁は金融機関が融資先企業の事業について深く理解することを「事業性評価」という言葉を用いて慫慂するようになった。財務状態だけで企業を評価することができないのは言うまでもなく、ようやく監督当局がそのことを前面に出して法人営業の質的な転換を促したのである。

4. 金融機関による事業性評価

　金融機関が行う事業性評価とは、分解すると、企業の事業に関する定性的な情報を扱う知的資産分析と、財務諸表などに表される定量的な情報の分析からなる。知的資産とは、07 年に経済産業省が「知的資産経営マニュアル」において提唱したもので、財務諸表に表れない無形資産を競争力の源泉として把握しようとする試みである。

　金融機関を他の企業支援者と比べると、定量情報の分析力が優れているとは言い難い。なぜならば、自身の融資や自己査定のために行っていたに過ぎず、企業支援のための財務分析などやったことがないからである。他方で、融資機能を持っていることの企業への影響力は大きく、若い担当者であっても社長に会うことができる。金融機関にとって比較優位を持つ点は定性情報の把握力であり、事業性評価とはそのことを積極的に活かそうとしたものに他ならない。

　ところが、金融検査マニュアルが存在している状況では地域金融機関の反応は鈍かった。金融庁が事業性評価に「担保・保証に過度に依存しない」という枕詞をつけたこともあり[2]、企業に恩恵を与えるだけで自身のメリットが想定できなかったのである。そのため地域金融機関の多くは「事業性評価シート」などの帳票を新たに制定して、そこへ企業から聞いた定性情報を書く程度の取組みに止まることになった。

2　『平成 26 事務年度 金融モニタリング基本方針』（2 ページ）。

5. 規制緩和の進展

　同じ頃、人口減少社会において地域経済の活性化を図るために、国策として
金融機関の活用が叫ばれるようになった。それを受けて金融庁は、金融機関の
業務範囲に関する規制を大きく緩和する方向に舵を切った。長らく続けてきた
預金取扱金融機関の他業禁止を、部分的ではあるが明確に転換させたのである。

　その皮切りが18年に行われた監督指針の改定で、金融機関が取引先企業に
対して人材紹介業務を行うことが可能であることが明確化された。また19年
には地域商社への出資も可能となり、取引先企業の商品・サービスを販売し、
そこで収益を得られるようにもなった。

　これらの規制緩和は、金融機関が企業に対して「カネ」以外の経営資源をも
提供できるように企図されたものである。融資取引に加えて、「ヒト」「モノ」「情
報」でも取引できることで、金融機関の法人営業は全く新しい局面を迎えるこ
とになった（図表1）。

図表1　企業のステークホルダーと経営資源

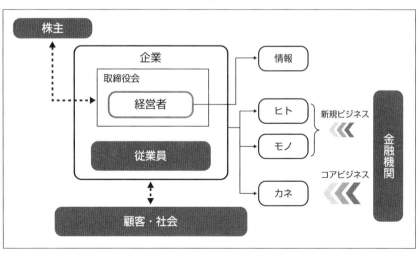

（出所）筆者作成

企業経営は、経営者が従業員を雇用し顧客・社会に対して商品・サービスを提供することで成り立っている。それを確実に行うためには、「ヒト」「モノ」「カネ」「情報」といった経営資源を揃えなければならない。そこに「カネ」を融資してくれている金融機関が「ヒト」や「モノ」も提供してくれるとなると、願ったり叶ったりのワンストップサービスになる。

　企業への経営資源の提供を目的とした規制緩和が行われたことは、歴史的に見ても極めて重要なことである。戦後の復興に合わせて現在に続く金融機関の形ができあがったように、未曽有の人口減少に合わせて将来の金融機関の方向性が示されたのである。

6. 法人営業と事業性評価

　他業禁止が緩和され、多くの企業に必要な経営資源を提供することができるようになった金融機関は、これから法人営業に益々力を入れていくことになる。その起点が事業性評価であり、課題解決に必要なものを選んで提供していく。すると金融機関の業績は、事業性評価の巧拙すなわち企業との対話の質で変わることになる。それは金融庁の企業アンケート調査でも明確に示されていた。

　図表 2 は筆者が金融庁に在籍していた 19 年に、事業性評価の効果を検証するために行った調査の一つである。まず企業に対してメインバンクとの①経営課題に関する対話、②分析結果のフィードバック、③分析結果の納得感、を質問し、いずれも有と回答した企業を「事業性評価進展先」と呼ぶことにした。そして、その後にメインバンクから提案されたサービスを応諾したかどうかを質問し、回答を「事業性評価進展先」と「その他の先」に分けて集計した。その結果、融資の応諾率は 12 ポイントしか差がなかった一方で、経営改善支援サービスは 24 ポイントもの差となり、実に倍の違いがみられた。

　この結果の意味するところは、融資を受ける、すなわち「カネ」を借りるのは必ずしも事業を理解している金融機関でなくても良いが、その他の経営資源となると事業の理解が不可欠だということである。金融機関から見ると、事業

図表2　金融機関のサービスの応諾率

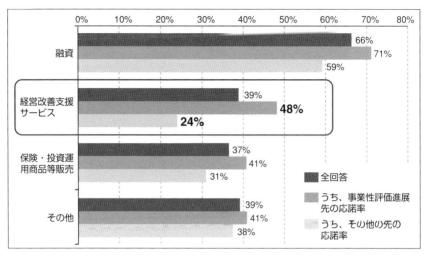

（出所）金融庁「金融仲介機能の発揮に向けたプログレスレポート」2019 年

性評価を行ったかどうかで経営支援サービスの"打率"が変わることになる。

　このように、これからの法人営業の実績は、事業性評価の内容に連動する。内容がより充実すると"打率"が上がり、実績も高まることになる。融資をするだけであればこれまでのように足しげく通い、資金需要を把握して素早く対応すれば事足りる。そうでなく経営支援サービスの提供までを見据えるならば、事業性評価への組織的な対応が不可欠となる。これからどちらで行くのかは、地域金融機関の経営者の判断なのである。

7. コロナ禍で変わった社会

　歴史の偶然とはままならないもので、金融庁が業務拡大の規制緩和を進めるとともに効きすぎるブレーキだった金融検査マニュアルを 19 年末に廃止したタイミングで、コロナウィルスの世界的なパンデミックが始まってしまった。これは人の感染症であり、行動制限も含めて社会のあり方を見つめ直す機会と

なった。金融面では、影響をまともに受けた企業・業種へのかつてない方法での支援が行われ、地域金融機関が毛細血管のようにあらゆる地域企業に融資を届けることに成功した。

　折しも 15 年に国連で採択された SDG's 宣言により、地球規模の温暖化への対処が課題となっていたことと重なった。地球環境や人類社会の将来を決めるのも人の行動であり、国の役割は、国民の安全・安心な暮らしを守るとともに、その能力を最大限発揮できる環境の整備であることが明確になった。そうしてクローズアップされてきたのが「人への投資」であり、企業も従業員の働き方を含めた「人的資本経営」へと急速に変わっていった。

　今や「ヒト」は経営資源の一つといった扱いではなく、企業のみならず社会の将来をも決める資本として見直されつつある。それは知的資産経営の視点とされた人的資産の考え方をさらに進化させたものといえる。そのような時代にあって、金融機関は改めて取引先企業の事業を見つめ、その知的資産を把握することが何よりも必要となっているのである。

8. 金融機関の人材マッチング

　21 年時点の金融庁の企業アンケート調査によると[3]、地銀において有料職業紹介事業の許可を取得済みまたは取得予定なのが約 9 割となっている。規制緩和から僅か 3 年でこのように拡大した要因も、同調査に見ることができる。

　21 年の調査では、「経営人材が不足している」と回答した企業が 66.6%あり、多くの中小企業が経営人材不足の状況にある。加えて、経営人材を求めている企業への「誰に紹介してもらいたいか」の質問については、35.0%もの企業が「メインバンクやそのグループ会社」と回答している。これは「社内の役員・従業員」、「社外の知人」らのいわゆる縁故採用を除くと、最も高い割合である。

3　金融庁「地域企業における人材ニーズと地域金融機関の位置付け」
　https://www.fsa.go.jp/policy/chuukai/jinzai/reference.html

このことは、金融機関が人材マッチング業務を行うことは、まさに企業経済の持続的成長に資することを表している。しかもそれは、金融機関の法人営業の拡大を伴うことになる。人材に関するサービスの提供は、融資のみならず、事業継承や M&A などの端緒にもなりうる。普段は取引の少ない無借金企業や創業後間もないベンチャー企業など、従来サービス提供しにくかった企業へのアプローチのきっかけにもなるであろう。

　金融庁の幹部も言及しているように[4]、持続可能なビジネスモデルを模索している地域金融機関が人材マッチング業務を通じて取引先企業の課題に向き合うことは、極めて重要な意味合いがある。企業のニーズに寄り添い必要とされるサービスを提供することで、金利とは別に相応の対価を受け取ることができる。その企業が将来持続すれば、金融機関のサービス提供も将来的に継続していく。その好循環は、金融機関を監督する金融庁にとっても望ましいことなのである。

9. これからの法人営業

　事業性評価に基づく人材マッチングを始めとする経営支援サービスの提供、それこそがこれからの法人営業の要であることは間違いない。ところが冷静に考えると、それは手段である。目的は何か。

　それを総称すると、企業の未来を創ることである。地域に必要な事業を企業経営者と地域金融機関が共に創ること、すなわち価値共創こそが目的となる。それを金融庁は「共通価値の創造」と表現しているが、企業が生み出す価値に金融機関の利益が含まれていることを示している。

　そのためには、企業の未来を描くような「将来計画」があることが好ましい。

4　伊藤　豊（金融庁監督局審議官）「〈インタビュー〉大企業人材の活用で地域企業の経営に新風を　1 万人規模の人材リストを整備し、マッチングを後押し」『週刊金融財政事情』2021 年 2 月 15 日号。

かつては事業再生のための「実抜計画」が一世を風靡したが、人口減少社会においては価値創造のための計画を描かなければならない。これは現在法制化が進められている「事業成長担保権」にも通じるものであり、企業の過去（財務状況）や今（有形固定資産）ではなく、将来に目を向ける時代となるのである。

　地域金融機関の均質性は、そのような時代においていよいよ終わりを迎える。企業に提供するサービスが「カネ」だけでなくなったことで、何をどのように扱うかはそれぞれの金融機関に委ねられる。企業からすると、事業を理解する金融機関に取引を集中させることになるかも知れない。

　いずれにしても、誰も見たことのない人口減少社会を私たちも金融機関も迎えていることを、決して忘れてはならない。

第2章 金融機関による人材マッチング支援と政府の支援策

笹尾　一洋

1. はじめに

　地域企業の生産性向上・成長、そしてその総体としての地域経済の活性化を実現するうえで、各地域において幅広い企業との接点をもつ地域金融機関の果たす役割は大きい。近年では、地域金融機関による取引先企業への支援は、金融面の支援にとどまらず、本業支援にまで広がりつつある。地域の経済・社会が様々な課題に直面する中で、地域企業を側面支援する地域金融機関への期待は、これからも高まっていくだろう。

　そんな中、2018年3月の監督指針の改正により、金融機関において取引先企業に対して人材紹介業務を行うことが可能である旨が明確化され、これを契機に、地域金融機関による事業者への「ヒト」の面からの支援が始まった。

　地域の中堅・中小企業では、経営課題を認識しているものの、人的資源の不足等から課題に対応できていないケースが少なくない。このため、実際に手を動かすことのできる「人材」を提案できる人材紹介をはじめとした人材ソリューション事業は、取引先支援の有効なツールとなりうるのである。

　専門的なスキルが色々必要と思われがちな人材紹介事業ではあるが、金融機関として事業性評価を通じたソリューション提供をしてきた流れで、コンサルティング業務やビジネスマッチング（BM）業務でやってきたことを進化・拡張させたものであると捉えると、それほど難しいものではないと考えられるのではないか。詳しくは後述となるが、金融機関にとって、既存業務との親和性が高く、事業性評価からの連続性があり、他の民間人材紹介業者などと比べてもアドバンテージがある業務であり、臆することなく取り組むことが期待されよう。

2. 地域課題と人材ソリューション

　人口減少が進行し、特に、地方において労働力人口の減少、消費市場の縮小が懸念される中、ひとが訪れ、住み続けたいと思えるような地域を実現するためには、地域の稼ぐ力を高め、やりがいを感じることのできる魅力的なしごと・雇用機会を十分に創出することが重要である。

　そのためには、地域企業の生産性を全般的に引き上げる必要があり、事業モデル、業務プロセスの見直しや、技術開発、ＤＸ投資や販路開拓等を推進していくことが求められる。そうした局面では、新たな事業の担い手の確保や知見の導入等のため、外部人材の確保は重要となる。特に、コロナ禍を経て、ＥＣを通じた販路拡大やＤＸの推進など、新たな課題に対応するための人材ニーズは、さらに高まりつつある。

　また、多くの地域企業において、経営者の高齢化への対応は、避けては通れないため、事業承継が課題とされているが、これも「ヒト」と密接に関係する。外部人材に事業を承継するのか、子に承継しつつもその経験を補うような右腕人材を雇うのか、子に承継するまでの中継ぎとして外部から人材を連れてくるのか、人材ソリューションに限っても様々な選択肢がありうる。

　ところで、「新しい資本主義」実現に向けた最重要の柱として位置付けられる「デジタル田園都市国家構想」においては、論点の１つとして「デジタル人材の育成・確保」の中の「地域で活躍するデジタル人材の確保」、とりわけ企業のデジタル人材確保支援が注目されている。

　そこで、帝国データバンクが 2022 年 10 月に公表した「ＤＸ推進に関する企業の意識調査」（有効企業回答数 11,621 社）が、現状の地域企業の実態を端的に表しているので紹介する [1]。それによると、ＤＸに取り組む上での課題では、「対応できる人材がいない」（47.4％）や「必要なスキルやノウハウがない」

1　https://www.tdb.co.jp/report/watching/press/p221010.html（2023 年 6 月 12 日閲覧）

（43.6％）といった、人材やスキル・ノウハウの不足に関する課題が総数の4割以上となっており、多くの企業が抱える課題となっていることがわかる。

　こうした課題を克服し、地域企業の生産性向上・成長を実現し、その結果として、地域経済を活性化させていくために、最も重要な要素は「ヒト」であり、地域企業の成長戦略を描け、それを実現するために必要な専門知識やノウハウ、経験を有する経営人材や専門人材の確保が不可欠となっているのである。

　その際、地域金融機関には、地域企業をよく知る支援機関として、十分な役割を果たすことが期待されるが、従来から地域企業に対する伴走型支援を徹底し、地道に継続して企業の生産性向上や地域活性化に努めているところもすでに存在している。

　究極的には、取引先企業の生産性向上・成長にどれだけ貢献しうるか、ということが重要であり、地域金融機関には、単に有料職業紹介事業を提供している、という「看板」を掲げるだけでなく、事業者の支援に資する人材ソリューションの提供とそのための人材育成・確保を含む体制構築が期待される。

3. 地域金融機関が人材ソリューション事業を行う戦略的意義

　そもそも人材紹介をはじめとした人材関連事業は、公的機関としてのハローワークや民間の専業の人材紹介会社に任せておけばいいのではないか、なぜ金融機関が行う必要があるのかと思う人もいるだろう。それも無理はないかもしれない。なぜなら、今までの人材紹介等をはじめとした関連事業については、あくまで起点は「働き手＝求職者」の場合が多く、官であろうと民であろうと、まずは求職者の登録があって初めて動き始めるものであって、景気後退期の失業者対策も含め、働き手の「職探し」の観点が中心であった。

　一方、金融機関が行う人材紹介事業とは、企業の経営課題を洗い出し、課題解決に必要な知識・経験・スキル等の要件を定義し、当該知識・経験・スキル等を有する人材を探し出し、マッチングさせるものである。すなわち、求人企業の企業課題を解決できる人材を探すこととしており、起点が異なるのである。

起点が、まずは「経営課題の洗い出し」となれば、地域金融機関が事業性評価の中で、融資等の本業の一環として既に実施していることが多いことから、地域金融機関の本来業務との親和性は相応に高いといえないだろうか。

図表1　金融機関ならではの「伴走型人材支援」

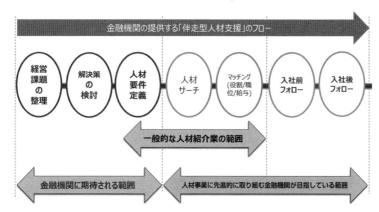

出所）筆者作成

　また、地域金融機関にとって、人材紹介事業は、従来から行っている法人融資等の本来業務の強みが活かせる業務であり、人材受入企業との関係においては、他の人材ビジネス事業者等と比較し、大きな優位性がある。具体的には、①取引先の財務内容や経営課題を事業性評価等により把握している、②取引先の経営者等のキーマンとの接点を有している、③取引先との長期にわたる伴走支援を継続できる関係を構築していることである。

　実は、人材ソリューションにおいて、この「前行程」とでもいうべき、経営課題の整理→解決策の検討→人材要件定義、こそが、地域金融機関が「伴走型人材支援」を行う意義であり、人材マッチングをうまく成約させるための要諦なのである（図表1）。

　ちなみに、金融庁の企業アンケート調査では、企業で経営人材が必要となった場合[2]に、誰に紹介してもらいたいか確認したところ、「メインバンクやそ

のグループ会社」が社内関係者を除くと最も高い割合（35.0％）となっており、地域企業にとっても、人材を紹介してくれるのが、事業をよく把握している金融機関であることに、相応の安心感があるのかもしれない。

　一方で、企業経営者にとっての悩みや課題というのは、自社にとって足りないもの＝弱みでもあり、債権者である金融機関に対してあまり知られたくないものかもしれない。そうした課題、すなわちソリューションの提供ニーズを引き出すためには、何といってもお互いの信頼関係が不可欠であり、地域金融機関の営業店と取引先企業との「心理的安全性」が確保されているかどうかは重要なポイントとなる。また、従来から行われていた財務内容や経営課題を把握するための「事業性評価」についても、その深度が問われるとともに、ソリューションにうまく繋げられるレベルであることが求められる。

　いかに取引先企業から「真の相談相手」として認知されているか、そのためにも当該取引先企業をどの程度深く知っているのか、など、今までの取引先企業と地域金融機関との関係性についての真価が問われているともいえるかもしれない。

　今までは、ヒト・モノ・カネの中では主にカネを扱ってきた金融機関にとっては、「ヒト」のビジネスは、すぐには体得しづらいかもしれないが、人材ソリューションの提供は、地域企業の生産性向上・成長を後押しするだけでなく、金融機関自身のビジネスへの好影響も期待される。例えば、「ヒト」に関するコンサルティングサービスは、新たな資金ニーズ創出などの融資への影響はもとより、事業承継やM＆Aなど、他のサービスの端緒にもなりうる。必ずしも融資と紐づかないサービスであるからこそ、預金取引だけの無借金企業や、融資取引は容易でないスタートアップ企業など、従来アプローチしにくかった企業への提案のきっかけともなりうるであろう。また、コロナ禍を経て、経営改

2　金融庁が実施した2021年度調査では、「経営人材が不足している」と回答した企業が、全体の66.6％となっており、多くの地域企業の経営者自身が自らの企業において経営人材の不足を認識していることがうかがえる。

善が必要な取引先への対応でも応用できるかもしれない[3]。各金融機関の地元経済の活性化のためにも、積極的に取り組むことが期待されよう。

なお、中小・零細規模の信用金庫・信用組合をはじめ、体制・人員的な観点から、全てを自ら取り組むことができない金融機関もあるかもしれない。そうした金融機関においては、詳しくは後述するが、各道府県が運営する公的機関である「プロフェッショナル人材戦略拠点」に相談されたい。

4. 金融機関の本業支援・資産良質化等に資する 人材ソリューション

人材ソリューション事業は、事業性評価や本業支援を通じて金融仲介機能の発揮を徹底させる中で実施していくことを目指さなければ、将来的な自走化は覚束ない。人材ソリューション事業は、顧客企業の課題解決・伴走支援活動の一環であり、顧客視点で金融仲介機能を発揮していくことを事業計画等の中でしっかりと位置づけたうえで、その方針・計画を着実に実行していくためには、相応な体制整備が必要となる。

特に、人材ニーズの的確な把握は、その対象が経営幹部などハイレベル層になればなるほど、当該企業の事業性に対する理解を深めていく中で初めて可能となるものである。したがって、従来からの事業性評価の枠組みを人材ソリューション業務に如何に連続性のある形で繋げ、適合的に活用するかなど、サービスの質的な向上を図るための不断な工夫の積み重ねが重要となる。

とりわけ、個別の人材ニーズを掘り起こすのは、地域企業との一義的な接点を持つ営業店である。第一線で実際に企業と接する営業店職員が、人材ソリューション事業の意義や金融機関の行う業務内での位置づけを理解し、顧客との信

---

3 金融庁が実施した2022年度調査では、地域企業が今後受けたい支援として、経営改善支援を受けたいと回答した企業のうち、「経営人材の紹介」と回答した企業は23.1％と、他のサービス対比高い水準であった。また、その中で、手数料を支払ってもよいと回答した割合は、「経営人材の紹介」が半数近くと最も高い。

頼関係を有していなければ、もとより個別の求人ニーズが顕在化されることはないだろう。

　そこで、このコロナ禍をうけての地域経済減退からの早期回復のためにも、単なる人材紹介事業に留まらず、「ヒト」を介した経営全般にかかる様々なソリューションを講じ、取引先企業の更なる成長を後押ししていく必要性について、より身近な既存業務との関係に付言しつつ、改めて考えてみる。

　前述の通り、人材紹介事業は、金融機関の本来業務との親和性は高く、例えば、ビジネスマッチング（ＢＭ）業務を行う場合も、単なる取次ではなく、ＢＭ先の各提携先ができること（課題解決の内容）を具体的かつ詳細に把握し、企業との課題整理から解決策の検討を経つつ最適な提携先を最適な形でマッチングさせ、事後フォローまで行っていると思われる。そうした内容の進化系・拡張系として、以下の要点を押さえつつ、人材ソリューション業務を捉えてみてはどうだろうか。

　①要件定義：取引先が何を解決したいか・すべきかをヒアリング・協議し整理する

　②推進マネジメント：要件の実現に向け、各タスクを推進・管理する

　③顧客に対する姿勢：本気で関心をもつ→わからないことは率直に質問・確認するファシリテーションを意識し、都度フォローを欠かさない

　また、人材紹介事業は、究極の「本業支援」ともいえるのではないだろうか。例えば、販路開拓のためのビジネスマッチングの支援（販売先の紹介等）を行ったとしても、必ずしも継続的な取引に至るとは限らず、一時的な支援に留まることも少なくないのではないだろうか。しかし、人材紹介によって営業に長けた戦力の採用をお手伝いできれば、その人の活躍により企業の永続的な発展に寄与できる。取引先の成長に向け、中長期的な関係に繋がる非常にダイナミズムがある業務といえるのではないだろうか。

　さらに、既存のソリューション業務であるＭ＆Ａや事業承継は、一部のある程度の企業規模を有する特定の取引先にしか提案できず、専門的な知識がある程度必要なため、関与できる金融機関職員も限られる。一方、人材について課

題のない企業はほぼないため、人材ソリューションは、すべての営業店職員が、企業規模や経営状況等を問わず、すべての取引先に提案できるものであり、また経営者からの感謝を極めて得られやすい分野ともいえるのではないだろうか。

最後に、人材ソリューション事業で提供される継続的な「本業支援」は、相応に時間はかかるかもしれないが、取引先企業の事業変革等による経営体質、組織力の強化や組織の変革・イノベーションをもたらし、結果として、収益体質の強化に繋がることとなりうる。コロナ対策の緊急融資の返済財源捻出のストーリー（事業計画）の蓋然性を高めることにもなるのではないだろうか。その結果として、金融機関としての資産良質化（信用リスク軽減）にも繋がりうるかもしれない。

ちなみに、少し話が逸れるかもしれないが、ある地域金融機関の担当者から、人材ソリューション業務による成功体験を積んだ営業店職員のモチベーションアップの話を聞いたことがある。なかなか取引深耕が図られなかった取引先企業に対し、長年の経営課題に起因する人材ニーズを聞き取り、新たな人材を紹介することで、課題解決のための大きな一歩を踏み出せた際の企業経営者等から、今までかけられたこともない感謝の言葉をもらったことによるものである。サービス業である金融業において、顧客からの感謝の言葉は何よりもモチベーションに繋がるものであり、副次的なものにはなるが、若手・中堅職員等の離職をはじめとした地域金融機関職員の人的資本の課題にも効果があるかもしれない。

5. 人材ソリューションの収益性・将来性
～持続可能なビジネスモデルの構築に向けて～

昨今、後述する政府が推進する施策の効果もあってか、人材紹介事業に参入する地域金融機関が増えているが、いまだ道半ばで、発展途上のところもまだまだ多い。

人材紹介事業が成功するためのポイントとしては、①人材紹介事業への参入

目的（生産性向上など地域企業の持続的成長を図ることが主目的となっているか／経営幹部を含め組織内で同業務の重要性の認識が共有されているか／成約数や短期的な収益を単純に追うものになっていないか）、②事業性評価との一体性・連続性（経営者の希望する人材像を鵜呑みにしていないか／「戦略策定」→「経営課題の把握」→「解決策としての人材採用」の流れが認識できているか）、③紹介しようとしている人材像（生産性向上・新事業進出等の企業成長・経営改善に資する人材をターゲットとしているか／取引先ニーズに応じて、常勤雇用だけでなく、副業・兼業人材の活用も視野に入れているか）などがあげられる。

　コンサルティング業務の一環としての人材ソリューション業務は、まずは顧客ニーズに基づく経営課題の解決のためのものであり、金融機関自身の収益獲得を優先し、顧客にとって「納得感」「満足感」のない人材紹介を強いることは当然論外である。人材の「マッチング」である以上、当然に完璧などはありえない。仮に早期離職等によりアンマッチングになっても、いかに誠意をもって対応するかで、顧客との信頼関係は継続しうるだろう。真の意味での「顧客第一主義」が徹底できているか、真価が問われているのである。

　民間企業たる地域金融機関においては、人材ソリューション業務を着実に収益化（マネタイズ）させ、持続可能なビジネスモデルとして確立することも当然に求められよう。そのためには、やはり成約件数を積み上げ、より多くの成功体験を積むことが一番の近道であると思われ、そのためには、図表2の通り、人材マッチングの「量」（相談件数）・「質」（成約率）の双方を向上させていく必要があろう。

　人口動態の変化、低金利環境の継続など、地域金融機関の経営環境を取り巻く厳しい環境下で、持続可能なビジネスモデルを模索する金融機関にとって、人材ソリューションの提供を通じて、取引先企業の課題を解決していくことは極めて重要な意味を持つ。

　取引先である事業者の真のニーズを見極め、これに寄り添い、必要とされるサービスを提供することで、相応の対価を受け取り、事業者の生産性向上に貢

図表2　人材マッチングの質・量の向上について（収益概念図）

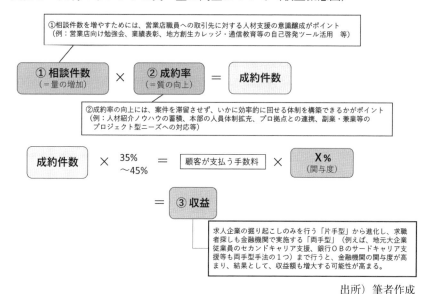

①相談件数を増やすためには、営業店職員への取引先に対する人材支援の意識醸成がポイント
　（例：営業店向け勉強会、業績表彰、地方創生カレッジ・通信教育等の自己啓発ツール活用　等）

| ① 相談件数
（＝量の増加） | × | ② 成約率
（＝質の向上） | = | 成約件数 |

②成約率の向上には、案件を滞留させず、いかに効率的に回せる体制を構築できるかがポイント
　（例：人材紹介ノウハウの蓄積、本部の人員体制拡充、プロ拠点との連携、副業・兼業等の
　プロジェクト型ニーズへの対応等）

| 成約件数 | × | 35%
〜45% | = | 顧客が支払う手数料 | × | Ｘ％
（関与度） |

= ③ 収益

求人企業の掘り起こしのみを行う「片手型」から進化し、求職者探しも金融機関で実施する「両手型」（例えば、地元大企業従業員のセカンドキャリア支援、銀行ＯＢのサードキャリア支援等も両手型手法の1つ）まで行うと、金融機関の関与度が高まり、結果として、収益額も増大する可能性が高まる。

出所）筆者作成

献する。事業者が成長すれば、金融機関に求められるサービスも拡大していく。この好循環を繰り返すことで、地域金融機関のビジネスは持続可能なものとなっていくだろう。経営課題解決に資する事業者支援を継続していくことは、翻って地域金融機関自身の持続可能なビジネスモデルの構築に資することになるのではないだろうか。

6. 政府が推進する人材マッチング関連施策の概要

　政府では、「ヒト」に関する取組みを通じ、地域経済の活性化を後押しするため、累次の施策を実施してきた。2022年12月に閣議決定された「デジタル田園都市国家構想総合戦略」では、地域を支える経営人材やデジタル人材などの専門人材の確保を支援する「プロフェッショナル人材事業」、「先導的人材マッチング事業」及び「地域企業経営人材マッチング促進事業」等により、地方へ

のデジタル人材の還流による地域課題解決の実現のため、「デジタル人材地域還流戦略パッケージ」の中で集中的に実施することとされている。

（1）プロフェッショナル人材事業

① プロフェッショナル人材事業の目的・概要

「プロフェッショナル人材事業」(https://www.pro-jinzai.go.jp) は、内閣府（地方創生推進室）の旗振りのもと、各道府県[4]が、外部団体等に「プロフェッショナル人材戦略拠点」を設置し、地域企業の「攻めの経営」への転身を後押しできる人材を、民間人材紹介会社等を介してマッチングする事業である。同拠点は、2016 年 1 月より本格稼働し、金融機関等と連携しながら、地域企業の経営者等と丁寧な対話を重ねており、直近では、各地の信用金庫・信用組合や政策金融機関との連携でも成果を上げている。

本事業は（一般的な民間人材ビジネス事業者における人材紹介成約率の 1 割よりも高い）3 割程度の成約率となっており、事業開始からの時間の経過とともに、相応のノウハウを有してきたといえる。また、常勤雇用のみならず、副業・兼業プロ人材のマッチングを行うことも可能であり、常勤雇用では確保が難しい高いスキルを持った人材が安価で確保できる場合もある。

相談・成約件数ともに、これまで右肩上がりに推移しており、各道府県内において、重要な中小企業支援施策の 1 つとなってきている。

②プロフェッショナル人材事業のスキーム

各道府県のプロ拠点は、地域企業からの相談や個別の訪問等により経営者等と面談を行い、新たな事業展開や生産性向上、競争力強化等の経営課題の相談を受け、その実現・課題解決に必要なプロ人材の要件を切り出し、民間人材紹

---

4 沖縄県で 22 年 4 月に開設され、直近では、計 46 道府県に設置されている。なお東京都には、「プロフェッショナル人材戦略拠点」は設置されていないが、（公財）東京しごと財団において、同拠点と同種の機能を果たす事業として、専門・中核人材、副業・兼業人材等の幅広い人材の具体的な採用・活用策に至るまで総合的に支援している。

介事業者等へ取り繋ぐ。その後、民間人材紹介事業者等より地域企業へプロ人材候補の紹介があり、面接等を踏まえて雇用契約や業務委託契約等の締結へ至るのが大きな業務の流れである。

プロ拠点は、いわゆる企業の経営課題に関する相談を受ける金融機関やコンサルタントとしての業務を行いつつ、企業の人材ニーズを明確化し、民間人材紹介事業者へ伝える、企業のいわば人事部のような役割を担っている、ともいえるかもしれない。

昨今では、地域企業の経営者を対象に、成長戦略や人材戦略への関心を高めるセミナー等の活動も展開し、地域における外部人材活用の啓蒙活動も行っており、様々な形でプロ人材の還流実現に取り組んでいる。また、副業・兼業人材活用においては、都市部の大企業をはじめ、各地域内での大企業の従業員について、副業・兼業人材としての紹介を地域の中堅・中小企業へ行っており、多様な形態での人材マッチングを進めている。

③ 金融機関の人材ソリューション業務との関連

各金融機関で、専門部署をもち、人材ソリューション業務を行っているか否か、並びに先導的人材マッチング事業への参画有無によって、金融機関の本事業の活用方針は異なる。

まず、人材ソリューション業務を行っていない金融機関にとっては、本事業との連携は取引先事業者への人材ソリューション提供が可能となる点で非常に有効である。

各プロ拠点は、人材紹介に関する相応のノウハウを有しており、かつ民間人材紹介事業者との連携体制も既に構築できているため、金融機関において取引先から人材ニーズを聴取した場合、プロ拠点へ同案件を取り次ぎ、その後の人材紹介はプロ拠点及び民間人材紹介事業者が取引先に行うことで、人材紹介が可能となる。

また、プロ拠点を通じて各金融機関が民間人材紹介事業者と契約を結び、紹介案件が成約に至った場合に、当該金融機関が情報提供料を受け取るスキーム

を構築している道府県も増えてきており、今後も積極的な連携強化が期待される。

　一方で、すでに一定程度の人材ソリューション業務を行っている金融機関においても、やり方次第では、連携による効果は十分に見込まれるうる。

　人材ソリューション業務を行っているものの、先導的人材マッチング事業の公募に申請していない金融機関においては、目下同事業への採択が、人材ソリューション業務の収益確保の観点から望まれるところであることが推察されるが、中には経営判断や体制面などにおいて、同事業の採択水準まで人材ソリューション業務が高度化されていない場合が存在する。そこで、既に高度なノウハウを有する地元のプロ拠点と緊密に連携を行うことでノウハウを吸収し、将来的には同事業の採択水準まで事業を高度化させることが期待できる。

　また、人材ソリューション業務を行っており、先導的人材マッチング事業に採択されている金融機関においても、プロ拠点と金融機関双方にとってメリットのある連携は可能である（図表3）。各金融機関での民間人材紹介事業者との提携は多くても10先程度と、プロ拠点の提携先数（数10先）と比べて少ないこと等に起因し、人材ニーズを収集したものの適当な人材を紹介することが出来ないケースが散見される。このような、金融機関の提携先民間人材紹介事業者のみでは紹介しきれない人材ニーズについても、プロ拠点に取り次ぐことで、成約に至るケースがこれまでも確認できている。また、ノウハウをもつプロ拠点との同行訪問は、取引先事業者へのアプローチの仕方を体得するには、いい機会とも考えられる。早期に取引先のニーズに応える観点から、場合に応じてプロ拠点と連携を行うことは有意な取組みであるといえよう。

　各道府県が運営するプロ拠点は、地域全体（面）において、外部人材活用による地域企業支援を掲げており、金融機関は競合先ではなく協業先であると捉えている。プロ拠点との連携を通じ、人材ソリューションに関するノウハウを収集することで、将来的な先導的人材マッチング事業への採択も含め、地域において各金融機関が人材マッチング市場を担う存在となることが期待される。

図表3　人材ソリューション業務に応じたプロ拠点の活用の考え方

連携パターンの整理

		有	無
先導的人材マッチング事業への採択	無	人材マッチングノウハウの収集	人材ニーズの拠点への取次（バックマージン等獲得）
	有	協調・棲み分けを意識（滞留案件の取次、情報交換等）	－
		業務内製化の実施（専門部署設置）有無	

出所）筆者作成

（2）先導的人材マッチング事業

① 先導的人材マッチング事業の目的

　「先導的人材マッチング事業」は、地域企業の生産性向上・成長、ひいては地域経済の活性化を実現することを目的とし、日常的に地域企業と関わっている地域金融機関等が行う、経営幹部やデジタル人材等の経営課題解決人材と地域企業とのマッチングを支援している（図表4）。

図表4　先導的人材マッチング事業のイメージ

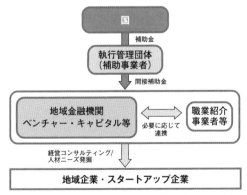

先導的人材マッチング事業

国
↓補助金
執行管理団体（補助事業者）
↓間接補助金
地域金融機関ベンチャー・キャピタル等　←必要に応じて連携→　職業紹介事業者等
↓経営コンサルティング/人材ニーズ発掘
地域企業・スタートアップ企業

出所）筆者作成

　また、地域における人材ビジネスの早期市場化・自立化を図るとともに、経営幹部やデジタル人材等のハイレベル人材を地域で活用することによる、地域におけるイノベーションの創出、地方のデジタル化の加速も期待されており、地域金融機関においては、本事業を活用して、取引先事業者のデジタル化等も含めた地

域経済の活性化に向けて積極的に取り組むことが期待されている。

② 先導的人材マッチング事業のスキーム

本事業は、実質的に2020年度から開始し、地域企業の経営課題を把握している地域金融機関等を対象とした成功報酬型の補助事業である。なお、成約1件当たりの補助金の上限額は原則100万円としてきたが、デジタル田園都市国家構想総合戦略の趣旨を踏まえ、2023年度より「①DX人材」、「②大企業人材」のマッチング及び「③スタートアップ企業とのマッチング」については、上限額を200万円と引き上げている。

補助対象となる人材は、経営者の右腕となる経営人材やデジタル人材等、経営課題解決に必要なハイレベル人材であり、常勤雇用かどうかは問わない。したがって、副業・兼業といった様々な態様で地域企業の課題解決のために働く人材も広く対象となる。

また、本事業は、地域金融機関における、事業性評価等を通じた地域企業の経営課題や人材ニーズの調査・分析能力の向上、人材マッチングに係る事業ノウハウの向上を図ることも企図している。そのため、本事業に参画する地域金融機関等においては、個別の案件で専業の民間人材紹介会社等に過度に頼ることなく、主体的に対応することを採択要件としている。

本事業の実績については、人材紹介事業に対する地域金融機関の関心の高まりとともに、毎年度着実に採択先数が増えており、初年度が60コンソーシアム66金融機関の参画であったところ、直近の2023年度は119コンソーシアム125金融機関の採択で事業が運営されている。また、補助対象となる成約件数についても年々増加しており、金融機関によってばらつきは大きいものの、特に体制を強化している金融機関を中心に、ノウハウ向上が着実に図られていることがうかがえる（図表5）。

図表5　先導的人材マッチング事業の人材ニーズ抽出件数と成約件数の推移

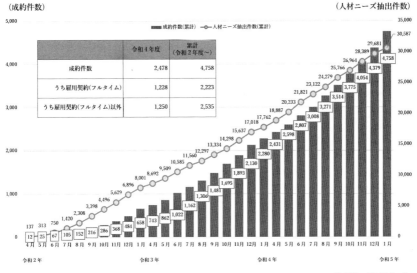

（成約件数）　　　　　　　　　　　　　　　　　　　　　　　　　　　　　　　　　（人材ニーズ抽出件数）

	令和4年度	累計 （令和2年度〜）
成約件数	2,478	4,758
うち雇用契約(フルタイム)	1,228	2,223
うち雇用契約(フルタイム)以外	1,250	2,535

出所）筆者作成

③ 金融機関における人材ソリューション事業の確立へ

　新規事業に注力し、継続的な黒字経営までもっていくには相応の時間が掛かる。地域金融機関における人材ソリューション事業においてもそれは例外ではない。

　地域企業に対する人材マッチング支援の方法としては、大きく「ビジネスマッチング型」、「片手型」、「両手型」に分けられる。改めて整理すると、「ビジネスマッチング型」における金融機関の役割は、濃淡はあるが、企業の経営課題を把握し、その課題が人材マッチングによって解決できることを適切に整理し、当該企業と人材紹介会社とをマッチングさせるところにある。「片手型」における役割は、「ビジネスマッチング型」における役割に加えて、求人票作成等を通じて、その経営課題を解決するには、どのような人材を活用すべきかを当該企業経営者等とともに整理していくことにある。さらに、「両手型」における役割については、「片手型」までの役割に加えて、その活用すべき人材を人材市場から探

してくることにある。「ビジネスマッチング型」→「片手型」→「両手型」と
進むにつれて、金融機関の役割とともに収益も増えていくと考えていただくと
イメージしやすいであろう。

　金融庁が 2022 年 9 月に行った調査では、地域銀行の約 9 割が有料職業紹介
事業の許可を取得している。現時点で人材紹介業務が大きな収益の柱となって
いる金融機関はまだ多くはないが、地域における人材ビジネスの早期市場化・
自立化のためにも、今後増えていくことが期待される。

　人材紹介事業に取り組み始めたばかりの金融機関においては、一足飛びに
「両手型」を始めようとすると理想と現実とのギャップに苦しむ可能性があろ
う。順を追って体制を拡充しながら、ノウハウを向上させ、人材マッチングに
よって支援できる企業の経営課題を確実に解決していってほしい。そのために
は、人材ソリューション部門（事業者支援部門）に加え、経営陣や営業店にお
いても、自らの組織だけでなく、取引先企業、地域全体の持続可能性について、
自分事として捉えることが大事である。本事業を活用して、スムーズな収益確
保を実現しつつ、不断に、事業者支援機能の向上につなげていくことが期待さ
れる。

④ 営業店で持続可能な事業者支援をしていくために

　日常的に地域企業と接する中で、事業者支援の方法として人材マッチングを
活用するには、金融機関職員自身が、自分事として、その有効性を認識する必
要がある。

　図表 6 では、外部人材を活用している企業は外部人材を活用していない企業
に比べて売上高増加率が高いことを示している。取引先企業の機会損失を防ぐ
ためにも、人材マッチングで解決可能な経営課題を敏感に察知することを期待
したい。

　また、ハイレベル人材活用における企業側のコスト面についても触れたい。
ハイレベル人材の採用においては、ハローワーク等での採用と異なり、相応の
年収と相応の手数料を支払う必要がある。即戦力人材の採用には必要なものと

図表6　外部人材の活用状況別に見た、売上高増加率（中央値）

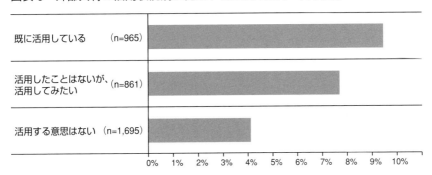

資料：（株）帝国データバンク「中小企業の経営力及び組織に関する調査」
（注）1. 外部人材の活用意向について、「分からない」と回答した者を除いて集計している。
　　　2. ここでいう「外部人材」とは、フリーランスや副業人材のことをいう。
　　　3. 売上高増加率は2015年と2020年を比較したものである。

出所）『中小企業白書　2022年版』

考えられるが、いきなり常勤で雇用することに抵抗があるという場合には、副業・兼業をしているハイレベル人材を業務委託等によって活用するという方法もある。すべての経営課題に副業・兼業人材が対応可能という訳ではないが、ピンポイントなミッションなどであれば、副業・兼業人材を活用した業務委託という方法もあるということを提案できると企業の経営課題解決の可能性が広がるのではなないか。

　本事業においては、労働力不足の解消のためのワーカー人材ではなく、経営課題解決に資するハイレベル人材のマッチングを補助対象としている。地域においては、まだまだハイレベル人材を活用するという発想が生まれにくいかもしれないが、本事業を一つの契機として、地域企業の成長を促す提案にチャレンジしてほしい。

　地域企業の生産性向上・成長を目指しながらも、人材マッチング事業は地域金融機関自身の大きな収益源となる可能性も持っている。本事業は、結果としてその後押しをしている施策ともいえよう。地域金融機関にとって、地域企業の成長や存続そのものが意義のあることだが、継続的に地域企業を支援してい

くためには、地域金融機関自体が継続的に収益を確保し続けることも必要となろう。地域企業におけるハイレベル人材マッチングは、地域企業にとっても、地域金融機関にとっても、持続可能性を高める方法である。地域の発展のため、さらなる取組強化に期待したい。

（3）地域企業経営人材マッチング促進事業

　金融庁においては、2021年10月から「地域企業経営人材マッチング促進事業」（https://www. revicareer.jp/）が本格稼働した。同事業は、大企業から地域の中堅・中小企業への人の流れを創出し、地域企業の経営人材確保を後押しすることにより、企業の経営革新・生産性向上を図り、地域経済を活性化することを目的としている。

　具体的には、株式会社地域経済活性化支援機構（REVIC）に、大企業人材と地域企業をつなぐ人材プラットフォーム「REVICareer（レビキャリ）」を整備した。併せて、①人材リストを活用して経営人材を獲得した地域企業に対し、一定額を給付金5として補助するとともに、②登録された大企業人材に、地域企業で活躍するためのマインドセットやスキルの棚卸し等の機会（研修・ワークショップ）の提供や先行例・優良事例の広報を実施するものである。

　また、2022年8月から、それまでは大企業の人事部署経由のみ認められていた大企業人材の登録が、個人単位でも可能となった。そうした動きも相まって、人材の供給側である大企業人事部署の登録数は80社を超えるとともに、登録される大企業人材の増加に比例して、マッチングの成約事例も着実に増加しており、大企業でキャリアを積んだ人材が、地域企業で活躍しはじめている。

....

5　具体的には、転籍の場合は年収500万円以上の成約の場合に500万円を上限に、兼業・副業・出向の場合は200万円を上限に、年収等の3割、最大2年分に相当する金額を一時金で給付することとしている。

7. むすび

　人材ソリューションが、地域金融機関にとって、企業の課題を解決する大き
な武器となっていくには、取引先企業からの要望に応じて人材を紹介するとい
う受け身だけではなく、事業者の抱える（本質的な）課題の分析と、それを解
決するための本業支援を積極的に行っていく姿勢が求められ、特にポストコロ
ナにおける活力ある地域経済を見据えたとき、その重要性は一層高まるだろう。

　地域金融機関は、地域企業との広く・深いリレーションがあり、地域企業ひ
いては地域経済に価値をもたらす先導役となるポテンシャルを持っていること
に間違いはないであろう。中でも、地域金融機関による人材ソリューションの
提供は、さらなる発展の余地が十分にある。

　今後も、近視眼的な視点ではなく、中長期的な視点で捉え、他の人材ビジネ
ス事業者にはない優位性（強み）を存分に活かし、経営者と対話を行い、直面
する課題を分析・把握することで、「人材」が経営課題として認識されたとき、
企業にとって真に必要な人材像を提案するという、質の高い人材ソリューショ
ンの提供に繋げていくことを期待したい。

第
3
章

先導的人材マッチング事業を通じた地域金融機関の人材紹介事業に係る取組分析

咄下　新

1. はじめに

　前章に引き続き、本章では「先導的人材マッチング事業」を通じた地域金融機関が行う人材紹介事業の取組状況とその変遷について、分析を行う。本事業は、実質的に 2020 年度から開始し、地域金融機関が地域企業の抱える経営課題や人材ニーズを調査・分析し、地域金融機関が職業紹介事業者等と連携して行う人材紹介事業を支援するものである。PwC コンサルティング合同会社は、事業開始より一貫して、執行管理団体（補助事業者）を務めており、公募を通じて選定された地域金融機関（間接補助事業者）に対し、補助金交付に係る支援のみならず、セミナーの開催や、個別相談等の支援を通じ、地域における人材紹介事業のすそ野拡大・発展の一助になるよう、努めてきた。

　事業開始から過去 3 年間に亘り、執行管理団体という立場で地域金融機関による取組を観察し分析を進める中で、地域金融機関による支援能力を向上させるヒントが見えてきたため述べていきたい。本章の内容が、人材紹介事業の在り方の検討に資するものとなれば、幸いである。

2. 先導的人材マッチング事業の実績について

　先導的人材マッチング事業では、金融庁の監督指針（2018 年 3 月改正）が掲げる「地域密着型金融の推進」における「日常的・継続的な関係強化と経営の目標や課題の把握・分析」「最適なソリューションの提案」「顧客企業等との協働によるソリューションの実行及び進捗状況の管理」といった観点に基づき、

「課題抽出」「人材マッチング」「フォローアップ」など人材紹介事業の実行プロセスの随所で、地域金融機関が主体的な役割を果たすことを重視している。

そこで、執行管理団体では、図表1に示す通り、「課題抽出」3項目、「人材マッチング」4項目、「フォローアップ」3項目から構成される計10の評価項目を設定し、一定の基準を満たした地域金融機関を間接補助事業者として選定している。

図表1　間接補助事業者の評価観点

評価項目の分類		区分	評価観点
1. 課題抽出			
①	課題抽出 (対象企業の見極め)	必須	企業の成長可能性を見極め、企業の課題把握・ソリューションの提案を行う計画となっているか 成約が見込める企業をリストアップできているか
②	課題抽出 (経営課題の把握・分析方法)	必須	ソリューション提案の前段階で経営課題把握のための事業性評価を行う計画となっているか
③	地域や顧客の特性を踏まえたハイレベル人材の設定	必須	間接補助事業者の地域や顧客の課題に則して必要とされる企業のハイレベル人材を紹介する計画となっているか
2. 人材マッチング			
④	人材マッチング (ソリューションの提案)	必須	企業の課題を踏まえた上で、真に必要な人材を紹介する仕組みとなっているか 人材マッチングを推進する経営課題を整理し、必要に応じて、他ソリューションと組み合わせる、他部門等と連携する等して、課題解決を行う仕組みとなっているか
⑤	人材マッチング (人材紹介会社との役割分担)	必須	間接補助事業者が主導した人材紹介の仕組みとなっているか (人材紹介会社任せの役割分担でないか)
⑥	スケジュール	必須	実施スケジュールが適切に設計されているか コロナ禍の影響を見据え、計画が立てられているか 事業期間中に予実管理を行う計画を立て、進捗が芳しくない場合には、解決策が検討できる仕組みとなっているか
⑦	体制	必須	十分な実施体制となっているか 中長期的に、人材マッチング事業が継続可能となる実施体制を構築する見通しがあるか 前年度を超える体制強化が図られているか
3. フォローアップ			
⑧	フォローアップ (定着支援)	必須	紹介したハイレベル人材の定着を図るための支援がなされる計画となっているか
⑨	フォローアップ (モニタリング)	必須	人材マッチングにとどまらず、定期的な顧客リレーションによりモニタリングを行う方法が具体的に提案されているか
⑩	実績	任意	人材マッチングの実績及び、その他コンサルティング機能を発揮した実績があるか 前年度事業の実績を踏まえ、今年度事業に係る課題を整理し、解決策を具体的に検討できているか

出所）令和4年度先導的人材マッチング事業「公募要領」

この10の評価項目を基にして選定された間接補助事業者は、図表2の通り、2020年度の第1次公募では、38事業者（44金融機関（うち、第一地銀等は36機関、第二地銀は5機関、信用金庫は3機関））であった一方、2023年度の第1次公募では、105事業者（118金融機関（うち、第一地銀等は59機関、第二

地銀は 23 機関、信用金庫は 33 機関、信用組合は 1 機関、その他（VC）は 2 機関））が選定されている[1]。

令和 5 年 1 月時点で、第一地銀は 62 機関、第二地銀は 37 機関であることから[2]、ほとんどの地方銀行が本事業に参画していることになる。また信用金庫や信用組合等の協同組織金融機関の採択が増えている近年の傾向は、地域金融機関による人材紹介事業のすそ野が、拡大し続けている証左の 1 つとして捉えられる。

図表 2　選定機関 (間接補助事業者) 数の推移

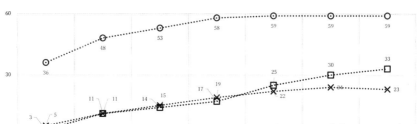

出所）先導的人材マッチング事業特設 HP「採択結果」より作成
https://pioneering-hr.jp/（2023 年 6 月 12 日閲覧）

間接補助事業者の増加と併せて「人材ニーズ抽出件数」[3]や「成約件数」も右肩上がりで推移していることは、前章でも示されている通りだが、地域金融機関による人材紹介事業の支援能力を示す簡易的な指標として、間接補助事業

1　先導的人材マッチング事業では、地域金融機関が地域企業への人材紹介事業を行うコンソーシアムを組成して取り組むことから、1 つのコンソーシアム（間接補助事業者）に複数の金融機関が含まれる場合があり、間接補助事業者数と地域金融機関数が一致しない。
2　金融庁「銀行免許一覧（都市銀行・信託銀行・その他）」に基づく。(https://www.fsa.go.jp/menkyo/menkyoj/ginkou.pdf)（2023 年 6 月 12 日閲覧）
3　人材ニーズ抽出件数は、地域金融機関が地域企業の経営者等との対話を通じ、経営課題の解決に資するハイレベル人材の期待役割を定義した件数を指す。

者1者当たりの「人材ニーズ抽出件数」「成約件数」も図表3で確認されたい。

図表3　間接補助事業者1者当たりの「人材ニーズ抽出件数」「成約件数」

	2020年度	2021年度	2022年度
a. 人材ニーズ抽出件数	8,001件	9,761件	12,825件
b. 成約件数	658件	1,622件	2,478件
c. 間接補助事業者数	60者	81者	100者
d. 1者当たりの人材ニーズ抽出件数（a÷c）	133.4件	120.5件	128.3件
e. 1者当たりの成約件数（b÷c）	11.0件	20.0件	24.8件

出所）先導的人材マッチング事業 執行管理団体資料

　興味深いことは、2020年度から2022年度にかけて「1者当たりの人材ニーズ抽出件数」は概ね横ばいである一方、「1者当たりの成約件数」は倍増していることである。地域金融機関が、地域企業に対して闇雲に営業活動を行うことなく丁寧に対応していること、また地域企業から掘り起こす人材ニーズの精度が高まり成約率を向上させていることが、2つの指標の推移を説明しているものと考える。
　一方で、地域金融機関による人材紹介事業の支援能力は、一律で向上しておらず、その差は広がり続けている。図表4は、2020年度の間接補助事業者60者、2022年度の間接補助事業者100者による成約件数の分布をヒストグラムにして示したものである。例えば、2022年度における成約件数31件以上の間接補助事業者は30者となり、2020年度対比プラス26者と大きく増えている。その一方、2022年度における成約件数10件以下の間接補助事業者は41者と2020年度対比の数は変わらない。事業年度間で間接補助事業者数の数も異なり、また成約件数だけで支援能力を測ることはできないが、現況を理解する材料の1つになるであろう。

図表4　間接補助事業者の成約件数分布

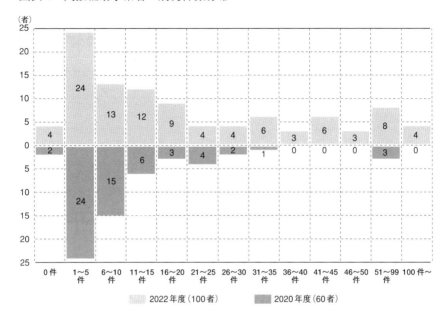

出所）先導的人材マッチング事業　執行管理団体資料

　図表4で確認された地域金融機関間での成約実績の差異は、事業年度ごとに広がっており、人材紹介事業に係る取組の深度が1つの説明要因になっているものと、筆者は考えている。先導的人材マッチング事業に参画以来、堅調に成約実績を伸ばしている地域金融機関の取組を観察すると、人材紹介事業の推進・高度化に向けては、「①支援スキームの試行錯誤」「②ノウハウの蓄積」「③行内関係者の巻き込み」「④サービスメニューの充実化」がポイントになると考察される。そのため以降では、4つのポイントについて、深堀りしていきたい（図表5を参照）。

図表5　人材紹介事業の推進・高度化に向けたポイント

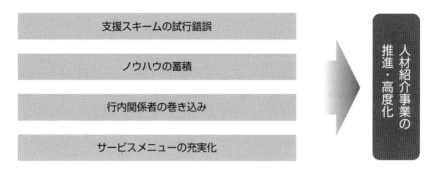

支援スキームの試行錯誤

ノウハウの蓄積

行内関係者の巻き込み

サービスメニューの充実化

人材紹介事業の推進・高度化

出所）先導的人材マッチング事業　執行管理団体資料

3. 地域金融機関による人材紹介事業の取組状況

（1）支援スキームの試行錯誤

　地域金融機関による人材紹介事業における支援の在り方は、画一的ではなく、様々に存在するが、本章では3つの「支援スキーム」に整理したい。3つの「支援スキーム」とは、図表6で示している通り、地域金融機関自体が人材紹介事業を主として推進する「本部主導型」、地域金融機関が組織内に有するシンクタンクが主として推進する「シンクタンク型」、地域金融機関が組織内に有する人材紹介事業を専業で担う子会社が推進する「子会社型」である。

　地域金融機関は、人材紹介事業を地域企業の課題解決に資するソリューション機能の1つと捉え、本店の法人営業部門等やコンサルティングを担う関連会社等にその機能を持たせ、本事業に取り組んでいる。一方で人材紹介事業に係る取組に対する本"補助"事業を通じて、事業期間中に試行錯誤を行い、見出した事業遂行上の課題を克服すべく、支援スキームを遂行する動きを見せている。

　例えば、地域金融機関内外における人材紹介事業の位置づけを高め、支援の

図表6　地域金融機関による人材紹介事業の支援スキーム図

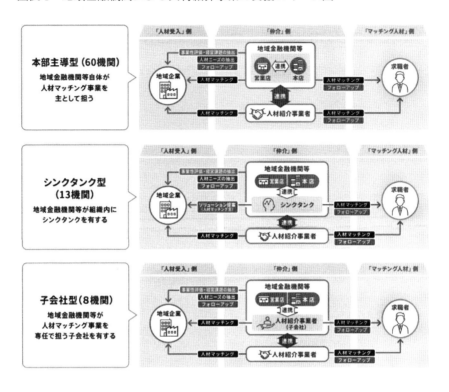

（注）図表中の機関数は、令和2年度事業における間接補助事業者数

出所）「先導的人材マッチング事業ガイドブック（令和2年度版）」
https://pioneering-hr.jp/site/wp-content/uploads/2022/04/
guidebook_r2.pdf（2023年6月12日閲覧）

機動力を一層増すために「本部主導型」から「子会社型」に移行する事例もあ
れば、事業性評価等をはじめとする課題抽出を担う営業店との連携をより強化
するため、「シンクタンク型」から「本部主導型」に移行する事例も見られる（図
表7参照）。

図表7　支援スキームの変更と効果の例

事業遂行上の課題	支援スキームの変更	効果（副次的効果含む）
・法人営業部内に機能を有するため、機動力に欠ける	本部主導型 →子会社型	・事業採算性の強化 ・取引先企業等の対外的なPR効果の拡大　等
・営業店からハイレベル人材の紹介に繋がるトスアップが少ない	シンクタンク型 →本部主導型	・営業店との連携強化によるトスアップの質・量の向上 ・部門内での案件共有による案件数の増加　等
・銀行本体と子会社、提携する人材ビジネス事業者との役割分担が煩雑で、情報連携が滞っている	子会社型 →本部主導型	・営業店から本店、人材ビジネス事業者への情報パスが一本化され、対応が滞っている案件数が減少 ・人材紹介手数料の全額を営業店に還元できるようになり、インセンティブの付与に成功　等

出所）先導的人材マッチング事業　執行管理団体資料

　どの支援スキームを選択するかに、正解はもちろん存在せず、また支援スキームの変更による効果だけであるとは一概に言えないが、変更させた地域金融機関は、本事業でも一定の成約実績を残している。このことからも、常日頃から、事業遂行上の課題を精査し、必要に応じて経営層も巻き込みながら、棚卸しした課題を克服しようとする姿勢は重要だと言える。実際に、間接補助事業者の選定に係る評価観点には、"前年度事業の実績を踏まえ、今年度事業に係る課題を整理し、解決策を具体的に検討している"取組を評価する「⑩実績」を据えており、このような姿勢を持つ地域金融機関を積極的に評価している（図表1を参照）。

（2）ノウハウの蓄積

　次に、人材紹介事業の効果的な推進においては、地域金融機関内に支援ノウハウを確実に蓄積させることが重要である点にも触れておきたい。地域金融機関に限らずではあるが、組織の活性化や職員のキャリア開発等を目的に、通常3－4年程度で人事異動が行われるケースが多い。そのために、人材紹介事業

の勘所を理解し軌道に乗った段階で、人事異動が行われ、組織内にそのノウハウが根付かない場合が発生することが想定される。

　図表8は、2020年度第1次公募にて採択された間接補助事業者37者[4]のうち、2022年度事業終了時点で、事業開始時点から専担者を総入れ替えしている機関と、そうでない機関の成約実績を比較した簡易的なデータである。事業開始以来、専担者を総入れ替えしていない機関は、2022年度事業の成約件数が多いことが明らかになっている。

図表8　専担者の異動有無と平均成約件数の関係性

種別	2022年度事業の平均成約件数		
		うち常勤雇用	うち常勤雇用以外
専担者を総入れ替えしている金融機関（12者）	28件	17件	11件
専担者を総入れ替えしていない金融機関（25者）	47件	24件	23件

出所）先導的人材マッチング事業　執行管理団体資料

　人材マネジメントの観点から、職員の人事異動を否定することはできないが、図表8の通り、地域企業への支援を安定的に維持、向上させるためには、専担者の配置を含め、人材紹介事業のノウハウが蓄積され続けるような人材配置や、ノウハウの形式知化が必要であることは言えるだろう。また人事異動がやむを得ず発生した場合には、ビジネスマッチング契約を結ぶ人材ビジネス事業者や、前章で紹介されたようなプロフェッショナル人材戦略拠点に職員を出向させる、または人材紹介事業の知見・ノウハウを有する人員を中途採用で受け入れる等の創意工夫が不可欠だと考えている。

4　2020年度事業の第1次公募では、合計38者の間接補助事業者が選定されているが、2022年度事業まで継続的に選定されている間接補助事業者は、1者少ない37者である。

（3）行内関係者の巻き込み

　前述の通り、ハイレベル人材のマッチングでは、地域企業の経営課題解決を目的としていることから、経営者との接点、求職者との接点を増やすことで、本当に解決が必要な経営課題は何か、課題解決に資する人材要件は何か、その要件に該当する求職者は誰かなどを、必要に応じて人材ビジネス事業者と連携しながら、地域金融機関自身が見極めることが肝要になる。

　図表9は、2022年度事業の第1次公募で選定された間接補助事業者93者について、実施体制における人員数[5]を横軸に、人材ニーズ抽出件数を縦軸に置き、その関係性を調べたものである[6]。

図表9　実施体制における人員数と人材ニーズ抽出件数の関係性

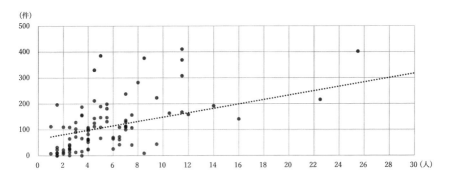

出所）先導的人材マッチング事業　執行管理団体資料

　やや乱暴な分析であることは否めないが、実施体制における人員数が多いほど、経営者との接点をより多く増やすことができ、人材ニーズの具体化（＝案件創出）に繋がっている可能性があることを指摘しておきたい。

5　先導的人材マッチング事業では、勤務時間において概算で8割以上の時間を投入している職員を「専従者」、2割以上8割未満の時間を投入している職員を「兼務者」と定義している。図表9の人員数は、専従者を1人、兼務者を0.5人と計算している。
6　図表9は、スミルノフ・グラブス検定により検出された外れ値は除外して作成している。

一方で、地域金融機関内で人材紹介事業に割くことができる人員は限られて
おり、専従者はおろか、兼務者をも十分に配置することが難しい地域金融機関
も多い。その場合には、特に、経営者と日頃から相対する営業店や、提携先の
人材ビジネス事業者等、外部機関の力を借りることが重要になる。また地域企
業が抱える経営課題も複雑多岐に亘り、人材紹介事業だけでは、課題解決が難
しいことを踏まえると、他のソリューションを担う部門と案件を共有し、共同
で課題解決に取り組む仕組みを整備することも押さえるべきだろう。「ノウハ
ウの蓄積」が事業遂行上のポイントになることは指摘した通りだが、KPI の設
定といった関係者を巻き込むための事業体制の整備や、人材紹介事業にて実績
を挙げた支店長経験者の登用等もまた、大きな意味を持つと筆者は考える。

（4）サービスメニューの充実化

①地域金融機関による支援範囲

　これまで人材紹介事業の支援スキームや、事業体制の変化等について議論し
てきたが、地域金融機関が提供する人材紹介のサービスメニューにも、事業開
始からの 3 年間で大きな変化が生じていることに、触れておきたい。

　そもそも、地域金融機関による支援範囲は図表 10 の通り、「ビジネスマッチ

図表 10　地域金融機関による支援範囲

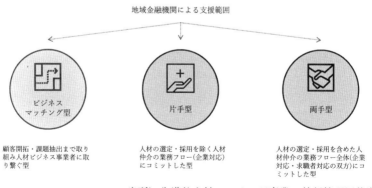

地域金融機関による支援範囲

ビジネス
マッチング型

片手型

両手型

顧客開拓・課題抽出まで取り
組み人材ビジネス事業者に取
り繋ぐ型

人材の選定・採用を除く人材
仲介の業務フロー（企業対応）
にコミットした型

人材の選定・採用を含めた人
材仲介の業務フロー全体（企業
対応・求職者対応の双方）にコ
ミットした型

出所）先導的人材マッチング事業　執行管理団体資料

ング型」「片手型」「両手型」の３つに分かれている。３つのうち「ビジネスマッチング型」は、人材ビジネス事業者への顧客紹介を目的としており、顕在化している課題へのアプローチに留まり、本質的な課題解決に至らないことが課題感として聞かれることからも、先導的人材マッチング事業では、地域金融機関が課題解決に向けて主体的な役割を果たす「片手型」「両手型」の２つを補助対象としている。

　地域金融機関は、有料職業紹介免許の取得有無や、事業体制等に応じて、「片手型」「両手型」のどちらを主体とするのか、選択している。一方で、ほぼ全ての地域金融機関は、人員体制が限られていること等から、「片手型」をその業務範囲に含めており、人材ビジネス事業者等との協働は不可欠となっている。先導的人材マッチング事業では、地域金融機関が人材ビジネス事業者と提携関係を結び、コンソーシアムを組成しているが、地域企業の抱える人材ニーズに、効率的かつ、網羅的に対応すべく、コンソーシアムに含める人材ビジネス事業者の「数」、人材ビジネス事業者が扱うサービスの「種類」の変化が生じている。

②提携先の人材ビジネス事業者「数」の拡充

　まず人材ビジネス事業者の「数」である。図表 11 は、2020 年度事業にて選定された間接補助事業者 60 者について、コンソーシアムに含める人材ビジネス事業者数の平均推移を示したものである。

図表 11　コンソーシアムに含める人材ビジネス事業者数の推移

	2020 年度	2021 年度	2022 年度
2020 年度事業にて選定された間接補助事業者平均（60 者）	5.6 者	8.0 者	7.8 者

出所）先導的人材マッチング事業　執行管理団体資料

　2022 年度事業の人材ビジネス事業者数は 7.8 者と、2020 年度事業と比較して 2.2 者のプラスであり、地域企業の人材ニーズに対応するため、地域金融機

関がコンソーシアムの拡充に動いたことが推察される。

　ここで興味深いことは、2021年度事業から2022年度事業にかけて、その数が微減していることである。提携先の人材ビジネス事業者数を増やすことは、地域企業に対して提供できるサービスメニューが増えることと同義だが、同時に、人材ビジネス事業者との連携のコストも増大することを意味している。この数の変化は、地域金融機関が、地域企業からのニーズが低い人材ビジネス事業者との提携関係を見直し、よりニーズの高い人材ビジネス事業者との連携にシフトした可能性を示唆していると筆者は考える。

③人材ビジネス事業者が扱うサービスの「種類」の拡充

　次に、人材ビジネス事業者が扱うサービスの「種類」に話題を移したい。先導的人材マッチング事業の大きな特徴として、副業・兼業等（常勤雇用以外）の成約が、常勤雇用の成約を上回ることがある（約53％が副業・兼業等）。この特徴は、地域金融機関の支援対象となる中小・零細企業が、変動費として、かつ安価で扱える副業・兼業人材の活用を望む状況を反映しているものと捉え

図表12　副業・兼業人材マッチングのサービス類型

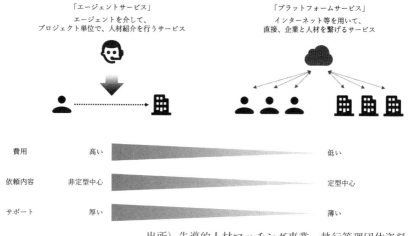

出所）先導的人材マッチング事業　執行管理団体資料

られる。

　地域金融機関では、当該ニーズを踏まえ、副業・兼業人材を扱う人材ビジネス事業者との提携を増やしている。特に、費用や依頼内容、サポートの手厚さを分ける観点から、「エージェントサービス」と「プラットフォームサービス」の2つを揃える地域金融機関も多い（図表12参照）。

　また、地域企業が抱える経営課題は多岐に亘り、経営者が副業・兼業人材に求める支援内容も、当然異なっている。副業・兼業人材による課題解決のアプローチは、図表13の通り「パッケージ型アプローチ」「プロジェクト型アプローチ」「メンター型アプローチ」の3つに大別され、地域企業のニーズに合わせて、各型を扱う人材ビジネス事業者と提携していくことが重要である。また、経営者との対話を通じ、どのアプローチが有効か見極めることは、それ以上に重要であることも指摘しておきたい。

図表13　副業・兼業人材による課題解決のアプローチ

副業・兼業人材で、課題解決アプローチを行う場合

（ⅰ） 既成業務を得意とした 副業・兼業人材の活用	（ⅱ） 経営課題の実行支援による 副業・兼業人材の活用	（ⅲ） 「壁打ち相手」としての 副業・兼業人材の活用
特定領域の専門性を活かし、 成果が見えやすく 高品質なサービスを提供する	現場社員と協働で プロジェクトチームを組成し、 実践的な支援を行う	経営者が抱える悩みの 相談相手として、 適時・適切な助言や伴走支援を行う
「パッケージ型アプローチ」	「プロジェクト型アプローチ」	「メンター型アプローチ」

出所）先導的人材マッチング事業　執行管理団体資料

④地域金融機関による「両手型」への参入

　ここまで、副業・兼業を中心に、人材ビジネス事業者と連携して取り組む「片手型」を観察、分析してきたが、人材紹介事業の業務フロー全体にコミットす

る「両手型」に取り組む地域金融機関が増えていることも無視できない。図表14で示す通り、常勤雇用のマッチングについて、「両手型」での成約を挙げた間接補助事業者数は、2020年度事業で60者中23者、2021年度事業で81者中29者、2022年度事業で100者中43者と、一貫して増加傾向にある。

図表14　両手型での成約（常勤雇用のみ）を挙げた間接補助事業者数の推移

	2020年度	2021年度	2022年度
「両手型」での成約を挙げた間接補助事業者数	23/60者	29/81者	43/100者

出所）先導的人材マッチング事業 執行管理団体資料

　地域金融機関による「片手型」から「両手型」への移行は、経験がない求職者対応が増えることで、担当者に相当な業務負荷がかかることは否定できない。一方で、「両手型」の取組は、地域企業の安心感をより醸成させる等、様々なメリットが指摘されているが、地域金融機関の支援能力を向上させる効果があることにも言及したい。「片手型」では、求職者との応対経験がないまま、経営者との対話に臨むため、経営者の希望を鵜呑みにし、結果として、所謂、スーパーマンのような人材ニーズが抽出されている場合も少なくない。

　一方で「両手型」の取組を経ると、労働市場にいる求職者の顔を思い浮かべながら企業対応を行えるため、経営課題とそこから導出される人材ニーズの解像度をより鮮明にする効果があるものと考えられる。図表15は、2022年度事業において、常勤雇用について、「両手型」での成約有無と、平均成約率（成約件数／人材ニーズ抽出件数）の関係性を示したものである。

　図表15からも「両手型」での成約あり（＝取り組んでいる）間接補助事業者の方が、成約率がより高い傾向にあることが読み取れる。「両手型」にまで業務範囲を伸ばすかは、大きな経営判断の1つとなるが、前述のような良い影響があることも、考慮に入れるべきだろう。

図表 15 「両手型」の成約有無と成約率の関係性

	2022年度事業の平均成約率
「両手型」での成約 **あり**（43/100 者）	24.5%
「両手型」での成約 **なし**（57/100 者）	19.5%

出所）先導的人材マッチング事業　執行管理団体資料

4. むすび

　本章では、2020 年度から 2022 年度の 3 年間における先導的人材マッチング事業の取組を通じて、地域金融機関による人材紹介事業の取組と、その変遷を分析、考察してきた。本分析を通じて、地域金融機関が地域企業への人材紹介事業にどのように取り組むか、常日頃より検討を重ね、必要な施策を講じてきた様子を垣間見ることができた。その取組は、本事業の実績にも、確実に反映されているところである。

　地域金融機関による人材紹介事業は、地域企業からの支援ニーズが非常に高く[7]、また事業性評価を起点としたソリューション提案を行うことに鑑みても、従来業務との親和性が非常に高い事業であることは明らかであり、今後も発展・拡大の余地は大きいと捉えている。筆者としても、本事業の執行管理団体として、伴走支援に努め、地域金融機関の支援能力向上、ひいては地域企業の成長や生産性向上に寄与することができれば幸いである。

7　金融庁「金融仲介機能の発揮に向けたプログレスレポート」（令和 4 年 6 月）によれば、地域金融機関をメインバンクとする中小・小規模事業者が、金融機関から受けたいサービスについて、手数料を払ってもよいと回答した割合は「経営人材の紹介」が 48.3%と最も高く、地域金融機関による支援ニーズが高いものと考えられる。

第4章 ひろぎんグループの人材マッチングへの取り組み

竹本　洋平

1. はじめに

　広島銀行にて人材紹介業務の免許を取得したのは2019年3月である。金融庁の規制緩和の発表から1年かけて、ビジョン策定・ビジネスモデルの構築・免許申請手続き等を進めた。

　参入当時は、広島銀行の法人営業部にて取引先企業の中期経営計画策定支援を行うメンバーが中心に業務を展開した。取引先企業と常に一緒に戦略策定・課題解決を実行するメンバーは、「経営戦略」と「組織人事」はセットであるということを業務の経験上、他の誰よりも良く理解していた。

　よくあるのは、取引先企業と解決すべき課題（イシュー）を共有し、実行・解決した時の効果もシミュレーションはしっかりできているが、最後のピース「責任者＝実行役」が埋まらないケースである。そこで、支援メンバーが取引先企業に代わって、課題解決に必要な人材を探索し、取引先企業向けに推薦し、相互理解までをサポートしていくべきなのである。

　『人の持つ力を信じ、取引先企業の「戦略実行・課題解決」を人材ビジネスの手法で前進させる。』

　これが当初掲げたビジョンであり、今も変わらぬひろぎんグループの人材ビジネスに対するスタンスである。このスタンスに立ち、本章では人材紹介事業の立ち上げから現在に至るまでの変遷や推進上のジレンマなどについて紹介するとともに、地域金融機関として中小企業の人材ニーズにどう向き合っていくべきかについても考察する。

2. 事業の変遷

（1）HD 体制への移行

　2020 年 10 月、広島銀行は持ち株会社体制に移行し、ひろぎんホールディングスが設立された。その傘下に、翌年 4 月に組織人事に関わるソリューション機能（人材紹介、研修、人事労務コンサル）を集約し、ひろぎんヒューマンリソース（以下、「当社」）を立ち上げた。現在、ホールディングス傘下では図表 1 のとおり金融ソリューションを提供する 5 社と非金融ソリューションを提供する 3 社の体制で営業を展開している。

図表 1　ひろぎんホールディングスのグループ会社

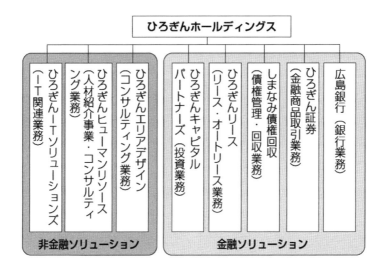

出所）ひろぎん HD 開示資料に基づき、筆者作成

（2）別会社方式のメリット・デメリット

　人材紹介等の機能を切り出し、別会社化した際のメリット・デメリットについてはこれまで関係者の間で数多く議論されてきたことである。先にデメリッ

トについて述べるが、よく想定される事として、銀行（営業店）との連携希薄化が挙げられるのではないだろうか。これについてひろぎんグループでは、経営トップがホールディング設立の目的（業務軸の拡大）とグループ内連携が推進には欠かせないことを丸々1年かけて発信し続けたことで完璧に回避できた。

　それどころか、初期的な連携密度を表す支援依頼の件数などは図表2のとおり増加基調である。メリットについては一般論ではなく、当社としてどう感じているかについて述べると、このビジネスに魅力・やりがいを感じ、価値観を共有できるメンバーが集まり、自主性をもって事業運営できること、つまりベンチャー企業の気質で働けることが大きな魅力であろう。

図表2　銀行営業店から当社への人材ニーズのトスアップ件数推移

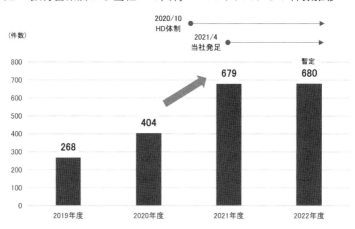

出所）当社資料に基づき、筆者作成

（3）ビジネスモデルと人員体制

　当社の人材紹介事業については上述のとおり、2019年の参入から丸4年が経過し、魅力的なビジネスモデルが構築できてきた。コア・コンピタンスとなるのは、やはり「長年の取引による顧客との信頼関係×事業性評価」になるであろう。この強みを活かした人材紹介とはどうあるべきか、ビジネスモデルを

磨き続きて来た４年であった（図表3）。

図表3　事業の変遷

出所）当社資料に基づき、筆者作成

　当社は参入当初から本体両手型とビジネスマッチング型（以下、BM）のハイブリット形式で対応していた。当時はメンバーも３人しかおらず、本体両手型の対応についてはノウハウ習得も不十分で、マンパワーも限度ありという状態であったため、思うような成果を生み出せなかった。一方、当初から手応えを感じていた人材ソリューションがある。BM形式で展開していた「プロシェアリング」であるが、これについては次節で詳しく説明する。

　その後、当社発足と合わせて人員も強化され、本体両手型の紹介に本腰を入れられる体制になってきた。推進上の取り組みポイントを３つ例をあげる。

　・Skill：提携先紹介会社から出向者を受け入れ、OJTによりノウハウ習得を進める。

　・Quality：営業店と連携した、精度の高い事業性評価に基づく人材要件の再定義。

　・Volume：蓄積した魅力的な人材情報を活用し、能動的な求人開拓。

　当社サイドではこれらの取り組みのPDCAを繰り返し、銀行営業店に対しては事業コンセプトの啓蒙活動を繰り返すことで、ビジネスモデルを磨いていった。（ここでもまた、やればやるほどにあるジレンマに陥るのだが、それ

については 4 節で述べたいと思う。）

3.「地域金融機関×人材マッチング」の勘所

（1）プロシェアリング　～一歩踏み出す決めの一手～

　プロシェアリングとは、優秀な人材（プロフェッショナル）が持っている経験・知見をタイムシェアし、企業の課題に合わせて、必要な期間だけプロジェクトに参画いただく人材の活用方法をいう。この人材活用の方法は、即戦力人材の採用（＝難易度高い）、社内人材の育成（＝時間がかかる）とは違って、優秀な人材をタイムリーに活用できるという点で大きなメリットがある。

　現在、地域金融機関は事業性評価によって、取引先企業と「なりたい姿」と「解決すべき課題（イシュー）」を共有し、事業支援に本腰を入れている。その有効な一手として、プロシェアリング活用の提案があると感じている。当社では業務開始時からこのソリューションは事業性評価との親和性が高いと感じ、図表 4 に示す通り、提携先の協力も得ながら、数多くのプロジェクトに伴走してきた。

図表 4 　（当社実績）雇用とプロシェアリングの成約件数推移

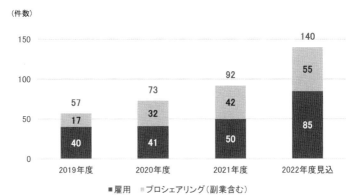

出所）当社資料に基づき、筆者作成

企業または経営者目線で見た場合、「当社と同じような課題に取り組んだ実績のあるプロが伴走してくれるなら、我が社もチャレンジできるかもしれない」、「プロにファシリテーターの役割を担ってもらえば、部門横断のプロジェクトも進めることができるかもしれない」などの点も魅力として評価していただいている。やるべき事は見えているが、着手できずにいる経営者が「これなら取り組める！」と感じてもらえる、決めの一手なのである。また、銀行にとっても非常に大きなメリットが２点ある。

・立ち上がったプロジェクトに営業店担当者も参加することで、高度で専門的な知識のインプット機会が得られる。
・企業とプロとの対話に同席することで事業理解が更に深まり、別のソリューション提供の機会発掘にもつながる。

これこそ、事業性評価とソリューション提供のサイクルを回し続ける、伴走型支援のモデルだと実感している。

　これからの世の中は、個人の多様な働き方の拡がりとともに、社外の人材をフレキシブルに活用できる企業がより競争力を持つであろう。当社でも上記のポイントを押さえた上で、より付加価値を高めたプロシェアリングの活用提案ができないか検討を続けている。

（2）フォロー活動について

　地域金融機関の人材紹介が５年目となる今、当初から積極的に事業展開してきたトップ行を中心に数多くのマッチングが生み出されている。特に企業経営への影響度が大きく、地域金融機関の人材紹介としての優位性が働きやすいハイレベル人材の常勤雇用マッチングについては、内閣府事業「先導的人材マッチング事業」の実績を見ても、顕著に伸びている（第11章での笹尾氏講演資料も参照）。

　この事業の中でも地域金融機関の役割として期待されているのが、人材の紹介に終わらず、入社後の定着化フォローもしっかり遂行することである。せっかく経営課題の解決に必要な能力・経験を有している人材が採用できたのなら、

存分に実力を発揮していただき、組織変革やイノベーションを起こしていきたい（事業の本来目的の一つ）ところだが、地方の中小企業にはこれまで中途採用の経験が多くない企業も一定程度あり、中途採用者の受け入れに対する環境づくり等に苦労されるケースもある。そのため、企業（経営者）と中途採用者の両方と関係性を持った紹介会社である地域金融機関はフォローの役割を期待されている。

当社も過去4年の経験の中で、残念ながら苦い経験もいくつかあり、教訓として2つポイントをあげておく。

・社長とハイレベル人材の間で「入社後3か月のあり方」について入社前、入社当日、入社後と繰り返し話していくよう促す。

・ハイレベル人材が入社することにより、期待される変化を（改善意欲が高まる、組織として高みを目指す、等）社長から社内メンバーに伝える。

ハイレベル人材は、そもそも自分の持つ経験と高い能力を買われて採用されていると強く思っている。そして、その能力をとにかく早く認めてもらうために策を講じる。ただし、この策が裏目に出る場合が多い。現状の問題点を指摘し、それを改善に導くことがハイレベル人材への期待値であれば当然の行動なのだが、以前から社内にいるメンバーからすれば、「分かっているが出来ない事情がある」はずである。このようなコミュニケーションのすれ違いが続けば、社内にハレーションが発生し、「社内の体質が…」、「協調性が…」などのありがちな問題に繋がっていく。このような事態を防ぐためにも地域金融機関は社長の協力を得て、上記のようなフォローを実施すべきなのである。

4.「地域の中小企業×人材紹介」推進のジレンマ

（1）際限のない実務者ニーズ

さて、話を事業推進の場面に戻してみよう。人材サービスを届けるチャネル戦略としても営業店と当社との連携が重要になってくる。「地域金融機関ならではの人材サービスとは」といった概念的な勉強会から、プロシェアリング等

の個別ソリューションについての勉強会なども繰り替えし実施してきた。本部として理想的な事例と感じたものは社内イントラでニュース発信もしてきた。

　2021年度の人員強化後は営業店担当者との同行訪問を増やし、OJTを通じてコンセプトの浸透にも努めてきた。推進の結果、既述した図表2のように営業店からの支援依頼の件数は順調に増加した。しかしながら、営業店担当者が企業から預かる相談の大半が「実務者」の人手不足という顕在化された経営課題だった。

　図表5で示す通り、推進すればするほど膨らむ実務者ニーズに対して当社メンバーが初回訪問の上で、本質的な経営課題の整理と人材要件の再定義を試みるが、リソースの限界から全先への対応はできていなかった。（ここのところは提携先の力も借りながら、相談の背景の確認、人材要件の再定義などを対応頂いている。）この初回訪問の中で、業務改善による工数削減で人手不足を乗り切る提案や、インバウンドセールスへの取り組みによる営業効率化を提案するなどして「実務者の採用」以外の方法で解決を目指す企業も多くあったが、絶対的な人手不足の状況に変わりはなかった。

図表5　銀行営業店からあがってくる人材ニーズの階層別推移

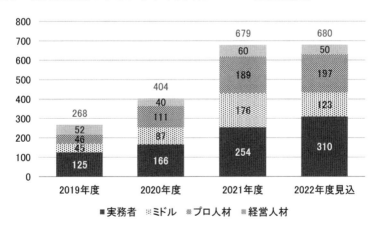

出所）当社資料に基づき、筆者作成

（2）見過ごせない実態

　提携先への案件取次を担当する当社メンバーも業務の大半を実務者ニーズの取次に費やした。提携先の皆さんは本当に丁寧に1件1件対応して頂いているが、勤務場所（ロケーション）や求人倍率の高い職種の案件などについては、応募者獲得さえも難しい案件が多い。

　直近1年の実績では実務者案件に対する成約率（採用できた件数÷実務者採用の相談件数）は15％程度になる。この15％の企業に対してしか価値提供できていない状態に非常にストレスを感じていた。（業界平均と比しても悪くはないだろうが…）具体的には2022年度の実務者ニーズ310件に対して、内定獲得まで支援できた件数は15％の47件である。残りの263件の求人案件について正確な数字を持ち合わせていないが、応募者を獲得し、推薦するという最低限の価値提供が全くできなかった案件が大半だったと感じている。この誰も（求人企業、求職者、紹介会社）幸せになれていない状況に一番のストレスの原因がある。

　確かに実務者ニーズは当社の事業コンセプトから言えばターゲット外の案件にはなるが、地域を代表するような「地域未来牽引企業」からも寄せられる多くの実務者ニーズに対して、当社としても放置できないほどの課題感を感じていた。

（3）採用コンサルティングの必要性

　今となっては当社の進め方が雑であったとも反省している。実務者ニーズに対しては当該案件の勤務エリアや職種を得意とする提携先を選定し、情報を取り次ぐことのみであった。やや極端に言えば、最適な採用手法が「人材紹介」になるのかを評価せずに、「人材紹介」という手法で価値提供しようとしていた。

　最適な「人材紹介」会社を選定するだけでは価値提供できない事に改めて気づいた時は事業開始から丸3年を優に超えていた。なぜ、もっと早く気付かなかった！と自省していたが、お世話になっている提携先の方に、「数多くやってきたからこその気づきですよ。」と声をかけて頂いたことは励みになった。

反省を踏まえて当社メンバーで要因分析した結果、そもそも採用活動に入る前の基本的準備（図表6）ができていない企業が多く、人材紹介というソリューションが機能していないことも理解できてきた。人手不足を背景とした実務者の採用ニーズであったとしても、採用企業は目指す方向性を明確にした上で、目指す方向性に基づく必要な人物像を具体的な採用ターゲットとして設定し、採用ターゲットに響く、採用戦略を立案する必要がある。

図表6　活動を始める際に準備すべきこと

	施策	内容
1	採用コンセプトの決定	企業の目指す方向性(ミッション/ビジョン/バリュー)が明確になっている
		企業の目指す方向性に基づく採用戦略を立てられている
2	採用体制の構築	経営陣と直接やり取りできる担当者がいる
3	ターゲット選定	採用ターゲットが具体化されている
4	自社の魅力の明確化	採用ターゲットが興味を持つ、自社の魅力を伝えられている
5	採用施策立案～実行	企業、採用向けのホームページを運用している
		採用ターゲットに効果的な採用手法を選択し、運用している

出所）当社資料に基づき、筆者作成

　人材紹介も採用手法の一つでしかなく、必要な人物像にメッセージを届けるには「人材紹介」、「求人広告」、「リファラル採用」、「ハローワーク」などの手法を織り交ぜながら運用する必要があることを痛感した。更に運用を可能にする前提として、会社のホームページ（コーポレートサイト）の充実や採用ホームページも開設するなどの準備も必須のレベルであろう。運用の結果、応募が集まる状態を作り出すには、採用企業の求人がマーケットに存在している状態（求職者が求人検索して、当該企業の求人に出会う仕組み＝求人検索エンジンの最適化）が必要である。

　ここまでの「採用戦略立案→採用準備＋最適な採用施策の選択」のプロセスを「採用コンサルティングの上流」と名付け、人手不足に苦しむ企業に必要性を促し、サービス提供していく必要があると結論づけた。

（４）支援領域の連続性

　この採用コンサルティングのプロセスを既存の人材紹介業務フローに追加で実装することは、人材紹介事業の付加価値向上に向けた施策として一考の価値はあるだろう。当社では銀行人事部での企画運用経験の長いメンバーを中心に人事労務コンサルティングもサービス化しており、「労働条件の見直し」、「ハラスメントの予防対策」、「従業員のエンゲージメント向上」などのテーマでコンサルティング支援しており、採用後の従業員の定着、活躍できる組織作りにも貢献することで途切れのないサポートを目指している。

5. おわりに

　ここまで当社の事業変遷と経験を中心に振り返ってきたが、全国の地域金融機関の人材紹介に携わる皆さんには経験済み、もしくは既視感さえ感じることが大半なのではないだろうか。その理由として、「事業コンセプトの類似性」が考えられる。当然の結果ではあるが、日本人材機構の意志を引き継ぎ、先導的人材マッチング事業の目的に共感し、各地域に貢献しようとしている我々のコンセプトに大きな違いは現状ないだろう。

　しかし、これからはどうであろう。あの邁進すればするほど感じたジレンマ、これから出会う事業課題、新たに生まれる社会課題に対して、各金融機関が自らの意思を働かせ、「オリジナリティ溢れる事業展開」が必要と感じる。当社でも前述したジレンマに陥った時、将来を見据えて、改めて当社の「存在意義」と「大切にする価値観」を作り上げた（図表 7）。この想いを大事にして、真摯に人材サービスに携わり、地域に貢献していこうと思う。

図表7　当社「人材紹介事業部」のパーパス・コアバリュー

パーパス　〜存在意義〜

地域の"人"を想い、心と心をつなぐ。

地域の皆さまと「ひろぎん」とで紡いできた歴史を礎に、"人(=働く人)"と"人(=企業)"の想いの通った出会いを創出します。地域で働く"人"が自身の能力や可能性を最大限に発揮できる社会を実現した先に、地域社会の持続的な成長があると信じています。

コアバリュー　〜大切にする価値観〜

相手に敬意と感謝を常に表現しよう。
・誰に対しても誠実でいよう
・ポジティブであろう
・後ろめたいことはやめよう
・自分ならどうするか？を大切にしよう

互いの得意を掛け合わせよう。
・一人一人の強みや得意な事を活かせる
　組織にしよう
・心を傾け話をしよう
・お互いの意見を戦わせ、新たなアイディアを
　出しやすい雰囲気を醸成しよう

挑戦を楽しもう。
・やらずに失敗するよりはやって失敗しよう
・多くの失敗から学び、大きな成功を修めよう

チームのメンバーを思いやろう。
チームのパフォーマンスの源泉はお互いの信頼感と安心感 チームのメンバーおよびその家族の心と体の健康を気遣おう

成長し続けよう。
・相手（すべての関係者）の立場に応じて、
　様々な価値を届け続けよう
・常に感度高く、知識や情報を取得し、
　経験に変えていこう

顧客のほうを向こう。
・社内を見るな。顧客の将来を見よう
・顧客の理想の未来像をともに描き、心から
　共感、共鳴するパートナーになろう。

出所）当社資料に基づき、筆者作成

みなと銀行における
人材マッチングの取り組み

松本　元伸

1. みなと銀行の人材紹介業務の目的について

みなと銀行は全店舗 105 か店中 101 店舗が兵庫県内にあり、兵庫県神戸市に本店を置く唯一の銀行である。兵庫県の地域創生に本格的に取り組むため 2014 年 4 月に「地域戦略部」を開設し、地域創生を目的として産学官連携に取り組んできた。

兵庫県下の企業に対するメインバンク調査（図表 1 ）で、みなと銀行は第二位であり、メインバンクの企業数は増加基調にある。

図表 1　兵庫県内メインバンク社数　上位 10 行

	金融機関名	2021年（社）	2021年シェア	2022年（社）	2022年シェア	社数増減（社）	シェア増減（%）
1	三井住友	10,006	19.61%	9,975	19.30%	-31	-0.31
2	みなと	6,239	12.23%	6,353	12.29%	114	0.06
3	尼崎信金	4,354	8.53%	4,370	8.46%	16	-0.07
4	姫路信金	2,760	5.41%	2,798	5.41%	38	0.00
5	三菱UFJ	2,792	5.47%	2,778	5.38%	-14	-0.09
6	但馬	1,959	3.84%	1,990	3.85%	31	0.01
7	播州信金	1,922	3.77%	1,949	3.77%	27	0.00
8	兵庫信金	1,745	3.42%	1,760	3.41%	15	-0.01
9	但陽信金	1,656	3.25%	1,704	3.30%	48	0.05
10	日新信金	1,679	3.29%	1,703	3.30%	24	0.01

出所）帝国データバンク神戸支店「第 20 回兵庫県メインバンク調査」
2022 年 12 月 23 日。

兵庫県が抱えている課題として、総人口の減少（図表 2 ）、生産年齢人口減少（図表 3 ）が挙げられる。2045 年の生産年齢人口は 2015 年比約 30%の減少

が予想され、県内企業の人手不足は強くなるものと考えられる。

　当社は県内企業の人手不足を喫緊の課題と位置付け、従前の「当社社員の出向・転籍」、「若手社員の業務出向」に加え、「中途採用支援」を一体的に運営することで取引先企業の「ヒト」の課題解決に取り組んでいる。

　人材紹介事業を通じ地元の取引先企業のお困りごとを解決する役割を果たすことで地域創生に寄与し、兵庫県の「県民銀行」としての価値向上を目指している。

図表2　兵庫県総人口推移予想

	2015年（万人）	2030年（万人）	2045年（万人）
阪神地区	176	166	151
神戸市内	154	146	130
東播地区（明石、加古川等）	71	68	61
姫路以西地区（西播　北但）	100	90	77
播但地区（三木、小野、西脇等）	38	33	26
淡路地区	14	11	8
合計	553	514	453

出所）平成27年の国勢調査結果を踏まえ、平成30年3月に国立社会保障・人口問題研究所が推計した「日本の地域別将来推計人口（平成30（2018）年推計）」に基づき著者作成。

図表3　兵庫県生産年齢（15歳〜64歳）人口推移予想

	2015年（万人）	2030年（万人）	2045年（万人）
阪神地区	107	96	75
神戸市内	93	83	66
東播地区（明石、加古川等）	44	40	32
姫路以西地区（西播　北但）	59	50	39
播但地区（三木、小野、西脇等）	22	17	12
淡路地区	7	5	4
合計	332	291	228

出所）図表2を参照

2. みなと銀行の人材紹介事業について

（1）人材紹介の参入経緯

　2018年3月に金融庁が監督指針を見直し、地域金融機関による人材紹介業務が解禁された。そこで、当社は2019年10月に有料職業紹介事業の許認可を取得し、2020年10月より人材紹介担当者を配置した。そして、2021年7月より本格的に両手型有料職業紹介事業を開始した。

（2）人材紹介業務人員について

　地域戦略部内で銀行本店から独立した拠点「ビジネスプラザこうべ」で人材紹介業務を行っている。

　「ビジネスプラザこうべ」は神戸駅前の利便性の良い場所に立地し、ビジネスマッチング、創業支援、人材ソリューション業務という銀行の本来業務である預金・貸出金業務以外のお客様のお困り事への対応を目的に設置された。

　人材紹介担当者は責任者1名と地区担当者3名、更に人材紹介会社で10年超の経験者を指導役として1名招聘している。また地区担当者のうち2名は人材紹介会社に各半年間出向しノウハウの習得を進めた（図表4）。

図表4　人材紹介業務人員構成

役割	人員	勤務割合	役職	人材紹介スキル等
責任者	－	兼務	プラザ所長	
担当者	3名	専任	各地区担当	2名は人材紹介会社へ半年出向
担当者	1名	週3日勤務	サポート者	人材紹介経験10年超
合計	4名			

出所）筆者作成

（3）人材紹介の取組体制について

　ビジネスプラザこうべは銀行のニーズ対応や仲介機能を果たす役割と、提携

人材紹介会社と企業を結び付ける役割、求職者に求人内容を案内し、求人企業に応募する求職者を紹介する役割を担っている（図表 5）。

　銀行の本部でもあり、独立した職業紹介事業所でもある。こうした態勢をとることで、銀行員が人材紹介を行うことについて取引先企業、求職者の双方から安心感を享受いただいている。

図表 5　取組体制図

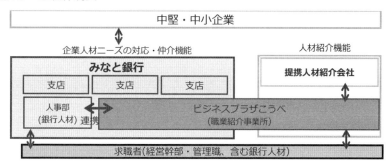

出所）筆者作成

3. みなと銀行の人材紹介フロー

　求人を受け付ける企業は基本的に取引先企業、若しくは今後取引の開始が見込める企業である。

　営業店が取引先の求人情報を収集し、具体的な人材のニーズが確認できた時点でビジネスプラザこうべ担当者と帯同訪問する。面談は実権者と行い、人材が不足する背景や求める経験・スキル、役割等を再確認の上、人材に関する取引先企業の課題を共有する。

　みなと銀行で求人を受け付け、直接求職者を紹介するのか（両手型）、提携する人材紹介会社へ取次ぎ求職者を紹介するのか（片手型）の方針を決定し、顧客とビジネスプラザこうべで協議し人材の採用時期や役割、処遇面等の方向性も確認する（図表 6）。

図表6　人材紹介フロー

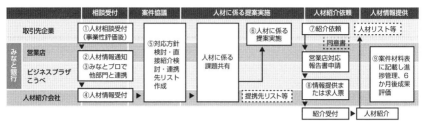

4. 両手型人材紹介について

　人材紹介業務の担当者3名は担当地区の取引先から採用したい人材の経験や必要なスキルを聴取する。担当者3名には銀行で支店長を経験したベテラン行員を配置しており、求人企業の実権者とのコミュニケーションを円滑に行い、求める人材像を明確にしたうえで求人票を受け付けることができる。

　求人企業の求める人材は、提携している県内大手企業の転職希望者の案内や求職サイト内で取引先の求人内容を掲載し求職者の募集を受付ける手法、求職サイトの登録者へ直接スカウトすることにより求人情報を案内する手法で探している。

　みなと銀行への求職者登録の面談時は原則ZOOMで4名の担当者全員で面談を行い、各自が保有する求人案件に紹介できる人物かどうかを確認している。

　求人会社、求職者ともに同一担当者が対応することにより求人内容の詳細部分や求職者の希望の細やかな部分まで目配りをした紹介が可能となっている。

　両手型の人材紹介で入社された18名が現時点で退職されることなく勤務を継続されており、丁寧な人材紹介を行っていると自負している。

5. 人材紹介実績

　みなと銀行の人材紹介実績は、図表7に示した通りである。

図表 7　人材紹介実績

	2020年度(人)	2021年度(人)	2022年度(人)
経営幹部人材〈両手型人材紹介〉	0	3	15
経営幹部人材〈提携会社紹介（片手型）〉	1	3	0
経営幹部人材〈兼業・副業 有料BM(片手型)〉	6	9	8
経営幹部人材〈銀行OB〉	0	3	0
一般人材〈提携会社紹介（片手型）〉	4	5	1
合計	11	23	24

出所）筆者作成

（1）両手型人材紹介

2021年7月に、銀行が求職者と面談し、求職者登録を受け求人企業に紹介する両手型人材紹介を開始した。

2020年度は有料ビジネスマッチングでの紹介のみであり、両手型人材紹介を開始するために支店長経験者の行員3名をビジネスプラザこうべに配置した準備期間であった。2021年度は人材紹介会社へ担当者2名が半年ずつ出向し、両手型人材紹介のノウハウを習得した助走期間であった。そして、2022年度より本格稼働した。

求人受付数の増加、求職者を検索する求職サイトとの連携先増加、人材紹介担当者の習熟度の高まりを要因として人材紹介の成約実績は増加している。

（2）片手型人材紹介

人材紹介業務開始当初より経営幹部層、専門人材紹介を目指してきたため、自力で求職者を紹介できない時期であっても提携人材会社に取り次ぎ、有料ビジネスマッチングを利用して求人企業に人材を紹介してきた。

2022年度に入り経営幹部層の求人は両手型人材紹介で成約できるようになり、片手型人材紹介の成約件数は減少した。今後、管理職ではない担当者層の一般職人材を紹介する手段として有効活用することを検討している。

（3）兼業・副業人材紹介

　銀行の人材紹介が常用、長期雇用の紹介を前提としている一方、取引先企業は特定の専門知識やスキル・経験を持った人材に会社の課題を短期間で解決して欲しいというニーズもある。

　提携する人材紹介会社に登録している専門性の高い人材を半年から1年程度の期間で課題解決にあたってもらう紹介であるが、今後ECやITを活用することによる効率化、省人化を見据えた企業のニーズは増えると思われる。

　正社員として雇用する場合の厚生年金、社会保険、労災、雇用保険等のコストが必要ないことも企業にとってのメリットとなる。

6. 地域別成約状況

　図表8に示したように、人材紹介の地域別成約件数は神戸市、阪神間で多く、対して求人票の受付状況は西播地区、播但地区に多い。阪神地区、神戸市内の企業は大手人材紹介会社も積極的に求人を受け付けしており、銀行による人材紹介の必要性が薄い。応募する求職者も多く、採用がスムーズに行われていると推察される。

　一方、姫路以西、播但地区、淡路地区は大手人材紹介会社も対応人員が少な

図表8　人材紹介地域別成約数及び求人受付状況（2022年12月末）

	2020年度(人)	2021年度(人)	2022年度(人)	求人残数(件)
阪神地区	2	2	5	1
神戸市内	2	7	9	19
東播地区（明石、加古川等）	3	4	0	6
姫路以西地区（西播　北但）	4	2	2	23
播但地区（三木、小野、西脇等）	0	4	1	21
淡路地区	0	2	4	15
その他地区（東京、大阪等）	0	2	3	5
合計	11	23	24	90

出所）筆者作成

く、銀行に対する人材紹介の期待が高いが、応募求職者も少なく採用に苦戦している。

　阪神間、神戸市から姫路市までの瀬戸内海側の電車での通勤圏内と、淡路島や電車沿線以外の地区では人材採用に関する環境が全く異なり、地域性をよく理解したうえでの人材紹介が求められる。

7. 事業性評価による人材紹介

　みなと銀行では融資取引のある法人は「個社別協議シート」を作成し、取引先の事業性評価を実施している。事業性評価を行うためには企業の財務面だけでなく、仮説に基づく課題を想定する必要がある。図表9に課題認識のための簡単な項目を提示している。

図表9　事業性評価検証項目

	大項目	小項目	小項目	小項目
1	経営戦略	事業基盤	商品・サービス	業務フロー
2	財務基盤	売上高	CF	在庫
3	販路拡大	商品	地域・顧客	販売ルート
4	海外進出、貿易	現地情報	貿易為替	現地法人
5	不動産	活用状況	売りニーズ	買いニーズ
6	損益コントロール	利益繰延	償却資産	資産含み益
7	人事・福利厚生	人材採用	人材定着	退職金・年金
8	事業再生	信用状況	借入形態	自力・スポンサー
9	事業継承	株主構成	後継者	株価
10	法人オーナー	個人資産	相続対策	役員退職金
11	SDGs/地方創生	SX、脱炭素	地域社会への貢献	成長分野への進出

出所）みなと銀行事業性評価シートより項目抜粋

　銀行が課題に対応可能な行動方針を策定し、課題解決のための手段として何を提案するかを支店内で協議し「個社別協議シート」を作成する。そして、本部所幹部である法人業務部に提出し、再度協議し情報共有している。

　例えば支店の営業担当者が取引先の社長に対し、単に「人材のニーズはあり

ませんか？」とお聞きすると「工場のワーカーが不足している」等の答えが返ってくることが多い。しかし、事業性評価により、「本当は、工場の労働力不足を解決して効率よく生産性をあげる工場管理者が必要では？」と課題解決の手段を取引先に問いかけ、取引先も同じ認識を共有したうえで、工場管理者の求人を出すという流れが目指すべき姿である。

8. 事業性評価による人材紹介の問題点

　取引先の事業性評価を精緻に行うためには、図表9の検証項目を深く把握する必要がある。しかし、支店の融資取引先全ての財務面以外の情報を知り得ることは難しく、仮説に基づく課題を抽出できる企業数は限られたものとなっている。

　現状は取引先から不足する人材の相談があり、ニーズを聴取する際に課題を把握する手順となっており、仮説に基づいた取引先の課題を想定する域までは至れていない取引先が大半である。

　取引先企業の情報の蓄積や銀行担当者の目利き力を時間をかけて地道に継続することにより向上させていく必要がある。

　事業性評価に基づく取引先の課題を把握することは人材紹介ニーズの発掘のみならず企業の売上や利益の増加、ひいては企業価値の増加、地域経済の活性化に寄与するものであることを認識する必要がある。課題を深く理解し、取引先と銀行が課題を共有した状況で人材紹介を進めることができるよう努めることが必要である。

9. 人材紹介成約事例

　図表10には、約1年半の期間での、両手型人材紹介の成約好事例を4件、紹介している。

図表10 人材紹介成約事例

(1) 求職者のUターン後の勤務先を地元のみなと銀行が紹介できた案件	
【業種】園芸用品販売	・大手電機メーカー東京本社で26年勤務。営業推進部長
【地域】播但地区	・知的財産事務所で総務室長、横浜の医療法人の事務部長を歴任
【役割】管理本部長	・医療法人（横浜市）の事務部長を歴任
【属性】神戸市出身・男性	・両親の介護支援のために神戸市に帰郷
【年齢】58歳	・総務、経理、システム統括の管理部長とし経験スキル十分で採用
(2) 中国、韓国等への販売推進を期待され採用に至った。Uターン案件	
【業種】産業用機械製造	・大手電子機器メーカーの海外現地法人社長として勤務
【地域】姫路以西地区	・2022年上海で開催の県人会で、みなと銀行現地駐在員と出会う
【役割】営業推進管理SA	・近く定年、帰国後は両親の住む相生市への転居希望を確認
【属性】相生市出身・男性	・ビジネスプラザこうべで求職者として登録
【年齢】60歳	・県内のメーカーが海外進出推進人材を求めており紹介
(3) 夫婦で淡路島に移住されたIターン案件	
【業種】食品加工業	・大手百貨店勤務を経て上場企業子会社の役員就任
【地域】淡路地区	・子供2名も独立し、夫婦2名で自然豊かな環境での生活を希望
【役割】経営管理部長	・会社全体の統率、事業計画の立案、遂行を行える人材として採用
【属性】大阪市出身・男性	
【年齢】56歳	
(4) 求人会社のニーズに合う人物をスピード感をもって紹介し、成約した案件	
【業種】電子部品製造	・教育サービス大手、テーマパーク等にて経理、財務、企画部門従事
【地域】播但地区	・空調メンテナンスの上場企業で常務執行役員
【役割】管理本部長	・転職活動で大阪の会社等3社を先行して受験中も紹介
【属性】三田市在住・男性	・自宅近隣の企業で勤務したいとの意向あり、迅速対応
【年齢】50歳	・求職者登録面談実施から3回の面接を1週間で行いスピード内定

出所）筆者作成

10. 今後の人材紹介への取り組み

　今後、日本全体で生産年齢人口が減少していく。兵庫県の人口減少も避けられない。労働人口が減少する中、取引先企業の人材確保が現在より難しくなることは容易に推察される。従来は縁故者の採用、ハローワークや大手人材会社への求人依頼で人員確保が可能であった取引先も、新しい人材確保の手段を検討する必要性に迫られるであろう。

　現在の人材紹介を地道に継続し、実績を積み重ねることで、みなと銀行の人

材紹介に関する認知度が高まり、求人に関する相談件数が増えていくものと思われる。また人材紹介で実績のある先からのリピーターとしての相談も増加しており、今後も史に増加が見込まれる。

適切な人材紹介を通じ、取引先企業が事業継続や新規事業開始に困ることがないように、橋渡し役として機能できる存在となるべく努力を続けていきたい。

第6章

信用金庫業界の人材マッチングへの取組

植田　卓也

1. はじめに

　2018年3月、銀行およびその子会社等における取引先企業に対する人材紹介事業の取扱いが可能であるとの解釈が明確化され、取引先に対して人材マッチングを活用した課題解決支援を行う金融機関が増えつつある。しかし、銀行と比較すると信用金庫の取引先への人材マッチングを活用した課題解決支援の取組は進んでいないといえる。

　例えば、令和4年度金融機関等の地方創生への取組状況に係るモニタリング調査[1]では、有料職業紹介事業の許可の取得状況は、地銀：96.8％、第二地銀：70.3％と比べて信用金庫は10.6％と低く、人材マッチングの専担者の配置については、地銀：77.4％、第二地銀：37.8％と比べて信用金庫は7.9％と低い。

　規模・営業エリアによって経営環境に違いがあり、金融機関が必ずしも人材マッチングを活用した取引先支援をしなければならないわけではない。しかし、日本の企業数が減少傾向にある中で、金融支援だけでは対応できない多様化・高度化・複雑化した取引先の経営課題に対応できるノウハウを持つ外部人材を紹介することで取引先の経営課題解決を支援することは、信用金庫の経営基盤を維持するためにも必要な取組である。

1　内閣官房デジタル田園都市国家構想実現会議事務局が、金融機関の地方版総合戦略の策定・推進に係る関与状況等を把握するとともに、地方公共団体と金融機関との連携強化や国の総合戦略の進化・深掘り等に繋げるための調査。調査基準日は令和4年7月1日。

2. 人材マッチングを取り巻く環境

　信用金庫でも人材紹介事業の取扱いが可能になったことは前述したとおりであるが、国としても「新しい資本主義」実現に向けた最重要の柱として位置付けられる「デジタル田園都市国家構想[2]」の論点の一つである「デジタル人材の育成・確保」の中で、地域へのデジタル人材等の還流と地域人材市場の育成、マッチングビジネスの早期市場化・自立化を図ることを目的にデジタル人材地域還流戦略パッケージを集中的に実施し、人材マッチングを活用した企業の課題解決による売上増加・生産性向上などを支援する方針である。

　新型コロナウイルス感染症（以下「新型コロナ」）が経済に悪影響を与える中、地方部の信用金庫にとって、これまで移住が前提となる常勤雇用の人材マッチングは地理的に難しい面もあった。しかし、テレワークの普及を機に副業・兼業人材[3]の人材マッチングが一般化しつつあるなど、地理面での不利が解消されつつある。さらに副業・兼業での働き方が一般化しつつあることで、財務面でハイクラス人材の常勤雇用が困難な中小企業でも、副業・兼業人材を活用することで、比較的安価で質の高い外部人材を活用できる環境が整いつつある。

　また、新型コロナの影響で事業継続が厳しくなり、新事業への進出や事業再構築など社内にないノウハウを必要とする取組に挑戦する企業が増えたため、人材マッチングのニーズは、新型コロナ拡大前と比較し増加している（図表１）。

　人材紹介事業者は営利企業であるため、企業数の少なさや地理的障壁、人材マッチングに関するコストや手間がかかりやすい地方部へは、経済合理性の点から進出しない。さらに、大企業・中堅企業と比べて年収水準が低い中小企業

2　https://www.cas.go.jp/jp/seisaku/digitaldenen/index.html（2023 年 6 月 12 日閲覧）
3　【副業人材】とは、本業を持ちつつ、複数の収入源を確保することのほか、キャリア形成や社会貢献、独立に向けたステップなど、さまざまな目的を持って本業以外の仕事を行う人材。
　【兼業人材】とは、所謂フリーランス。複数の仕事を掛け持ち、生計を立てる人材。

は、収益性（期待できる人材紹介手数料）が低いため、人材紹介事業者が積極的にはアプローチしない傾向がある。

このような地方の企業、および中小企業に対しては、信用金庫から人材マッチングを活用した経営課題の解決を提案しないと、そのような選択肢があることを知る機会がない企業も未だに多い。

図表1　人材関連ビジネス主要3業界市場規模推移

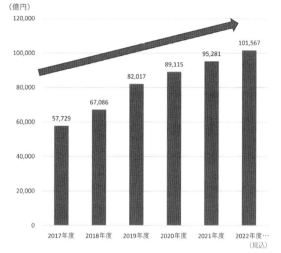

注：主要3業界とは、人材派遣業、人材紹介業、再就職支援業をさし、市場規模は事業者売上高ベースで算出。そのうち、人材派遣業の2020年度までのデータは、厚生労働省「労働者派遣事業報告書（一般労働者派遣事業所の売上高）」データより引用

出所）（株）矢野経済研究所「人材ビジネス市場に関する調査（2022年）」（2022年10月19日発表）

3. 人材マッチングの意義

中小企業を取り巻く現状と課題を整理すると、「ウイズコロナ、アフターコロナ時代に対応した事業モデルに改革したい。」、「これから事業を拡大するに当たって、業務プロセスを見直したい。」、「海外にも販路を拡大させたい。」、「ICT、AIを導入し、生産性を向上させたい。」などの攻めの経営を展開したいと考えた場合、こうした取組に必要なノウハウは既存事業の延長線上にはなく、社内に知見・経験などのノウハウが存在しないことが多い。

一方、「オーナー経営者は、日々たくさんやることがあり、孤軍奮闘。」、「人材を育成しようにも、社内教育の余裕もなければ、後継者もいない。」、「成長

戦略（今後の「稼ぎ方」）を整理・明確化できない。整理する余裕もない。」という状況にあることが多い。

　こういった経営課題に対応できる人材がいない、人材を育てる余裕がない企業が経営課題を解決するノウハウを持った外部人材の力を借りることで、当該企業の経営課題が解決することによる売上増加・生産性の向上などが期待できるなど、これら金融支援だけでは対応できない多様化・高度化・複雑化した取引先の経営課題の解決には、人材マッチングは有効な対応手段の一つであると考えられる。

　また、人材マッチングを活用しようとしても相談できる事業者がいない地方の企業、収益性の面から人材紹介事業者がアプローチしない中小企業などについては、地域金融機関である信用金庫が人材紹介機能を担う事業者として活躍することで、地方の人材マッチング機能のハブとして存在感を高められる。

　なお、人材マッチングとは、企業の経営課題を洗い出し、課題解決に必要な知識・経験・スキル等の要件を定義し、当該知識・経験・スキル等を有する人材を探し出し、マッチングさせるものであるが、経営課題の洗い出しは、信用金庫が事業性評価の中で、融資等の本業の一環として実施していることが多いことから、信用金庫の本来業務と人材マッチングの親和性は相応に高い。

4. 信用金庫にとっての人材マッチング

（1）期待効果

　取引先では、①金融支援だけでは対応が難しい「経営課題の解決」、②マッチングした人材の活躍による「企業の成長」、などが期待できる。

　一方、信用金庫では、①「収益機会の多様化（人材紹介手数料ほか）」、②増加運転資金などの「融資等での取引深耕」、③ヒト・モノ・カネ・情報の流れを把握することでの、より「深度ある取引先支援の実施」、④取引先の経営課題の解決による「顧客基盤の維持・拡大」、⑤取引先に喜ばれることでの「職員のモチベーション向上」、⑥無借金企業へのドアノックツールとしての活用、

などが期待できる。

　また、経営課題の解決のために人材マッチングを提案するには、より踏み込んだ意見交換が必要であることから、結果として信用金庫は今まで以上に取引先の実態把握が進み、取引先との関係が強まることが期待できる。

（2）地域金融機関としての優位性

　信用金庫は、地域金融機関として、①取引先の財務内容を把握している、②取引先の経営課題を事業性評価等により把握している、③取引先との信頼関係が構築されており、経営者等のキーマンとの接点を有している、④取引先との長期にわたる伴走支援を継続できる体制を構築している、などの強みを持つ。

　これらの強みは信用金庫など地域金融機関ならではのものであり、人材紹介事業者を含む他の事業者が持たないものである。

　つまり、地域金融機関である信用金庫にとって、人材マッチングはその強みが活かせる業務であり、他の事業者と比べて優位性があるといえる。

（3）ニーズ

　信用金庫の役職員と意見交換すると、自金庫の取引先にはハイクラス人材のニーズがないという話を聞くケースがある。これは、「一般的に人材マッチングというと常勤雇用をイメージし、取引先である中小企業にはハイクラス人材を雇用するほど余力のある先が少ないこと」、「取引先の中小企業の経営者はハイクラス人材を活用して経営課題を解決するというイメージがなく、人手の補充・穴埋めをイメージする傾向が強いこと」、「中小企業との親和性が高い副業・兼業人材を活用した経営課題の解決というもの自体が新型コロナ拡大の結果、急速にマーケットが拡大してきたものであり、一般的な認知度がまだまだ低いこと」などがその要因であると考えられる。

　常勤雇用でしか対応できないのは企業に常駐する中核人材を求める場合に限られ、経営課題の解決についてはハイクラスの人材をローコストで活用できる副業・兼業人材の活用が最適解であることも多く、信用金庫の主な取引先であ

る中小企業の経営課題の解決には、副業・兼業人材の活用の親和性が高いといえる。

　ついては、一般的に課題のない組織などはないこと、図表1のとおり人材マッチングのマーケットが拡大していること、国が実施するプロフェッショナル人材事業[4]および先導的人材マッチング事業[5]とも成約件数が右肩上がりに増えていること、などから信用金庫の取引先にも人材マッチングのニーズがあると考えられる。

（4）収益性

　人材マッチングが成約した際には、マッチングした人材の理論年収に応じて人材紹介手数料[6]が求人企業から人材紹介事業者へ支払われる。この人材紹介手数料について、信用金庫と人材紹介事業者の間で契約を締結し、信用金庫が人材紹介手数料の一部を報酬[7]（情報紹介料）として受け取る仕組みが全国的に広がりつつある。信用金庫は、こういった仕組みを活用することで、取引先の経営課題解決支援に取り組みつつ、相応の収益が期待できる。

　得られる報酬の水準については、「ビジネスマッチング（以下「BM」）型[8]」、「片手型[9]」、「両手型[10]」など取組方法によって異なるが、人材マッチングの事務フローの中で信用金庫がどこまでやるか（貢献度）によって収益性に違いがでる。一般的にBM型は人材ニーズを取り次ぐだけなので報酬が少なく、一方で両手型は業務負荷の重い求職者対応を行う必要があるが報酬が多い。（収益

4　https://www.pro-jinzai.go.jp/（2023年6月12日閲覧）
5　https://pioneering-hr.jp/（2023年6月12日閲覧）
6　通常は理論年収の30～35%。
7　人材紹介事業者が受け取る人材紹介手数料の一部を金融機関が受け取るものであり、求人企業の負担が増えるものではない。
8　【ビジネスマッチング型】：有料職業紹介事業の許可が不要な人材マッチング。金融機関は取引先の人材ニーズを把握し、人材紹介事業者などに取り次ぐ。
9　【片手型】：有料職業紹介事業の許可を有して行う人材マッチングのうち、両手型以外の人材マッチングを行うことを指すことが多い。常勤雇用のマッチングにおいては、求人票の作成まで行うケースが多い。
10　【両手型】：有料職業紹介事業の許可を有して行う人材マッチングのうち、求人企業対応から求職者対応まで一気通貫に行うもの。

性：BM 型＜片手型＜両手型)

　なお、一般的に収益性が高くなるほど業務負荷が重くなることから、収益性を重視する場合では、業務負荷などについて留意する必要がある。例えば、両手型は求職者対応などに人材紹介事業者としてのノウハウが必要となり、人材マッチングの工程の中で求職者対応の業務負荷が重いことなどから、各信用金庫は自金庫の実情に応じた取組方法を選択する必要がある。

（5）人材マッチングに対する役職員の理解

　人材マッチングの活用方法等について、信用金庫の役職員が十分に理解していない場合にワーカー層の人材ニーズばかりが集まるなど、取引先の経営課題の解決につながらないケースもある。

　人材マッチングが信用金庫役職員の理解を得て、信用金庫内に浸透するためには、以下のようなポイントを押さえる必要がある。

・人材マッチングの活用目的が売上増加・生産性向上など取引先の持続的成長を図ることが主目的となっているか、経営幹部を含め組織内で人材マッチングの重要性の認識が共有されているか、成約数や短期的な収益を単純に追うものになっていないか。

・事業性評価との一体性・連続性があるか、経営者の希望する人材像を鵜呑みにしていないか、「経営課題の把握」→「解決策としての人材マッチングの活用」の流れとなっているか。

・マッチングしようとしている人材について、売上増加・生産性向上・新事業進出等の企業成長に資する人材をターゲットとしているか、取引先ニーズに応じて常勤雇用だけでなく、副業・兼業人材の活用も視野に入れているか。

5. 人材マッチングへの取組方法

　人材紹介事業者と連携することで人材マッチングの活用にかかる体制構築支援を受けるケースが多いが、人材紹介事業者に職員を派遣する、人材紹介事業

者から社員の出向を受け入れる、プロフェッショナル人材戦略拠点 11（以下「プロ拠点」）に職員を出向させる、などにより、組織内にノウハウを蓄積するケースもある。また、信用金庫に対して中央金融機関の信金中央金庫が人材紹介事業者と連携して無料の人材紹介事業参入サポートを提供しているなど、まずは身近な人材紹介事業者等に相談することから始めてみるのが一般的である。

なお、人材マッチングに取り組む体制を整備する際に、専担者の配置について悩む信用金庫が多い。一般的には、BM 型は兼務も可、片手型は専担者 1 名程度、両手型は専担者 2 名以上などといわれることが多いが、あくまで目安であり、結論としては専担者の配置については案件数次第であって、たくさんの人材マッチングを行うにはそれなりの人員を配置する必要がある。ついては、各信用金庫は、どのくらいの人材マッチング件数を見込んでいるのかを考えた上で人材マッチング担当者の配置を決める必要がある。

それでは、人材マッチングの取組について「常勤雇用」、「非常勤雇用（副業・兼業人材）」、「信用金庫の取組方法」に分けて解説する。

（1）常勤雇用

これから人材マッチングの取組開始を検討している・効率よく人材マッチングを行うことを考えている信用金庫には、BM 型という選択肢がある。BM 型は、信用金庫が人材ニーズを人材紹介事業者等に取り次ぎ、それ以降の工程は人材紹介事業者等が対応するため、信用金庫の業務負荷が軽い。また、日頃から取引先の経営課題を事業性評価などで把握している信用金庫にとって、BM 型はさほど難しくないといえる。なお、BM 型は、有料職業紹介事業の許可は必要ないが、精度の高い人材ニーズを人材紹介事業者等に取り次げない場合は、人材マッチングの成約率が低くなることに注意が必要である。

次に、人材マッチングにある程度の経営資源を割いて取り組むことを考えている信用金庫では、片手型での取組が考えられる。片手型は、有料職業紹介事

11　プロフェッショナル人材事業（https://www.pro-jinzai.go.jp/）において、東京都を除く46 道府県に設置されている（2023 年 3 月末時点）。

業の許可を取る必要があるが、人材サーチ、マッチング等の求職者対応などを
人材紹介事業者に任せることで業務負荷を軽減できる。また、BM 型と比べて、
例えば、常勤雇用の人材ニーズを持つ求人企業に対して、信用金庫が「求人概
要のヒアリング」もしくは「求人票の作成」まで行うことで、成約率の向上お
よび成約時に受け取る報酬の増加が期待できる。

　最後に、求人企業対応と求職者対応を一気通貫に行う両手型は、収益性は高
いが、求職者対応には相応のノウハウが必要であり、他の取組方法と比べて業
務負荷がかなり重くなることに注意が必要である。また、求職者対応は、業務
時間外・休日での対応が必要であるため、担当者には柔軟な就業形態を整備す
る必要がある。

　前述したとおり、マッチングした人材の理論年収に応じて人材紹介手数料が
求人企業から人材紹介事業者へ支払われるため、人材マッチングで収益性を重
視する金融機関は、常勤雇用のハイクラス人材のマッチングを両手型で行うこ
とを目指す傾向がある。

（2）非常勤雇用（副業・兼業人材）

　新型コロナの感染拡大によるテレワーク、Web 会議システムなどの急速な
浸透や大企業による副業の解禁等により、副業・兼業人材の活用が注目される
ようになった。

　副業・兼業人材を活用している、あるいは認知している中小企業はまだ一部
に留まるが、首都圏で勤務する大企業就業者などのうち、6 割を超える副業人
材が収入以外を目的[12]として副業に興味を示している。人材マーケットにお
いて副業・兼業人材の登録数が増加傾向にあり、国が実施するプロフェッショ
ナル人材事業、先導的人材マッチング事業でも、副業・兼業人材のマッチング
件数が増加傾向にある。

12　（株）みらいワークス（2022 年 9 月 16 日〜 22 日、首都圏大企業管理職 1,650 名への調査、
　　当社セミナー資料により公表）によると、「地方の中小企業を支援することでのやりがい：
　　34.1%」、「スキルアップ、成長：18.2%」、「地方貢献、地方創生：9.0%」。

例えば、主に地域金融機関が中心となって人材マッチングを進める先導的人材マッチング事業では、成約案件の半分以上が副業・兼業人材であり、うち約5割が売上5億円以下の企業であるなど、中小企業の人材活用手段として副業・兼業人材の活用はメリットが大きく、自社で不足する専門人材確保の手段として有効な選択肢であるといえる。

　副業・兼業人材のメリットとしては、①全国のハイレベル人材を活用できる、②常勤雇用と比べて安価である、③迅速にマッチングできる、④プロジェクト単位で活用でき、比較的短期間の契約である、⑤業務委託契約のため労務管理が不要である、⑥デジタル分野[13]と親和性が高い、などがあげられる。また、副業・兼業人材との契約は業務委託契約であり、有料職業紹介事業の許可がなくても取り組むことができるのもメリットといえる。

　これまで、地方の中小企業では、新規に雇用する財務余力がない先が多いこと、首都圏から地方への転職は転居を伴うことから心理的ハードルが高くなること、などが人材マッチングの活用が進まない主な原因であった。一方、前述の「副業・兼業人材のメリット」でも言及したが、副業・兼業人材は、常勤雇用と比べて安価であり、プロジェクトの終了により契約終了となることから人件費として固定化しないこと、Web会議システム等を活用することでハイレベル人材が転居することなく求人企業の課題解決に取り組めること、など地方の中小企業にとって活用し易いといえる。

　活用する人材紹介事業者のサービスによって違いはあるが、例えば、ある大手人材紹介事業者では、成約率はプラットフォーム型[14]で約40%、エージェント型[15]で10〜20%と常勤雇用の一般的な成約率と比較して高い。特に当該大手人材紹介事業者のプラットフォーム型は低コストに加え、求人1件に平均

13　マーケティング（EC、Webマーケティング、販路拡大）、業務効率化（IT推進、DX化）、データ分析など。
14　マッチングサービスのサイト上に掲載されている案件に、求職者が自分で応募するタイプのサービス。求人企業と求職者が直接業務委託契約を締結。
15　エージェント（人材紹介事業者）との面談をもとに、マッチする案件が紹介されるタイプのマッチングサービス。人材紹介事業者が契約主体となり、求人企業・求職者双方と業務委託契約を締結。

10 〜 15 人程度の応募があり、マッチングサービスのサイト上で求人募集を開始した案件については成約率が約 60％となっている。

　なお、副業・兼業人材にかかる留意点としては、現時点では経営者の多くが人材マッチングと聞いて想像するのが人手の補充・穴埋めであり、求人企業から「副業・兼業人材を活用して経営課題を解決したい。」という声はまず出ないため、信用金庫から経営者に対して経営課題を解決する手段としての副業・兼業人材の活用を提案する必要がある。

　副業・兼業人材のマッチングにおいては、常勤雇用と比べて理論年収が低く、多額の人材紹介手数料が期待しづらいため、BM 型で効率よくマッチングすることを目指すのが一般的である。

（3）信用金庫の取組方法

　個々の信用金庫は規模の差が大きく、営業エリアも全国津々浦々にあって経営環境はそれぞれ異なっている。しかし、中小企業や地域住民のための協同組織による地域金融機関 16 であることは共通しており、主な取引先である中小企業では常勤雇用でのハイクラス人材のマッチングは財務的に難しいが、一方、ローコストでハイクラスの人材の活用が期待できる副業・兼業人材のマッチングは、中小企業の課題解決支援ツールとして親和性が高いと考えられる。

　ハイクラス人材の常勤雇用が財務的に難しい中小企業が主な取引先であり、一般的には銀行と比べて組織が小規模で人材マッチング専担者の確保が難しい信用金庫では、例えば、収益性を追い求めるより、副業・兼業人材のマッチングを取引先の課題解決支援のツールとして有効活用し、常勤雇用のニーズがあれば都度対応する、というスタンスで取り組むのが信用金庫にとって汎用的な取組方法と考えることができる。

　また、自金庫のみで人材マッチングに取り組むより、自金庫で不足するノウ

16　信用金庫の融資は主に会員を対象に行っており、事業者の会員資格は、従業員 300 人以下、あるいは資本金 9 億円以下で、信用金庫の営業エリアに立地している企業に制限されている。

ハウについては人材紹介事業者・プロ拠点などの外部機関を有効に活用しつつ、効率的な取引先の経営課題解決を重視することは、信用金庫という業態と親和性が高いものと考えられる。

図表2にBM型、片手型での主な事務フローと役割分担の例を用意した。一口にBM型、片手型といっても、「誰」が「何をやる」のかという点でいくつものパターンに分かれることになる。どのような役割分担にするのかについては、各信用金庫の実情・目指す体制に応じて選択してもらいたい。

図表2　人材マッチングの主な取組方法

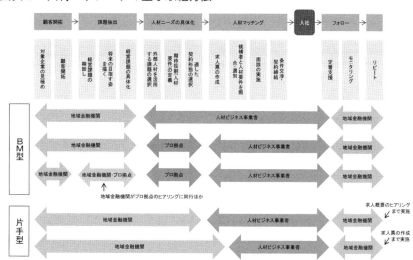

出所）信金中央金庫主催の人材紹介事業セミナー（2022年11月10日）における
　　　内閣官房デジタル田園都市国家構想実現会議事務局配付資料

6. むすび

信用金庫は、普段から取引先の財務状況・経営課題を把握し、代表者等のキーマンに会える関係性にあるなど、人材マッチングにおいて他の事業者と比べて優位性を持つ。

また、中小企業では、自社の経営課題を認識しているものの、経営課題を解

決するノウハウを持つ人材の不足から経営課題に対応できていないケースが少なくない。このため、実際に経営課題の解決に向けて手を動かすことのできる外部人材の活用を提案できる人材マッチングは、信用金庫の取引先支援の有効なツールといえる。

　高度で専門的なスキルが色々必要と思われがちな人材マッチングではあるが、信用金庫が事業性評価やBM業務でやってきたことを進化・拡張させたものであると考えると、まずはBM型で始め、各信用金庫の実情に合わせて片手型、両手型に発展させることは、それほど難しいものではないと考えられるのではないか。また、信用金庫の主な取引先が中小企業であることを考えれば、特に地方の信用金庫では、経営課題の解決にローコスト・リモートで対応できる副業・兼業人材のマッチングに特化するなどの戦略も考えられる。

　今でこそ順調に相談件数・成約件数が伸びているプロフェッショナル人材事業であるが、事業開始当初は相談はあってもなかなか成約に結びつかず、成約件数が伸び始めたのは事業開始から半年ほど経ってからであった[17]。つまり、プロフェッショナル人材事業の相談・成約件数の推移は、人材マッチングはすぐに結果が出るものではないが、真摯に取り組み、ノウハウを蓄積することで結果が出ることを示しているものと考えられる。信用金庫役職員の皆様には、人材マッチングを単に採算だけではなく、本業（融資、その他ソリューション）への波及効果を含めて判断し、まずは自金庫の経営戦略にあった取組方法で人材マッチングを取引先の課題解決支援のツールとして活用してもらいたい。

　現時点では、プロフェッショナル人材事業、先導的人材マッチング事業など、国からの人材マッチング推進体制構築に係る手厚い支援が期待できる状況にある。信用金庫には、これらを上手く活用することで、各地域で人材マッチング機能を提供できる事業者として自走できるノウハウを蓄積し、人材マッチングを取引先の課題解決のツールとして提供できる地域での人材マッチングのハブとしての機能を発揮してもらいたい。

17　https://www.pro-jinzai.go.jp/recruit/index.html（2023年6月12日閲覧）

経営課題の洗い出しから課題解決手法としての人材紹介支援[1]

田中　直也

1. はじめに

　兵庫県尼崎市に本店を置く当金庫は、阪神間を中心に 90 店舗を展開している。預金 2 兆 8,924 億円、貸出金 1 兆 3,233 億円、常勤役職員 1,369 名となっている（2022 年 9 月末）。

　当金庫は協同組織金融機関として「中小企業の育成・支援」「地域活性化への貢献」を果たすことにより地元経済の発展に寄与していくことが重要な使命であるととらえ、地域密着型金融に徹して事業運営を行っている。これらの活動を恒久的な取組みと位置付け、「地域貢献活動」と「コンサルティング活動」をあましんビジネスモデルの 2 本柱としてより一層深化させ、引続き地域住民や社会が抱える問題や事業者の課題解決に積極的に取組んでいる。

　当金庫は取引先の支援を行うにあたり、事業内容や支援ニーズを的確に把握し、多様化・複雑化する課題に対して本当に必要とされるソリューションをいち早く提案できるよう、連携する外部専門家、地域協力団体、パートナー企業、関連会社・グループ会社をコーディネートしている。創業期から成長期、成熟期、転換期まで、企業のライフステージにあわせたコンサルティング支援を実施している。

　取引先の事業把握に向けた取組みとしては、2005 年 6 月から公益財団法人ひょうご産業活性化センター（以下、活性化センター）が運営する「ひょうご

1　本稿の内容は筆者の個人的な見解を示したものであって、筆者が所属する組織の見解を示したものではない。

中小企業技術・経営力評価制度」を活用し、取引先の経営力や成長性を含む総合的な事業性評価を実施してきた。また、2010年度からは知的資産経営報告書の策定支援に取組み、特許や意匠、商標といった知的財産権のほか、人材・技術・技能・ノウハウ・組織力・お客さまとのネットワークといった、財務諸表では見えにくい資産である「知的資産」を自社の強みと認識し事業運営に活用することで取引先の成長に向けた支援を行ってきた。

当金庫の本業支援は営業店と本部が一体となって実施している。営業店で取引先との対話を通じて得た情報をデータベースに蓄積し、金庫全体でリアルタイムに共有しながら、現場目線で"知恵"と"汗"を出すコンサルティング活動に力を注いできた。2022年7月には、融資審査・管理部門である「審査第一部」「審査第二部」「管理部」と、課題解決のために各種ソリューションを提供する「ソリューション推進部」を統合し、組織横断的に価値創造に向けたアイデアや取組みを創出・実践する部署として「価値創造事業部」を発足させ、取引先の支援を行っている。

2. 事業者の現状と支援ニーズ

コロナ禍の影響が長期化し、原材料や素材価格の高騰、資材の調達難など事業者を取り巻く環境は厳しさを増している。さらに政府は2050年までに温室効果ガスの排出量を全体としてゼロにするカーボンニュートラルを目指すことを宣言しており、環境負荷軽減をはじめとするESGへの対応など、持続可能な社会の実現に向けた事業活動を行っていく必要が増している。

多くの事業者は、コロナ禍の危機を乗り越えるべく将来に向けて事業変革・経営改善に取り組んでいるが、国内の生産年齢人口の減少が続く中、中小企業の人材不足は大きな課題となっており、今後も同様の状況が継続していくと考えられる。

ワーカー層の確保が課題となっているだけでなく、経営者の高齢化が進む中で事業承継を必要とする事業者が増加傾向にあり、後継者や経営者を支える幹

部クラスの人材の確保も課題となっている。後継者の不在等により廃業が増えれば地域経済が衰退する懸念があることから、経営人材の確保にむけた事業承継支援は非常に重要となる。

　また、DX 化の進展など事業環境が大きく変化する中で、事業変革に向けた取組みを実行しようとしても、社内の限られた人材だけでは思うように変革が進まないといった課題がある。こうした状況を背景として、事業内容の見直しや DX 活用による生産性向上に向けた取組みを実践できる人材や専門家のニーズが高まっている。

　当金庫は取引先の事業の現状や社内体制、外部環境、今後のビジョンを踏まえ、課題に応じたソリューションを提供している。

3. 課題抽出手法

（1）課題抽出の重要性
　事業者を取り巻く環境が複雑化し、対応しなければならない課題が多様化するにつれて、提供するソリューションを増やす必要がある。

　当金庫は人材紹介をはじめ、販路・仕入先・外注先探索、事業承継・M＆A、補助金申請など事業者のニーズに対応する多くの支援サービスを提供しているが、サービスが増加するにつれて、課題と支援サービスのミスマッチが散見されるようになっていた。

　こうした状況を背景として、当金庫は本業支援を実施する前提として「いかに的確に取引先の課題を抽出するか」に焦点をあて、さまざまな取組みを実施してきた。

　下記に当金庫での課題抽出から支援に向けた取組みを示す。

（2）技術・経営力評価サポートプラス
　当金庫では取引先の事業把握の深堀りや課題の抽出に、兵庫県下では活性化センターが実施する「ひょうご中小企業技術・経営力評価制度」を活用し、大

阪府下においては、当金庫関連会社である株式会社尼信経営相談所が実施する「技術・経営力評価制度（大阪版）」を活用している。

　評価書が発行された後、評価書に基づく支援を行っているが、担当者によって本業支援における評価書の活用度合にばらつきがあった。

　こうした状況を踏まえ取引先の課題について、より一層掘り下げを行い支援の質を高めることを目的に 2022 年 4 月より新たな支援サービスである「技術・経営力評価サポートプラス」の提供を開始した。

　支援の流れは図表 1 の通りである。

図表 1　技術・経営力評価サポートプラス概念図

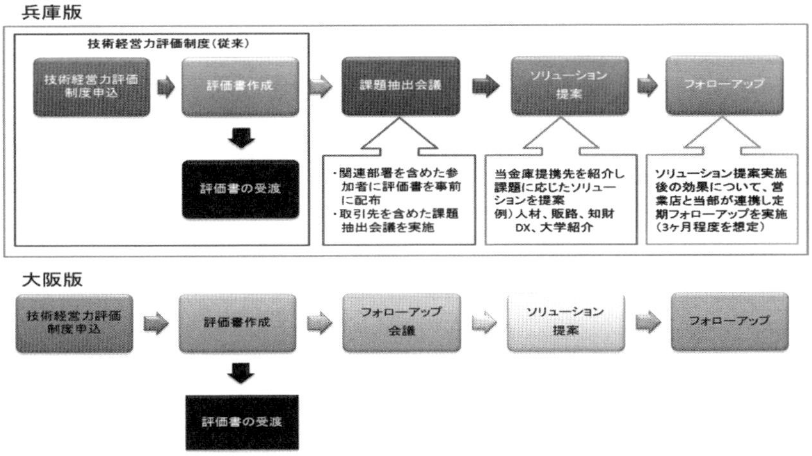

出所）著者作成

　評価書作成にあたり活性化センターの専門家によるヒアリングが実施され、当金庫職員が同席する。当金庫内で完成した評価書の記載内容について確認し、あらかじめ仮説提案を検討する。

　評価書をもとに取引先、当金庫営業店・本部を交えて「課題抽出会議」を開催し、評価書記載内容を取引先に説明、意見交換を行った上で仮説提案し課題を掘り下げ、今後の経営の方向性を確認する。

「課題抽出会議」実施後、明確になった課題に対してソリューション提案を行い伴走支援を実施している。

（3）課題抽出サポートプログラム

「課題抽出サポートプログラム」とは、兵庫県プロフェッショナル人材戦略拠点戦略マネージャーの亀井芳郎氏（中小企業診断士）が提唱する課題抽出手法である「課題抽出プロジェクト」の手順を応用した当金庫独自の支援サービスであり、2022年4月より取扱を開始した。

当金庫職員は中小企業庁「地域中小企業人材確保支援等事業」において、活性化センターが実証機関として実施した「課題抽出プロジェクト」のコーディネーター育成研修に2021年、2022年の2回にわたり参加し、現場従業員からの課題の抽出方法について学ぶ機会を得た。

金融機関は一般的に経営者と対話することが多く、現場従業員と対話する機会はこれまでほとんどなかった。中小企業の現場においては従業員の意識や行動が事業に与える影響が大きく、事業における問題点の根源は現場レベルで発生していることが多いと考えられる。

図表2　課題抽出プログラム概念図

出所）著者作成

「課題抽出サポートプログラム」は経営者のみならず多くの従業員（最大8

名程度）を交えて課題抽出会議を開催し、掘り下げられた課題について伴走支援を実施していくサービスである。

　支援の流れは図表2の通りである。「課題抽出サポートプログラム」のメリットは課題抽出のみならず、会議実施のプロセスを通じ取引先の社内における情報が共有され、コミュニケーション（経営者・従業員間や各部門間など）が活性化されることにある。

　中小企業においては従業員が役割分担され、各々がどのような業務を行っているのか詳細まで把握されていないケースが多い。経営理念があったとしても浸透しているとはいえないケースも多く、会議を通じて経営方針やビジョンが共有され、これらの達成に向けた全社的課題を認識することでモチベーションが向上するといった意見も聞かれる。

　当金庫職員にとっても、前述の通り現場従業員の声に触れる機会は少なかったことから、会議への参加を通じてこれまで聞くことのなかった新たな強みの認識や課題の発掘につながり、的確な支援につなげていくことが可能となっている。

　「課題抽出会議」実施後、抽出した課題をもとにソリューション提案を行い、伴走支援を実施している。

4. 人材紹介分野への活用

（1）人材紹介による課題解決支援

　取引先との対話を通じ課題を抽出した後、その解決に向けた活動を社内で実施していく上で人材の確保が重要となるケースが多い。特に中小企業は人的リソースが少なく、課題を認識していてもそのまま行動に移せないケースも散見されるため、人材紹介支援が重要となる。

　当金庫は現在、パーソルホールディングス株式会社、株式会社サーキュレーションの2社と業務提携を結び人材紹介支援をおこなっている。また、公的機関では兵庫県・大阪府の「プロフェッショナル人材戦略拠点」と連携し、経営

人材や幹部人材の確保に向けた支援を実施しているほか、ポリテクセンターや産業雇用安定センター等と連携し、人材ニーズに応じ連携先を選択して支援を行っている。

　図表3に当金庫の人材紹介フローを示す。

図表3　当金庫の人材紹介フロー

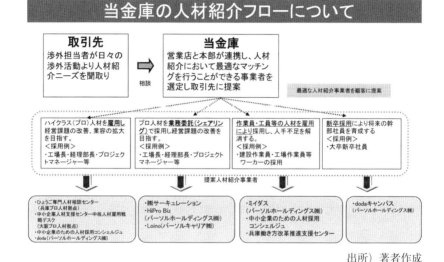

　取引先との対話により確認した情報をもとに、人材を採用したい背景や希望条件を確認し、どのような人材による支援を実施する必要があるのか営業店・本部間で協議する。さらに、取次する外部提携先や連携先を検討し、その内容をもとに取引先に提案を行い人材紹介支援につなげている。

　取引先に人材採用の希望があったとしても、必ずしも採用が課題解決につながらない可能性や、希望する条件と紹介人材の賃金相場の乖離が大きく、採用が困難な可能性も考えられることから、ニーズに応じた人材紹介事業者ならびにサービスを提案することでミスマッチを防ぎ、課題解決につなげる活動も行っている。

人材紹介サービスにはさまざまな種類がある。図表4に人材紹介サービスの相関図[2]を示す。人材紹介は大きく分けてワーカー層と幹部層に区分される。

図表4　人材紹介サービスの種類

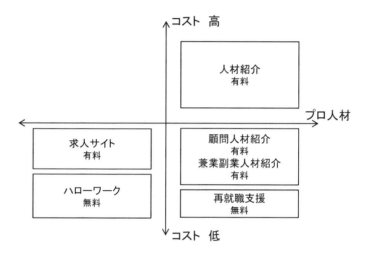

出所）著者作成

（2）ワーカー層の人材紹介支援

　ハローワークは無償で採用活動を行うことができるが、多くの企業が求人情報を掲載しているため、その中で求職者の目にとまる内容を掲載することが重要である。当金庫では外部支援機関と連携して求人票の書き方に関する支援を実施している。

　有料求人サイトは掲載料がコストとして必要となり、媒体によって掲載料は異なる。媒体によるプロモーション活動が行われることから上手くいけば1回の求人で複数人の応募を受けて採用につながるケースもあるが、掲載料は求職

2　兵庫県プロフェッショナル人材戦略拠点　ひょうご専門人材相談センター作成資料を基に作成。

者の有無にかかわらず必要となる。

　求職者からの応募を増やすためには求職者に選ばれる企業であることが重要であり、働くことが魅力的な会社になることやそれを上手く求職者に対して発信することがポイントとなる。これらの活動は企業の経営力強化やブランディング、持続可能性の向上にもつながる取組みであり重要な支援となる。

（3）経営層・経営幹部層の人材紹介支援

　経営層・経営幹部層の人材紹介支援は大きく分けて正規雇用と兼業・副業に分かれる。

　正規雇用については、提携人材紹介会社やプロフェッショナル人材戦略拠点に取次ぎ、成功報酬型で人材を探索するケースが多い。その上で重要となることは、求人に至った背景、求める人材像、人材を採用した後どのように活躍してもらうかといった戦略の把握である。建設業における現場管理者や製造業における技術者、IT 人材等は非常に引き合いが強い状況が続いており、人材紹介会社に取次した後の採用確率は必ずしも高いとはいえない状況にある。事業戦略に基づき、求める人材像を明確化することや人材の賃金相場を踏まえた求人活動、働きやすい環境の整備を行うことが、採用確率を高め、継続雇用につながると考えられる。

　社内体制の整備や新規事業展開等の課題解決に向けた支援においては、副業・兼業人材による支援を活用するケースが多い。当金庫では取引先のニーズや予算に応じてサーキュレーションが提供するプロシェアリングサービスと、パーソルホールディングスが提供する「Loino」（2023 年 4 月より「Hipro Direct for Local」に名称変更）を選択し提案を行っている。

（4）先導的人材マッチング事業への参画

　「先導的人材マッチング事業」とは、日常的に事業者と関わり、経営課題を明らかにする主体である地域金融機関等が事業者の人材ニーズを調査・分析し、職業紹介事業者等と連携するなどしてハイレベルな経営人材等のマッチングを

行う取組みに対して支援を行う内閣府の事業である。

　当金庫は、2019年度に「先導的人材マッチング事業」創設以降、4年連続で間接補助事業者に採択され、経営層や経営幹部層の人材紹介に取組んでいる。

　図表5に従来のビジネスマッチング形態での人材紹介と、先導的人材マッチング事業の対象となる人材紹介の差異を示す。

図表5　先導的人材マッチング事業と従来の人材紹介の差異

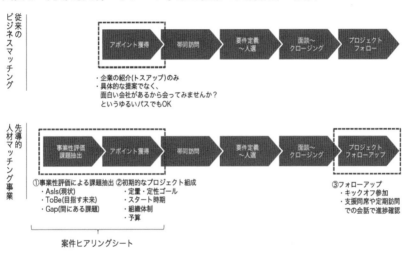

出所）㈱サーキュレーション作成：著者一部改編

　従来のビジネスマッチング形態での人材紹介はあくまでも企業の紹介のみで成立し、人材を必要とする背景といった経営課題の明確化までは求められていなかった。

　一方、先導的人材マッチング事業の対象となる人材紹介は、取引先の経営課題を洗い出し今後の経営方針を把握した上で、経営ビジョンに基づき必要とする支援を検討し、それを実施できる人材像を明確化することが求められる。

　先導的人材マッチング事業で求められるプロセスは、当金庫が実施する取引先支援に向けた課題抽出のプロセスと同様であり、取組みの親和性が高かった

ことからスムーズに事業に参画することができた。人材像の明確化を行うことでより精度の高い人材紹介を行うことが可能となった。

5. 支援事例

（1）課題抽出を通じ副業人材を活用した支援事例
①支援の経緯
　R社は、高齢者施設に特化し、調理スタッフが常駐して施設内で作った食事を提供する「給食受託サービス」を主業務としている。

　50床以下の高齢者施設の給食受託サービスは大手業者が参入しない市場であり、「顧客の声を聞く」ことを重視した丁寧な対応により、利用者の顧客満足度は高く年々成長を続けていた。

　給食受託先数の増加に伴う調理師の質の確保のほか、事業後継者の育成、組織体制の強化といった経営課題を抱えていることを代表者から聴き取りしたことから、「技術・経営力評価サポートプラス」を提案した。

②課題・強みの分析
　専門家が作成した技術・経営力評価書をもとに、営業店、本部、尼信経営相談所とR社を交えた課題抽出会議を実施した。

　評価書での提言事項として、経営理念の策定や計数管理の導入に加え、R社の調理体制が1人ですべての作業をこなすワンオペレーションで実施されていることにリスクがあり、何らかの対策が必要であるとの指摘があった。

　R社と議論を行ったところ、ワンオペレーションのリスクは認識しているが、一方で常駐する調理スタッフに権限が委譲され、モチベーションの向上につながるなど強みにもつながっていることが確認できた。

　議論の中で、ワンオペレーションで提供しやすい献立や勤怠管理を含む本部の管理体制がワンオペレーションを支えており、そのノウハウは大手事業者や競合先が簡単に真似できない強みであることが明らかになった。しかしながら

食材原価が高騰する中で、利用者満足度を下げずに献立を変更することも課題と認識した。

　そこで、ワンオペレーションを補強する施策が重要であるとの共通認識から、課題の一つである献立を一新するため、副業人材紹介サービスであるLoinoの活用を提案した。

③人材紹介による課題解決

　後日、Loinoを活用し支援人材を募った。課題抽出会議で抽出した課題をもとに、栄養士資格を持ち献立の作成を行うことができる人材を募集したところ、食に関する知見が豊富で高齢者施設の献立に詳しい栄養士が見つかり、献立と献立商品マスタに登録されている原価の見直しを依頼する為に3ヵ月間の契約を締結した。人材紹介業者から直接勧誘アプローチは以前から多数あったが、当金庫と課題を共有し専門人材の必要性を強く認識し契約に至った。

　かねてから課題と認識していたが手付かずであった献立と原価の見直しについて、副業人材を活用して課題解決につなげた事例となった。

（2）課題抽出により人材紹介以外での支援を行った事例
①支援の経緯

　ゴルフ場を経営している取引先から、「収益性に問題があり、経営を刷新できる社長の右腕となるような人材を紹介してほしい」との要望があった。こうした人材のニーズはよくあるが、外部人材の能力と現場の受け入れ態勢の問題で成功するケースが少ないことを説明し、課題抽出プロジェクトの実施を提案した。

②課題抽出

　社長・現場フロント6名のプロジェクトチームによる課題抽出会議を実施し、問題点や強みの抽出を行った。その後、数回にわたり実施した結果、戦略を経営層のみで決定し現場に十分伝わっていないこと、外部人材も含めて複数の経

営層からバラバラに指示があり現場が混乱していることが根本的な問題であり、人材採用を行うよりも指揮系統の整備が優先すべき課題という結論に至った。

③課題解決に向けた行動

売上の増加に向けた現場からの意見を取り入れ、プレー客に対し次回の来場予定を確認しリピート獲得を促進することを実践した結果、売上が３０％増加するなどの成果につながった。

本質的な課題の抽出ができたことで、最終的に人材紹介以外のソリューション提案により取引先の売上向上に寄与する結果となった。

この事例で分かるとおり、経営者層が想定する課題が取引先の真の課題であるとは限らない。人材紹介ありきで提案を行うのではなく、取引先との対話を通じて真の課題を把握し課題に応じたソリューションを提案することが重要である。

6. おわりに

事業者に対する経営支援にあたっては、「現状」「課題」「将来のビジョン」を把握することが基本であり、人材紹介も同様である。

当金庫は、事業者の実態把握・課題抽出力を継続的に向上させ人材紹介等による課題解決支援に活かしていくため、若手渉外係を対象にローカルベンチマークを活用した事業性評価ポイント研修を行っている。

これまでの取組みを通じて蓄積してきたノウハウを活用し、引き続き提携人材紹介事業者やプロ人材拠点などの支援機関と連携しつつ、取引先の真の課題解決に向けて支援の幅を拡充していく方針である。

中小企業にとっての
人材マッチング支援

亀井　芳郎

1. はじめに

　内閣府の 2020 年度「まち・ひと・しごと創生基本方針」において、「関係人口」の創出・拡大が言及されている。関係人口とは、企業や公的組織において、役員、正社員、非正規社員以外の外部人材で、いわゆる顧問、副業兼業、プロボノ人材などである。この関係人材を中小企業の人材不足解消、生産性向上、課題解決に活用したいとの考えである。副業兼業人材による中小企業支援は、大企業人材にとってのセカンドキャリア形成、中小企業にとっては実務経験のある大企業人材を少ない費用で活用できるというメリットがある。一方で、大企業人材は支援経験がなく不安であり、中小企業は人材の受け入れ態勢に課題がある。

　筆者が戦略マネージャーをしているプロフェッショナル人材戦略事業においても、副業兼業の拡充が大きな課題になっており、兵庫拠点として、「大企業連携副業兼業マッチングプログラム」を推進している（図表 1 参照）。このプログラムは、大企業人材に対して、中小企業支援の研修を行い、金融機関・支援機関がコーディネーターとなり「課題抽出プロジェクト」を実施し、副業兼業人材による「課題解決プロジェクト」へと移行する「現場プロジェクト型中小企業支援」である。副業兼業マッチングの課題である、大企業人材の研修、中小企業にとっての受け入れ態勢を解決し、金融機関にとっては事業性評価の有効な手段となることが成果として表れている。

　本章では、「大企業連携副業兼業マッチングプログラム」を軸として、金融機関による事業性評価と副業兼業マッチングについて考察していきたい。

図表 1　大企業連携副業兼業マッチングプログラム

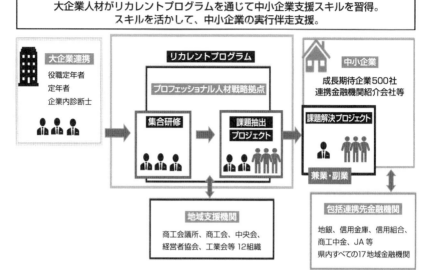

出所）筆者作成

2. 中小企業支援の問題点─現場不在による実行不全

　中小企業支援の問題点について、金融機関、支援機関も「実行伴走型」を目標としているが、現実は厳しい。現状の中小企業支援のプロセスは以下である。

　①金融機関、支援機関等外部機関が社長のヒヤリングをする。

　②経営課題を抽出する。

　③課題に対する解決策を専門家又はコンサルタントが作成する。

　④解決策をトップから現場に提示する。

　⑤現場は提示された戦略計画を実行する又は改善策などを外部人材が指導、
　　研修を行う。

　このプロセスは、いわばトップダウン型でトップ又はトップに近いスタッフが作った戦略計画や課題に対する施策を現場はやらされる形になっている。ここに大きな問題が潜んでいる。本来は、トップが示したゴールやビジョン、あ

るべき姿に対して現場が自ら試行錯誤を繰り返しながら進めていくボトムアップ型が理想であろう。

　2021年度に、中小企業庁において、中小企業及び小規模事業者に寄り添った望ましい支援の在り方の検討が進められ、「経営力再構築伴走支援モデル」が打ち出された。2022年5月には「経営力再構築伴走支援推進協議会」が設立され、経営環境の変化が激しく不確実性の高い時代に応じた中小企業支援について、今後全国への普及・拡大が進んでいくものと思われる。「経営力再構築伴走支援モデル」では、①従来からの課題解決策の提供のみならず、課題「設定」のための支援を強化すること、②経営者が「腹落ち」することで潜在力を引き出すことが重視されている。筆者はとくに、従業員の気づき、腹落ちが必要であると考える（図表2）。

図表2　経営力再構築伴走支援モデル

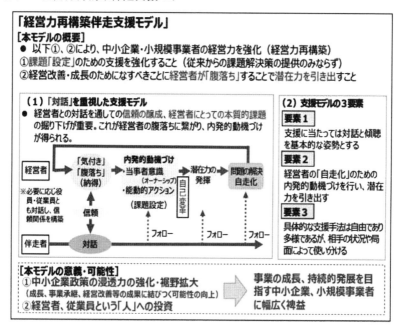

出所）中小企業庁（2022）

3. 戦略マネジメントのあるべき姿

1960 年代、70 年代の経営戦略論の主流は、「戦略は、経営トップ、またはトップに近いスタッフが、現場から離れて分析を重視して、形式的に作る」というスタイルである。これは、経営学の出発点になったテイラー（1911）の『科学的管理法』に依拠している。彼は、現場とトップを切り離し、仕事の方法はすべてトップが考えて、現場は機械のように忠実に従うことを求めた、これがトップダウン分析型である。

それに対し、戦略形成のプロセスは複雑で、現場と離れてデータ分析を重視しても有効な戦略は生まれない、また現場が分析・立案に参加しない戦略は実行されにくい、という新しい戦略論が出てきた。これは日本の経営を研究した結果生まれたもので、日本的経営の特長を表している、これがボトムアップ創発型である。

トップダウン分析型の代表であるアンゾフが、その後の自身の研究でトップダウン型が現場の実行不全を起こすことに言及している。すなわち、経営戦略の父と呼ばれているアンゾフは、『企業戦略論』から 25 年を経た 1988 年に著した『最新　戦略経営』で次のように述べている[1]。

　戦略計画は実行に移しにくかった、つまり「計画に対する抵抗」をもたらした。すなわち、企業から発生する組織ぐるみの慣性が計画書を実行に移す活動を頓挫させたり、さらには、「異質の抗体」として計画を拒否したりしたのである。戦略計画は、次の深刻な問題点に直面した。

　・「過剰分析による機能麻痺」。

　・戦略計画の社内への導入に対する組織抵抗。

一方で、ボトムアップ創発型戦略の代表であるリーン・スタートアップは、トヨタ生産方式に学んだもので、作業員がもつ個人的な知識や創造性の活用を、

1　Ansoff,H.I.（1988）p.14

企業の戦略マネジメントに適用した。検証による学びをできるだけ小さな単位で、早く行うことが特長である。代表的な論者である Ries（2011）は次のように述べている。

「スタートアップの失敗について、最初に優れた計画やしっかりした戦略、市場調査の活用に目を奪われることが問題として挙げられる。不確実性が大きいスタートアップにこの方法は使えない。どういう人が顧客になるのかや、どういう製品を作るべきかさえもまだわからないのがスタートアップなのだ。しかも世界は不確実な方向へ進んでおり、未来はどんどん予測しづらくなっている。旧来のマネジメント手法ではそのような状況に対処できない。

比較的安定した環境で長期にわたる安定操業の歴史があってはじめて、精度の高い計画や予測が可能になるからだ。」[2]

4. 中小企業がボトムアップ型ができない理由

戦略マネジメントのあるべき姿がボトムアップ型であるにもかかわらず、ほとんどの中小企業では現場がまとまって会議すら行えず、一人一人がばらばらで仕事をしていることが多い。このような状態では、戦略づくり、組織マネジメント、人材育成ができず、経営者はこれらを外部人材に頼ることになる。

実際、金融庁の調査（図表3）によると、「経営人材が不足している」と回答した企業の割合は66.6%と、多くの企業で経営人材が不足しているという認識がある。経営人材に求める役割を確認すると、「経営者の右腕人材・相談役」と回答した企業の割合が51.3%である。

なぜ中小企業の現場は、戦略づくり、組織マネジメント、人材育成等ができないのか。中小企業の従業員はそのような能力がないのか。筆者が100社以上に対して課題抽出プロジェクトを現場と行い、分かったことは以下である。

第一に、中小企業の問題の根本にあるのがコミュニケーションである。中小

2　Ries,E.（2011）p.19

企業の組織特性から、ボトムアップのコミュニケーションができない。この原因は、以下である。

・少人数ゆえに、疑似家族の様な人間関係で問題点を指摘しにくい。

・中途入社が多く、年齢、社歴、職歴がばらばらで、命令系統が不明確である。

第二に、支援機関、金融機関からトップダウン分析型の戦略計画を求められる。支援機関や金融

図表3　経営人材に求める役割

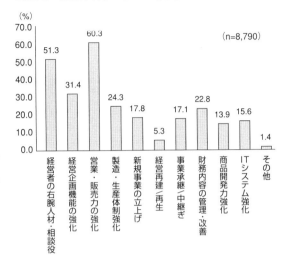

出所）金融庁「企業アンケート調査の結果」
2021 年 8 月 31 日

機関が分析型の戦略計画を重視しており、中小企業にそれを求める。これらの戦略計画の様式は難しく、中小企業の社長や現場では作成が困難で、外部人材に依頼する。

　第三に、外部人材の問題がある。トップに依頼されて、戦略計画作成や課題に対する対策作成を外部人材が行う。外部人材は、これらを現場ができないことを前提として、指導や研修の形で実行を促す。

5. 現場のコミュニケーションを促進する　　外部人材の必要性

　中小企業の根本的問題がコミュニケーションにあり、原因は疑似家族の様な濃厚な人間関係である。外部人材はその中で潤滑油的な役割が求められる。上から目線で指導することではなく、現場が自ら考えて実行することを支援することや、仮説・検証のサイクル、改善活動を現場主導で進めることである。

したがって、支援が成功する条件は次のようにまとめられる。

（亀井芳郎［2020］p.221）

　１．現場経験のある支援者が支援する。

　２．支援者は学習者と一緒に考える。

　３．学習者が自ら答えを出すように支援する。

　中小企業の従業員ができない前提で、先生になって教育することでは、現場はやらされ仕事になり、モチベーションが下がり、実行不全が起こる。一方、問題点も対策も現場にあることを信じて、現場からそれらを引き出して、フレームワークを使って整理整頓する。整理整頓したものを示すことで、気づきと実行が生まれる。ティーチングとコーチングの違いであり、中小企業庁の経営力再構築支援モデルの標榜するところである。

6. 現場プロジェクト型中小企業支援
―セブンエレメンツモデルによる課題抽出プロジェクト

（１）課題抽出プロジェクトと課題解決プロジェクト

　プロジェクト型中小企業支援の特徴は、コミュニケーションの仕組みとしてのプロジェクトを外部人材が支援することで課題解決のサイクルを回していくことである。プロジェクトの大きさは小集団活動の効果がある７人程度が理想である。構成員は企業規模により異なるが、各部門のリーダーを中心に構成する（詳しくは、亀井［2020］を参照して欲しい）。

　１．コミュニケーションの仕組みと外部人材の受け皿としてプロジェクトを
　　　設置。

　２．課題抽出プロジェクトをキックオフとして、プロジェクトをスタート。

　３．抽出された課題に取り組む課題解決プロジェクトへ移行。

　課題抽出プロジェクトは、現場と一緒に組織分析、戦略分析を行うが、現場からの意見を引き出し、整理整頓するフレームワークが必要となる。

（2）中小企業向けフレームワークの条件

　フレームワークの定義は、「製品―市場分野における、内部環境分析、外部環境分析、競合分析をしたうえで、その競争優位なポジションを示すことができる」とする（亀井［2020］p.169）。次に、「中小企業に適した戦略フレームワーク」の条件は、以下の３つである。第１に、戦略策定をボトムアップ型とするため、中小企業の経営者をはじめ従業員にも理解できる用語のみを使うこと。第２に、戦略策定のための分析データについて、膨大に必要とせず、かつ入手が容易であること。第３に、現場が切実な問題として取り組むことが必要で、数値計画に移行しやすいこと。

（3）セブンエレメンツモデル

　セブンエレメンツモデルは、戦略に不可欠な７つの要素（自社、競合、顧客、商品、価格、販路、販促）を使いチャート化した（亀井［2020］p.170）。戦略を理解するためには、商流を理解することは不可欠である。自社のシーズが商品となり、販路、販促を通して、顧客に到達する、という流れをつかむことがこのチャートでは一目瞭然でできる（図表４）。戦略を文章で理解するのではなく、チャートで感じ取ることができることが一番の特長である。
商流をつかむことに加えて、もう一つ重要なポイントがある。それは、このフレームワークを使い、組織や戦略を分析することで、現場のコミュニケーションが促進される。経営者と現場の課題に対する「ズレ」が認識され、「気づき」「腹落ち」につながる。このフレームワークはコミュニケーションツールとして機能する。

　このコミュニケーションツールとしての機能が、中小企業庁「経営力再構築伴走支援モデル」が標榜するように、経営者だけでなく、従業員の腹落ち、気付きにつながると考える。金融機関の事業性評価について、様々なツールが存在するが、ほとんどが経営者とのモニタリングをベースにするもので、従業員を巻き込んでのコミュニケーションツールは見当たらないので、本モデルには独自性があるといえる。

図表 4　セブンエレメンツモデル

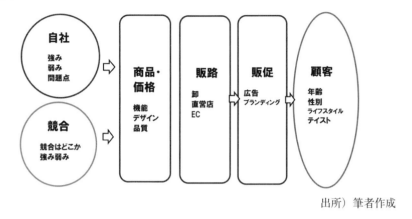

出所）筆者作成

7. 事例紹介

（1）課題抽出企業事例

　ここでは、内閣府プロフェッショナル人材事業『プロフェッショナル人材活用ガイドブック 2022』において兵庫県の事例として取り上げられているハートスフードクリエイツ株式会社（代表取締役　西脇章）を紹介する。

　当社は創業から 10 年目を迎え、従業員が 100 名余りとなり、事業所も 20 か所に増えるなど順調に成長しているが、各事業所の業務品質がばらばらでエリアマネージャーが機能していない。つまり組織体制の構築が課題となっている。社長から相談があり、組織体制を構築し、経営理念を浸透させるために社長の右腕的な人材採用をしたいとのことであった。社長の右腕的な人材採用は、現場とのミスマッチが起こり、なかなか難しいことを説明し、まずは課題抽出プロジェクトの実施を勧めた。

　社長、エリアマネージャー、大企業副業人材候補による課題抽出プロジェクトを実施した。従業員のレベルや意識が違い、結果的に各事業所の業務品質がばらばらであることが分かり、社長の問題意識と同じであることが分かった。

エリアマネージャーは各自工夫して業務レベルを上げるように努力しているが、思うように成果が出ないことに悩みがあるとのことであった。協議するうちに、企業理念や行動理念はあるが、具体的なチェックリストがないことが判明した。これでは属人的な管理になり成果が出ないことからチェックリストの作成が課題として挙げられた。この課題に至るまでに、課題抽出プロジェクトの手順通りに進め、参加メンバーの活発な意見交換があった。通常外部人材による支援は課題抽出、業務の切り出し、現場とのすり合わせがポイントであり、難しいところである。課題抽出プロジェクトでは、それを約3時間で行う事が特長となっている。

　次に課題解決プロジェクトに移行する。参加した大企業副業人材がこのプロジェクトメンバーと一緒に事業所管理のためのチェックリストを作成することがテーマである。チェックリストの項目をメンバーから聞き出し表にまとめる業務である。経営理念をベースに具体的な項目をプロジェクトメンバーだけなく、広く意見聴取することを心掛け、チェックリストを作成していく作業を行った。

　こうした経験について、社長は次のように述べている。

　　外部による副業人材を「サポーター」「支援」と呼称したことにより、「指導」「教育」といったネガティブワードからくる拒否感がなく、末端の従業員までからも、気軽に率直で建設的な意見が多く出たことが、今回のプロジェクトを大きく動かしたと実感しています。従来の規程プログラムの達成研修ではない、新しい「寄り添いプログラム」が今後の中小企業における施策になるであろうと思います。

　ここで、最初の社長との話を思い出して頂きたい。社長のニーズは、右腕的な経営トップ人材であった。従来社長がトップダウンでやっていた同じ手法を、右腕にも求めていた。このように、経営者は会社を統括する右腕的な人材を外部に求めがちであるが、課題抽出・課題解決プロジェクトによって現場とのコミュニケーションをとることで、現場が自ら課題解決を実行するケースが多い。外部人材の役割はトップと現場、および現場間の横軸のコミュニケーションの

潤滑油となり、現場から問題点だけでなく、対策も引き出し、仮説検証を繰り返す仕組みを作ることである。

（2）金融機関事業性評価事例

　筆者が所属するひょうご産業活性化センターは、2021年度より中小企業庁「地域中小企業人材確保支援等事業」の実証機関として活動している。目的は二つで、支援機関、金融機関による中小企業の人材マッチング支援のネットワーク形成と人材マッチングの人材育成である。具体的には、プロフェッショナル人材戦略拠点が行っている「大企業連携副業兼業マッチング」を軸にしたネットワーク形成と課題抽出プロジェクトのコーディネーター育成であり、事業プロセス、参加機関は以下の通りである。

①事業プロセス

1．プロフェッショナル人材拠点の人材マッチングと兵庫県立大学のリカレント教育のノウハウにより、人材マッチング研修のプログラムの開発。

2．金融機関・支援機関を対象として研修を行う。

3．金融機関・支援機関が課題ある中小企業にアプローチ。

4．金融機関・支援機関が副業兼業人材マッチングに向け、プロフェショナル人材拠点のマネージャー、大企業の実行伴走候補者と一緒に課題抽出プログラムを実施。

5．プロフェッショナル人材拠点と金融機関・支援機関が実証結果を共有する勉強会を実施。

②参加金融機関（五十音順）

令和4年度：尼崎信用金庫・大阪信用金庫・京都北都信用金庫・神戸信用金庫・JA兵庫信連・但陽信用金庫・日本政策金融公庫・兵庫県信用組合・兵庫県信用保証協会

令和3年度：尼崎信用金庫・神戸信用金庫・JA兵庫信連・但馬銀行・但馬信用金庫・姫路信用金庫・商工中金

③参加支援機関（五十音順）

　令和4年度：大阪府中小企業団体中央会・近畿経済産業局・神戸市経済観光
　　　　　　　局・神戸市産業振興財団・兵庫県商工会連合会・兵庫県事業承
　　　　　　　継引継ぎ支援センター・兵庫県中小企業団体中央会・兵庫県よ
　　　　　　　ろず支援拠点

　令和3年度：尼崎地域産業活性化機構・小野商工会議所・神戸市経済観光局・
　　　　　　　豊岡市商工会・兵庫県商工会連合会・兵庫県よろず支援拠店

④あましん課題抽出サポートプログラム

　以下、当事業が起点になった尼崎信用金庫との取り組みについて紹介する。
尼崎信用金庫は、人材マッチングに積極的に取り組み、内閣府の先導的人材マッ
チング事業者としても採択されている。当金庫は、事業性評価が人材マッチン
グのみならずコンサルタントサービス全体のキーになるとの認識がある。この
事業性評価を課題抽出プロジェクトで行う新たなサービスをスタートさせた。

　あましん課題抽出サポートプログラムとは、コンサルティング会社に課題の
解決を提案してもらうのではなく、自社内にプロジェクトチームを立ち上げ、
プロジェクトチーム自身が外部専門家のファシリテーターの下、現場の問題に
ついて話し合うことで、課題を明らかにする会議である[3]。そして、問題が明
らかになった後は、尼崎信用金庫も課題解決に向けてフォローアップすること
にしている。

　令和4年4月から試験的にスタートし、12月現在で約20社の課題抽出プロ
ジェクトを実施した。以下、尼崎信用金庫担当者と実施企業の声である[4]。

　まず、尼崎信用金庫職員からは、「社内会議に参加することで取引先との一
体感が醸成でき、関係性が深まった」や、「社長と対話している時とは違った
角度で取引先を見ることができ、これまでに知らなかった強みや課題を知るこ

3　「あましん課題抽出会議伴走支援プログラム」パンフレット
4　尼崎信用金庫価値創造事業部（2023）「課題抽出サポートプログラムの取り組み」（内部
　　資料）に基づく。

とができた」といった声が寄せられている。

　一方、実施企業の社長からは、「社員からの意見や要望を聞く機会がなかったところ、課題抽出会議を通じて現場の声をスムーズに吸い上げることができた」、「当社の強み・弱みを可視化し、組織全体で情報を共有しながら今後の事業展開を検討することができた」、「社員の新たな一面、知らなかった一面を知ることができた」、「社員に会社の現状の全体像を理解してもらい、それを踏まえて自身の考えを社員に伝えることができた」といった好意的な声が多い。

　実施企業の社員からも、「自分たちの考えを発言する機会がこれまでなかったので、会議に参加できてよかった」、「別の社員、別の部署がどんな仕事をしているか知ることができ、お互いに業務を分担することができると感じた」、「会社の課題や今後の方針を知ることができ、責任感を感じるとともにモチベーションが高まった」といった声があり、本プロジェクトの効果が明確に現れた。

8. むすび

　最後に、今後の課題としては、第1に、大企業連携副業兼業マッチングの実施機関ネットワークを拡大すること、第2に、課題抽出プロジェクトのコーディネーターを育成することである。これらは中企庁事業で取り組んでいることであるが、継続して進めていきたい。また、伴走支援する大企業の副業兼業人材を育成することも課題として挙げられる。これを政府が推進するリスキリング政策の一環で行っていくことも今後取り組んでいきたい。

参考文献

・Ansoff, H. I. (1965). *Corporate strategy: An analytic approach to business policy for growth and expansion*, McGraw-Hill, Inc.（広田寿亮訳（1969）『企業戦略論』産業能率大学出版部）

・Ansoff, H. I. (1988). *The new corporate strategy*, Wiley. （中村元一・黒田哲彦訳（1990）『最新・戦略経営 - 戦略作成・実行の展開とプロセス』）産能大学出版部）

・Kimsey-House,H., Kimsey-House, K., Sandahl, P., & Whitworth, L.(2011).*CO-ACTIVE COACHING: Changing Business, Transforming Lives*, Nicholas Brealey.（CTI ジャパン訳（2020）『コーチングバイブル（第 4 版）：人の潜在力を引き出す協働的コミュニケーション』東洋経済新報社）

・Mintzberg, H. (1994). *The Rise and Fall of Strategic Planning*, Free Press.（中村元一監訳・黒田哲彦・崔大龍・小高照男訳（1997）『「戦略計画」創造的破壊の時代』産能大学出版部）

・Mintzberg, H., Ahlstrand, B., & Lampel, J. (1998). *Strategy Safari: A Guided Tour Through The Wilds of Strategic Management*, Free Press.（斎藤嘉則・奥沢朋美・木村充・山口あけも訳（1999）『戦略サファリ - 戦略マネジメント・ガイドブック』東洋経済新報社）

・Ries.E.(2011) *The Lean Startup: How Today's Entrepreneurs Use Continuous Innovation to Create Radically Successful Businesses*, Currency.（井口耕二訳（2012）『リーン・スタートアップ』日経 BP）

・Sarasvathy, S. D.(2008). *Effectuation: Elements of Entrepreneurial Expertise. New Horizons in Entrepreneurship Research*, Edward Elgar Publishing.（加護野忠男監訳・高瀬進・吉田満梨訳（2015）『エフェクチュエーション―市場創造の実効理論』中央経済社）

・Senge, P. M. (1990). *The Fifth Discipline: the Art & Practice of the Learning Organization*, Currency Book.（枝廣淳子・小田理一郎・中小路佳代子訳（2011）『学習する組織－システム思考で未来を創造する』英治出版）

・Taylor, F. W. (1911) . *The Principle of Scientific Management*, Harper & Brothers.（有賀裕子訳（2009）『新訳 科学的管理法：マネジメントの原点』ダイヤモンド社）

・亀井芳郎（2020）『中小企業を救うエマージェント経営戦略 - セブンエレメンツモデル』ビジネス社

・亀井芳郎（2022）『現場プロジェクト型中小企業支援　セブンエレメンツモデル
　による課題抽出プロジェクト』　公益財団法人ひょうご産業活性化センター
・川喜田二郎・小林茂・野田一夫（1968）『生きがいの組織論 - 組織のなかの集団
　と個人』日本経営出版社 . システム思考で未来を創造する -』英治出版）
・琴坂将広（2018）『経営戦略原論』東洋経済新報社
・中小企業庁（2022）「伴走支援の在り方検討会報告書（令和 4 年 3 月）概要」
・堀公俊（2004）『ファシリテーション入門』日本経済新聞出版

企業が求める金融機関による人材支援[1]

家森信善・米田耕士

1. はじめに

　コロナ禍発生前から中小企業の経営改善の必要性が指摘されてきたが、コロナ禍によって、債務が膨らんだだけではなく、業務内容を根本的に変えなければならなくなった企業が少なくない。

　金融庁が公表した「金融機関の取組みの評価に関する企業アンケート調査」（回答者9,750社）（2021年4月実施）は、「今後事業を継続するうえでの懸念事項」を尋ねている。「現時点では今後の事業継続に懸念事項はない」は10.5%にとどまり、ほとんどの企業が何らかの懸念事項を抱えている。最も多かった懸念事項は「コロナの影響で、国内でのビジネスが悪化しており、売上が低迷していること」（40.9%）であり、本業そのものの在り方に大きな課題があることがわかる。2番目が「十分な数の従業員が確保できず人手が不足していること」（34.8%）で、「後継者を含め、経営人材が不足していること」という経営人材の不足をあげる回答者も27.9%に達していた。つまり、人材不足が本業不振に続いて深刻な課題になっている。

　そして、「今後事業を継続するうえでの懸念事項」の3番目、4番目が金融に関する懸念事項、すなわち、「運転資金のための資金調達を十分にできるかどうか」（32.8%）、「実質無利子・無担保融資の据置期間が終わって返済が始まり、資金繰りへの影響」（31.5%）であった。金融に関する支援はこれから

1　科学研究費・基盤研究（19H01505、22H00854）、神戸大学社会システムイノベーションセンター・プロジェクトおよび、神戸大学経済経営研究所で実施している企業団体との共同研究の成果である。

も重要であるが、取引先の困りごとを解決するという意味では、本業支援や人材支援に取り組む必要があることは明らかである。

　本章では、このうち人材支援について議論を行う。ただし、筆者は、人材支援の目的を狭く捉える必要はないと考えている。たとえば、本業の売上が低迷している企業に対する支援として、新しい販路を紹介するビジネスマッチングが直接的な支援策であるが、売上低迷の原因が営業担当者の能力の問題であれば、ふさわしい営業担当者を紹介することが根本的な対策となるし、製品の品質のばらつきにあるのなら製造現場の人材を紹介することが必要になる。また、後継者が見つからずに事業承継に困っている企業に対してM&A支援以外にも、将来の後継者候補の入社を促すような支援も考えられる。このように考えると、人材紹介は様々な目的の支援プログラムに組み込まれるべきものである。

　実際に、2018年に金融庁が監督指針を改正して、銀行が人材紹介事業を「その他の付随業務」として実施することを認めたことをきっかけにして、地域金融機関による人材紹介業務への取り組みが広がってきている。2021年2月時点で、地域銀行（地方銀行と第二地方銀行）100行のうち、有料職業紹介業の許可を受けているのが69行、許可の取得予定ありが16行であった（金融庁『金融仲介機能の発揮に向けたプログレスレポート』2021年7月）。さらに、2021年5月の銀行法改正によって、従来の人材紹介業務に加えて、登録型人材派遣業務についても銀行本体で実施することが可能になり、金融機関が提供できる人材紹介サービスの幅も広がっている。

　ただし、導入期ということもあって、金融機関の側にも企業の側にもこれを活用していく上での課題が残っている。その点を明らかにするために、本章では、筆者らが独自に実施した企業アンケート調査に基づいて分析を行う。

2. 金融機関の人材支援に関する調査と回答企業の概要

　本章で紹介する調査は、マイボイスコム社のweb調査のサービスを利用して2020年8月13日から17日に実施した。本調査では、スクリーニング質問

により、農林水産業、製造業、建設業、卸売業、小売業、宿泊業・飲食サービス業、およびその他のサービス業において、経営者的な地位に就く全国の20歳〜69歳の男女を調査対象とし、3,500人から回答を得ることができた[2]。

図表1に示したように、回答者の44.7%は常用従業員が1名（すなわち、回答者1人の企業）であり、11人以上の企業の比率は15.2%である。規模の小さな企業が多いために、人材ニーズが低めになっている点には留意が必要で、以下の分析では、企業規模の大きなグループを取り出した結果についても言及することにする。

図表1　回答者の企業規模

全体	企業規模（常用従業員数）									
	1人		2-5人		6-10人		11-50人		51人以上	
人数	人数	%	人数	%	人数	%	人数	%	人数	%
3,500	1,565	44.7	1,129	32.3	274	7.8	293	8.4	239	6.8

3. 回答企業の人材ニーズ

3.1　経営課題としての経営人材の不足

本調査では、「現在、貴社にとって、経営層レベルの人材（経営人材と称します）を次の①から⑥に分けた場合、それぞれの不足は経営課題としてどの程度重要ですか」と尋ねて、「非常に重要」、「ある程度重要」、「少しは重要」、「ほとんど重要ではない」、「全く重要ではない」、「わからない」の6つから選択してもらった。

各人材について、「わからない」を除いて、「非常に重要」の比率を整理して見たのが、図表2である。全体で見ると、最も比率が高いのは「社長になる

2　同調査の詳細な結果は、家森・米田（2021）において公表している。また、その一部を使って分析をしたものとして家森・米田（2022）がある。また、本書の第10章の基調講演でも本調査を利用している。本章は、基調講演との重複をできるだけ避けるように執筆している。

人材（後継者候補）の不足」であり、「経営者の右腕となるような人材の不足」が続いており、これらはそれぞれ1割超であった。特に、顕著なのは、企業規模を「51人以上」とした場合には、この値が31.4％と21.7％と高い点である。また、「11-50人」規模でも20％超の選択率となっている。

このように見ると、地域金融機関が日頃取引をしている企業（とくに、一定の規模を持つ企業）の相当の割合が経営人材ニーズを持っていることがわかる。

図表2　非常に重要な経営人材の不足

	全体	11-50人	51人以上
① 社長になる人材（後継者候補）の不足	12.2%	24.2%	31.4%
② 高齢の幹部職員の後任となる人材の不足	6.9%	16.9%	19.0%
③ 経営者の右腕となるような人材の不足	11.0%	21.5%	21.7%
④ 既存業務の責任者を任せられるような人材の不足	9.8%	18.3%	18.7%
⑤ 新規プロジェクトの責任者を任せられるような人材の不足	8.0%	15.2%	21.3%
⑥ 上記の①～⑤以外の経営人材の不足	5.7%	9.9%	12.8%
実回答者数	2,570～2,811	252～274	211～226

（注）①から⑥について「わからない」の人数が異なるために、
　　　実回答者数は異なっている。

3.2　外部からの経営人材の採用意向

こうして多くの企業が経営人材の不足を経営課題としているのであるが、「現在、経営人材を外部から採用したいと思いますか」と尋ねてみた。その回答結果が、図表3である。

全体の集計結果では、外部からの経営人材を「最近、採用した」との回答が2.3％、「現在募集中である／人材紹介を依頼中である」が2.7％、「良い人材がいれば採用したい」が13.0％、「今のところはないが、近いうちに必要になるかもしれない」が14.2％となっており、逆に「採用したいと思わない」が70.4％であるので、全体の3割ほどの企業が外部からの経営人材の採用に関心を持っていることになる。

そして、「51 人以上」企業では、8 割の企業が外部からの経営人材の採用に関心を持っている。「11-50 人」企業でも 64%が関心を持っている。つまり、一定以上の規模の企業では、かなりの高い割合で、経営人材の採用について関心を持っているのである。

図表 3　経営人材の外部からの採用について

	全体	11-50人	51人以上
最近、採用した	2.3%	6.6%	13.2%
現在募集中である／人材紹介を依頼中である	2.7%	6.6%	12.3%
良い人材がいれば採用したい	13.0%	32.1%	44.1%
今のところはないが、近いうちに必要になるかもしれない	14.2%	24.0%	22.5%
採用したいと思わない	70.4%	36.2%	20.7%
実回答者数	3,320	271	227

3.3　経営人材の採用意向を持つ企業の特徴

本調査では、「既存の同業者と比べて、事業内容（商品・サービスの内容、対象とする市場など）に新しい点や強みがありますか」と尋ねている。その回答と、この経営人材の外部からの採用についての回答をクロス集計してみたのが図表 4 である。「新しい点や強みが大いにある」という 294 社については、（小規模企業も含めているにもかかわらず）採用意欲がある企業が 5 割近い。一方で、「新しい点や強み」が乏しくなるほど採用意欲は低下している。

図表 4　事業内容の強みと経営人材の採用

	大いにある	多少ある	あまりない	まったくない
最近、採用した	11.9%	2.0%	1.0%	0.0%
現在募集中である／人材紹介を依頼中である	5.8%	4.3%	0.9%	0.3%
良い人材がいれば採用したい	22.4%	18.9%	7.3%	2.2%
今のところはないが、近いうちに必要になるかもしれない	15.6%	17.0%	13.4%	4.8%
採用したいと思わない	53.1%	61.1%	78.5%	93.3%
実回答者数	294	1,420	1,250	356

この結果からは、成長志向の企業において外部経営人材へのニーズが強く、こうしたニーズに応えていくことは取引先の成長支援そのものであることが確認できる。

　経営者の年齢とのクロス集計をしたのが図表5である。高齢経営者ほど後継者のニーズが強いものと予想していたが、60歳台の経営者でも「採用したいとは思わない」が75％近くに達していた。むしろ、若い経営者の方が外部からの経営人材の採用に積極的である。

　金融機関にとっては2つの重要なインプリケーションが得られる。第1に、若い経営者の企業に経営人材ニーズが潜在しているということである。第2に、高齢経営者には（相対的に）経営人材のニーズが弱いことである。ただし、ここで重要なのは、高齢経営者が自社の経営課題をしっかりと把握できていなかったり、外部人材の登用に対して具体的なイメージが持てなかったりする可能性である。こうした企業に対して必要性と実現可能性を気づかせる取り組みも、当該企業の持続的な発展を実現するという観点で非常に重要となる。

図表5　経営者の年齢と経営人材の採用

	20歳台	30歳台	40歳台	50歳台	60歳台
最近、採用した	11.4%	6.2%	1.9%	1.7%	2.2%
現在募集中である／人材紹介を依頼中である	11.4%	11.8%	4.2%	1.5%	1.4%
良い人材がいれば採用したい	22.9%	15.4%	14.7%	12.8%	11.5%
今のところはないが、近いうちに必要になるかもしれない	8.6%	15.9%	16.4%	14.2%	12.8%
採用したいと思わない	48.6%	57.9%	66.3%	71.7%	74.3%
実回答者数	35	195	695	1292	1103

　本調査では、「あなたが経営者として、現在苦労していることは何ですか」と尋ねている。その回答で経営課題として選択した回答者別に、外部経営人材の採用意向があるかどうかを調べてみたのが図表6である。ここでは、「採用したいとは思わない」以外を選択した場合に採用意欲があるとした。「わからない」との回答者は分析対象外としている。

図表 6　経営課題と経営人材の採用意向

	比率	回答者数
取扱商品やサービスについての知識、企画・開発力の不足	44.2%	416
顧客・販路の確保や開拓	32.9%	1409
仕入先・外注先の確保や開拓	46.3%	337
資金繰り、資金調達	40.0%	640
財務・税務・法務の知識の不足	45.6%	250
従業員（非経営層）の確保、人材育成	63.2%	506
経営層の人材の不足	78.4%	204
後継者の不在・未決定	48.3%	414
経営についての相談相手が外部にいない	40.3%	288
その他	18.6%	285
特にない	8.0%	666

（注）ここでの回答者数は、それぞれの項目を経営課題として上げた企業数。

　苦労している経営課題が「特にない」という 666 社では意欲が非常に低い（8%）が、具体的な苦労を感じている経営者は採用意欲が総じて高い。当然ながら、「経営層の人材の不足」という 204 社では採用意欲は 8 割近い。それに比べると「後継者の不在・未決定」では 5 割弱にとどまっており、外部人材を招いて後継者とするという方法については、現実的な解決策として十分に認知されていないのであろう。他方、販路など直接人材にかかわらない課題を抱えている企業でも経営人材の採用意向があることは、金融機関が提供するソリューションとしてビジネスマッチングと並んで、人材マッチングの活用が有望視できることを意味している。

3.4　常勤以外の勤務の受け入れ意向

　本調査では、同様に、経営人材を外部から採用したい（あるいは、した）と回答した 984 人に対して、様々な勤務条件の受け入れ可能性について尋ねている。その結果が図表 7 である。

　常勤を希望する回答者が約 6 割と多く、兼業・副業を希望する条件としてい

るのは 16％にとどまっている。現状では、中小企業経営者の間で経営人材の
採用としてイメージされるのが常勤者の採用であることを示している。副業・
兼業での採用の可能性に、経営者の認識が追いついていないのだと思われる。
したがって、金融機関としては、課題解決のために人材紹介ができることを企
業に案内する際には、兼業・副業の選択肢があることをしっかりと伝える必要
がある。

図表 7　様々な勤務条件の受け入れ可能性

	希望する条件	希望しないが、許容範囲	考慮外
常勤で勤務できる人	57.7%	32.3%	10.0%
兼業・副業で勤務できる人	15.9%	50.1%	34.0%
60 歳を超える人	9.7%	49.7%	40.7%
40〜60 歳の年齢層の人	39.9%	44.1%	16.0%
20〜39 歳の年齢層の人	48.2%	34.9%	17.0%
社長等の個人的な知人	14.8%	47.4%	37.8%
取引先から紹介された人（OB・出向者を含む）	11.5%	51.7%	36.8%
取引先金融機関のOB・出向者	9.3%	40.1%	50.5%
取引金融機関が人材紹介業として、紹介した金融機関OB以外の人	9.2%	43.6%	47.2%
一般の人材紹介業者から紹介された人材	12.5%	52.4%	35.1%

3.5　外部からの経営人材に消極的である理由

　経営人材を外部から採用したいと思わないと回答した 2,336 人に対して、そ
の理由を尋ねてみた。その結果が図表 8 である。

　全体の集計結果で最も回答が多かった理由は「現経営陣だけで十分だから」
で 40.5％、以下、「考えたこともなかった」が 34.0％、「十分な待遇を用意でき
ないから」が 10.1％、「事業を続けないから／続けない可能性があるから」が
9.8％等となっている。

　「51 人以上」企業になると、「現経営陣だけで十分だから」が最も多いのは
変わらないが、「生え抜き社員の意欲が低下するから」の回答が非常に大きく
なっている点が顕著である。また、「社内のチームワークに問題が生じる可能

性があるから」も多い。経営人材を紹介する際には、単に人材を紹介するだけではなく、(特に常勤職の場合には) 社内の人材活用体制の整備についても支援をすることが不可欠である。そうした総合的な支援態勢が金融機関側で構築できていないと、効果的な支援にはならない可能性がある。

図表 8　経営人材を外部採用したいと思わない理由（複数回答可）

	全体	11-50人	51人以上
現経営陣だけで十分だから	40.5%	48.0%	48.9%
現経営陣が若いから	2.4%	9.2%	12.8%
親族以外を経営陣に採用するのは嫌だから	6.7%	9.2%	0.0%
従業員から順調に育ってくる見込みだから	2.3%	11.2%	23.4%
生え抜き社員の意欲が低下するから	2.3%	17.3%	27.7%
社内のチームワークに問題が生じる可能性があるから	1.9%	10.2%	14.9%
事業を続けないから／続けない可能性があるから	9.8%	4.1%	0.0%
関心を持つ人がいるとは思えないから	2.7%	5.1%	4.3%
貴社の業務内容に精通した人材が外部にいるとは思えないから	3.2%	17.3%	12.8%
十分な待遇を用意できないから	10.1%	11.2%	8.5%
転職を繰り返す人は資質に問題がある可能性が高いから	1.1%	4.1%	2.1%
以前に外部人材を採用して失敗した経験があるから	1.5%	2.0%	6.4%
その他	5.4%	6.1%	6.4%
考えたこともなかった	34.0%	15.3%	17.0%
実回答者数	2,336	98	47

4. 金融機関による人材紹介への期待

4.1　金融機関からの説明の有無

　本調査では、「2018 年 3 月に、金融庁の監督指針が改正され、銀行や信用金庫などの金融機関が有料で人材紹介を行うこと（有料職業紹介）ができるようになったことをご存じですか」と尋ねてみた。

　図表 9 によると、全体の集計結果では、「知らなかった」との回答が最も多く（73.8%）、次いで、「金融機関からは聞いていないが、知っている」との回答が 18.8%、「金融機関から聞いて、知っている」との回答は最も少なく 7.4%

であった。

　企業規模別の集計結果をみると、「金融機関から聞いて、知っている」との回答については、企業規模が大きくなるほど回答率が高くなっている。しかし、「51人以上」企業でも26.4%しか「金融機関から聞いて、知っている」と回答していない。せっかくの支援ツールの存在がまだ企業には十分に知られていないことになる。

図表9　金融機関による有料職業紹介が可能になったことについて

	全体	1人	2-5人	6-10人	11-50人	51人以上
金融機関から聞いて、知っている	7.4%	2.7%	6.0%	10.2%	19.8%	26.4%
金融機関からは聞いていないが、知っている	18.8%	13.5%	18.9%	30.7%	28.3%	27.2%
知らなかった	73.8%	83.7%	75.1%	59.1%	51.9%	46.4%
実回答者数	3,500	1,565	1,129	274	293	239

4.2　金融機関からの経営人材の紹介への期待

　本調査では、「貴社の経営課題の解決の観点から、金融機関からの経営人材の紹介に期待しますか」と尋ねている。また、メインバンクとの関係性について尋ねた質問も行っているので、そのクロス集計をしてみたのが図表10である。

　回答者全体では「全く期待しない」との回答が最も多く41.5%、続いて、「あまり期待しない」が32.9%、「むしろ懸念する」が11.5%と否定的な意見が多い。一方で、「ある程度期待する」と「非常に期待する」は合わせても15%にも達しない。（第10章の講演では「わからない」を含めて比率を計算していたが、ここでは「わからない」を除いている）。

　「意味のある関係性が築けているわけではない」や「わからない／メインバンクは持っていない」企業では期待する企業はほとんどいない。また、「借入ができれば、どこの金融機関でも構わない」や「他の金融機関の金利が少しでも安い場合は、メインバンク以外からの借入を検討したい」というメインバンクとの関係が弱い場合に、期待する比率は低い。

　興味深いのは、「借入が必要になれば、メインバンクだけにまず相談する」

といった金融面での関係が強い場合よりも、「借入以外の相談（例 新しい販売先の開拓）についても、対応してくれる」といった非金融面での支援を受けている企業の方が、人材紹介に対する期待が強いことである。

図表 10　金融機関からの経営人材の紹介に対する期待

	非常に期待する	ある程度期待する	あまり期待しない	全く期待しない	むしろ懸念する	実回答者数
全体	2.8%	11.3%	32.9%	41.5%	11.5%	2,715
借入が必要になれば、メインバンクだけにまず相談する	5.2%	17.0%	38.0%	32.2%	7.6%	947
借入ができれば、どこの金融機関でも構わない	2.1%	11.7%	31.6%	40.3%	14.3%	573
他の金融機関の金利より高くても、メインバンクからの借入を優先したい	9.2%	34.0%	27.0%	22.0%	7.8%	141
他の金融機関の金利が少しでも安い場合は、メインバンク以外からの借入を検討したい	2.4%	13.5%	36.7%	35.2%	12.2%	534
メインバンクの担当者や支店長は、貴社の数字に表れない強みについても十分理解してくれている	7.8%	24.3%	35.9%	26.7%	5.3%	206
借入以外の相談（例 新しい販売先の開拓）についても、対応してくれる	9.2%	23.9%	38.0%	20.7%	8.2%	184
意味のある関係性が築けているわけではない	0.5%	3.1%	22.6%	58.6%	15.2%	797
わからない／メインバンクは持っていない	0.0%	2.0%	28.0%	56.0%	14.0%	200

この点を深掘りするために、「借入が必要になれば、メインバンクだけにまず相談する」と「借入以外の相談についても、対応してくれる」の2つの選択状況別にサンプルを4つに分けて、経営人材紹介への期待について整理してみたのが図表 11 である。金融面、非金融面での関係が密な場合には、「非常に期待する」が 10％となっている。対照的に、どちらも関係性がない場合には、

図表 11　金融面と非金融面での関係性と人材紹介への期待

金融支援	非金融支援	非常に期待する	ある程度期待する	あまり期待しない	全く期待しない	むしろ懸念する	実回答者数
×	×	1.1%	7.7%	29.6%	47.8%	13.8%	1,674
×	○	8.5%	17.0%	40.4%	23.4%	10.6%	94
○	×	4.7%	15.5%	38.3%	33.7%	7.8%	857
○	○	10.0%	31.1%	35.6%	17.8%	5.6%	90

（注）金融支援：借入が必要になれば、メインバンクだけにまず相談する
　　　非金融支援：借入以外の相談についても、対応してくれる

その比率はわずか1.1%である。そして、金融面か非金融面かのいずれかの関係性のみの場合には、非金融面での関係性がある方が「非常に期待する」の比率が高い。

　人材紹介業務を成功させるには、金融業務面での関係性があることはもちろんであるが、非金融面での支援の実績が重要であることが示された。

4.3　金融機関の人材紹介に期待する理由

　金融機関からの人材紹介に期待すると回答した方に対して、「金融機関の人材紹介にはどのようなメリットがあると思いますか」と尋ねてみた。

　図表12では、図表11と同様に、金融支援と非金融支援の関係性の有無で回答結果を整理している。金融支援と非金融支援の両面で関係性がある企業の場合、「人材採用後の定着支援が充実」と「人材採用後に生じる様々なトラブル解決への支援が充実」が高い値となっている。また、「地元の人材マーケットの情報を豊富に持っている」ことへの評価が高く、「金融機関との関係を強

図表12　金融機関による人材紹介のメリット（複数回答可）

金融支援	×	×	〇	〇
非金融支援	×	〇	×	〇
人材採用後の定着支援が充実	23.1%	33.3%	42.8%	54.1%
人材採用後に生じる様々なトラブル解決への支援が充実	29.9%	62.5%	37.6%	40.5%
手数料が安い	26.5%	25.0%	27.2%	29.7%
迅速に人材を紹介してくれる	26.5%	29.2%	26.0%	37.8%
地元の人材マーケットの情報を豊富に持っている	26.5%	50.0%	27.7%	54.1%
全国的な人材マーケットの情報を豊富に持っている	9.5%	41.7%	17.3%	27.0%
採用活動前に、貴社にとって必要な人材スペックを正確に助言してくれる	14.3%	41.7%	14.5%	32.4%
決まるまで辛抱強くマッチングを続けてくれる	6.1%	29.2%	15.0%	29.7%
採用に伴う社内体制の整備について支援してくれる	4.8%	33.3%	12.7%	29.7%
借入面で優遇してくれる	11.6%	25.0%	11.0%	35.1%
金融機関との関係を強めることができる	15.0%	33.3%	13.9%	62.2%
その他のメリット	0.7%	4.2%	0.6%	0.0%
金融機関以外に、信頼できる人材紹介業者を探すのは難しい	6.8%	0.0%	2.3%	0.0%
実回答者数	147	24	173	37

めることができる」ことを6割以上の企業が重視している。つまり、金融支援と非金融支援の両方を受けている企業では、金融機関との関係性を強化することが自社にとってプラスになると考えて、積極的に関係構築を図ろうとしている様子がうかがえる。

4.4　金融機関の人材紹介に期待しない理由

本調査では、期待しない（もしくは、むしろ懸念する）と回答した人に対して、その理由を尋ねている。その回答を、メインバンクの関係性別に整理してみたのが、図表13である。ここでは、3つの関係の結果のみを掲載している。

図表13　金融機関からの経営人材の紹介に期待しない理由（複数回答可）

	金融支援	非金融支援	関係弱い
ふさわしくない人材を紹介されかねない	29.9%	26.8%	31.4%
いったん紹介されると断りにくい	40.7%	50.4%	26.2%
採用後の定着支援が不十分	6.4%	6.5%	4.7%
手数料が高い	23.1%	23.6%	25.1%
人材紹介に時間がかかる	5.4%	5.7%	4.3%
地元の人材マーケットの情報を十分に持っていない	5.6%	8.9%	5.7%
全国的な人材マーケットの情報を十分に持っていない	2.3%	8.1%	3.5%
金融機関には、貴社にとって必要な人材スペックの正確な助言ができない	9.9%	21.1%	14.5%
手数料収入を狙って、企業のことを本当には考えてくれない	5.4%	13.0%	10.8%
金融機関のＯＢの処遇のためのポストにされかねない	9.9%	30.1%	14.3%
人材不足を理由に取引条件を厳格化されかねない	4.1%	11.4%	5.9%
人材紹介業としての専門性が乏しい	21.4%	28.5%	25.3%
その他の問題	7.6%	6.5%	14.1%
実回答者数	737	123	768

（注）　金融支援：借入が必要になれば、メインバンクだけにまず相談する
　　　　非金融支援：借入以外の相談についても、対応してくれる
　　　　関係弱い：意味のある関係性が築けているわけではない

「借入が必要になれば、メインバンクだけにまず相談する」や「借入以外の相談についても、対応してくれる」という企業では、「いったん紹介されると断りにくい」というのが最も多い理由となっている。金融機関から金融や非金

融の支援を受けている企業は、紹介された人材を断ることで、その関係が悪化することを心配しているということがわかる。とくに、「借入以外の相談についても、対応してくれる」という企業では、「金融機関のＯＢの処遇のためのポストにされかねない」の回答も多いことから、金融機関が本当に顧客のためを考えてくれているのかについて確信を持てていないことがうかがえる。

人材紹介業務を浸透させるためには、金融機関が顧客の利益を第１に考えて人材を紹介してくれるという確信を企業の側に持ってもらうための日頃からの取り組み姿勢が重要である。

5. むすび

本章では、2020 年 8 月に実施した企業アンケート調査に基づいて、中小企業の側から見て金融機関による人材紹介業務の可能性について検討した。多くの中小企業が様々な経営課題を抱えており、直接的に人材面での課題を抱える企業も少なくないが、販路開拓や営業推進、生産工程の改善などの諸課題においても社内人材の不足が大きなネックとなっていることから、外部人材の登用は有力な解決策となりうる。

中小企業にとって、必要な能力や経験を持った人材を雇用するのにはハードルが高かったが、雇用の流動化が進み、また、常勤以外の雇用形態も広がってきており、外部人材の登用は実現性のある方策となってきている。しかし、本章の調査によると、企業の側での人材市場の流動化などの環境変化への理解は乏しいままであることがうかがえた。

2018 年の金融庁の事実上の規制緩和によって、人材紹介業務が金融機関に解禁され、多くの金融機関が積極的に取り組むようになってきている。多くの企業に対して人材支援が提供されることが期待されている。

しかし、本章で紹介した調査によると、中小企業の人材紹介業務に関する認知度はまだまだ低く、本当に必要な先に対してそうした支援策があることが伝わっていない恐れがある。さらに、経営人材の登用のような経営の根幹にかか

わる支援を金融機関から受けるか否かにおいては、金融機関がこれまでにしっかりと事業性評価に取り組んで、取引先のことを十分に理解し、親身な姿勢で顧客本位の業務運営を行ってきたかが鍵となることが、本章での分析から示唆された。

参考文献

家森信善・米田耕士（2021）「金融機関の人材支援に対する中小企業の期待と不安
　　―2020年「中小企業に対する金融機関の人材支援に関する調査」の結果の概要―」
　　神戸大学経済経営研究所 DP2021-J01。

家森信善・米田耕士（2022）「地域金融機関による人材紹介」『日本労働研究雑誌』
　　第738号。

第 2 部

シンポジウム

地域金融機関による
地域中小企業支援の新しい展開

金融機関による人材マッチングの
現状と課題

シンポジウム
「地域金融機関による地域中小企業支援の新しい展開 — 金融機関による人材マッチングの現状と課題 —」 基調講演

相澤：

　ただ今より、神戸大学経済経営研究所、神戸大学社会システムイノベーションセンターの主催による、シンポジウム「地域金融機関による地域中小企業支援の新しい展開－金融機関による人材マッチングの現状と課題－」を開始します。私は、総合司会を務めます、日本大学商学部専任講師で、神戸大学経済経営研究所非常勤講師も務めています、相澤朋子です。どうぞよろしくお願いします。

　シンポジウムの構成は、第１部として３人の方による講演、その後休憩を挟みまして、パネルディスカッションを予定しています。長丁場になりますが、最後までご参加いただけますと幸いです。それでは、最初に、主催者を代表して、中村保神戸大学理事・副学長からごあいさつを申し上げます。

中村：

　相澤先生、ご紹介ありがとうございます。こんにちは、皆さま。神戸大学理事・副学長の中村です。本日はお忙しい中、神戸大学経済経営研究所および神戸大学社会システムイノベーションセンター主催のシンポジウム「地域金融機関による地域中小企業支援の新しい展開－金融機関による人材マッチングの現状と課題－」にご参加いただき、本当にありがとうございます。主催者を代表して一言ごあいさつ申し上げます。

　ご案内のように、幾つもの波を繰り返しながら３年近く続いていますコロナウイルス感染症は、日本経済はもとより世界経済に非常に大きな影響を与えています。コロナ禍によって多くの中小企業が既存のビジネスモデルからの脱却

を迫られています。そのような中、神戸大学ではさまざまな側面からポストコロナの社会を見据えた研究を行っています。本日のシンポジウムでは、ポストコロナの社会において新しい分野や事業に挑戦していかなければならない中小企業を、地域金融機関がいかに支援していくかという非常に重要な観点から、金融機関による人材マッチングの取り組みの現状と課題について議論を深めます。

　シンポジウムでは、3本の基調講演とパネルディスカッションを用意しています。基調講演では、まず内閣官房の笹尾一洋企画官に、金融機関による人材マッチングへの取り組みを概観していただきます。そして、この取り組みを主導しておられる北海道共創パートナーズの岩崎俊一郎社長に、同社の取り組みをご紹介いただきます。また、経済経営研究所所長の家森信善教授が、独自の調査に基づいた分析結果を講演します。その後、基調講演者に加えて、金融庁地域金融企画室長の今泉宣親さま、PwC コンサルティングの大橋歩さま、兵庫県プロフェッショナル人材戦略拠点の亀井芳郎さま、東濃信用金庫の竹下浩司さまによるパネルディスカッションを予定しています。

　神戸大学は本年創立 120 周年を迎えました。本シンポジウムも 120 周年記念イベントの一つですが、藤澤正人学長の下、「知と人を創る異分野共創研究教育グローバル拠点」の形成のために、さまざまな施策を行っています。そうした活動を充実させるためには多くの方々のご協力、ご支援が不可欠です。ご参加の皆さまにおかれましても、さまざまな形で神戸大学をご支援くださるようお願い申し上げます。

　さて、このシンポジウムの主催者である神戸大学経済経営研究所は、わが国の社会科学系の国立大学附置研究所としては最も古い 100 年を超える歴史があります。新型コロナとよく比較されるのがスペイン風邪ですが、日本でそのスペイン風邪の第 1 波が収束し、第 2 波が始まる直前の大正 8 年、1919 年 10 月に創設された神戸高等商業学校商業研究所をその起源としています。研究所がコロナの社会的・経済的影響や、ポストコロナ社会に向けた研究で多くの成果を上げていることに、私は不思議な縁のようなものを感じています。

　経済経営研究所は神戸大学の建学の精神である「学理と実際の調和」および

国際性を重んじ、世界レベルの最先端研究を推進しています。私自身も経済学者で、多少手前みそになるかもしれませんが、神戸大学で唯一の附置研究所である経済経営研究所は、日本を代表する研究機関で、英語名の略称であるRIEB という呼称で海外の多くの研究者にも知られています。

　金融分野は、その経済経営研究所が伝統的に強い分野の一つであり、基礎研究と応用研究の両面で大きな成果を上げ続けています。また、その成果を社会に還元することにも非常に積極的に取り組んでおり、その一環として毎年シンポジウムを開催しています。最近では、本年3月に「ポストコロナにおける地域の持続的な成長の実現と地域金融」というテーマのシンポジウムを行っています。これらの成果はいずれも神戸大学経済経営研究所研究叢書の形で刊行されています。本日のシンポジウムについても同様に、近い将来一冊の本として多くの人の目に触れることになると信じています。

　本日ご登壇いただく皆さまには、お忙しい中、シンポジウムにご協力いただき本当にありがとうございます。心より御礼申し上げます。また後援していただきました近畿財務局、一般財団法人アジア太平洋研究所、一般社団法人大阪銀行協会、神戸商工会議所、信金中央金庫、兵庫県信用保証協会の諸機関にも深く感謝します。最後になりましたが、本シンポジウムがご参加の皆さまにとって実り多いものになることを祈念して、簡単ではありますが、開会のあいさつとさせていただきます。本日は本当にありがとうございます。

相澤：

　中村副学長、ありがとうございました。それでは、第1部での3つの基調講演に入ります。報告者のプロフィールについては、配付資料がウェブからもダウンロードできますので、そちらをご参照ください。なお、ご質問をQ & Aにお書きいただくことは可能ですが、Q & A 対応はパネルディスカッションの中で行います。ただし時間の都合上、十分な対応にならない場合があることをあらかじめご了解ください。

　それでは、第1報告は、内閣官房デジタル田園都市国家構想実現会議事務局

兼内閣府本府地方創生推進室企画官の笹尾一洋氏による「金融機関による人材マッチングへの取り組みの概観」です。笹尾さま、よろしくお願いします。

金融機関による人材マッチングへの取り組みの概観

笹尾 一洋（内閣官房 デジタル田園都市国家構想実現会議事務局兼
内閣府本府地方創生推進室　企画官）

　内閣官房の笹尾です。それでは本日、20分程度お時間を頂いていますので、金融機関による人材マッチングの現状と課題ということで、内閣府の方でプロフェッショナル人材事業ならびに先導的人材マッチング事業の2事業をやってまいりましたので、その辺りの実績報告等を通じながら、説明をしていきたいと思っています。

　今日は20分ですが、資料は65枚とかなり多くなっています。全部説明するつもりはありません。ポイントをお伝えした後、ゆっくり読んでいただくということを念頭に、少し多めに資料をセットさせていただきました。

　目次（1ページ）をご覧下さい。まず冒頭で、なぜやるのかという政策背景をお話しさせていただいた後、2つ目として、プロフェッショナル人材事業の説明です。これは、どちらかというと道府県が運営している事業になります。そして次に先導的人材マッチング事業です。こちらは、今日ご登壇いただいています北海道共創パートナーズの方々にもご参画いただいていますが、民の方々の人材マッチング事業の早期高度化を企図しているものです。

　4点目として、本日は支援機関の方々が結構多く参加されていると思うのですが、いわゆる経営支援機能の中で、最近、副業・兼業のプロ人材というような形で、働き方の改革も相まって、プロの働き手の方々をうまく中小企業が活用するという仕組みが少しずつ芽生えてきています。こちらを少しご紹介させていただきます。

参考のところにつきましては、先ほど言った副業・兼業の人材活用については、まさに神戸大学があります近畿経済産業局の方で「副業・兼業人材を活用するという選択肢」というレポートを公表しています。こちらの資料が非常に秀逸ですので付けさせていただきました。後でゆっくり読んでいただければと思います。また、私が所属しています内閣官房の方で、デジタル田園都市国家構想基本方針というものをすでに閣議決定し、公表しています。こちらの方はご参考までということでお付けしました[1]。

　最後、内閣府の地方創生カレッジ事業というもののページをご紹介で付けています。本日は人材マッチングについてのシンポジウムになるわけですが、なかなかシンポジウムだけだとすぐに分からないというところもあると思います。eラーニングを無料で受けられるサイトでして、メールアドレスさえあれば誰でもできます。ぜひ今回ご興味、ご関心をお持ちになりましたら、こちらのサイトで少し勉強いただければと思います。

　3ページをご覧下さい。中小企業の課題例を少し挙げさせていただきました。皆さまには釈迦に説法ですが、DX、ITへの取り組み状況、事業承継の問題、そして先ほど、冒頭にありましたが、コロナの影響、いずれも大きく変革をしていかなければいけないタイミングに来ているということが示されています。

　4ページは、今般、信用調査会社の帝国データバンクが10月28日に公表しています、DX推進に関する企業の意識調査です。われわれはデジ田事務局という形で、デジタルを実装することによって企業課題を解決していくということを、これから旗を振っていく立場ですので、少しご紹介をさせていただきます。4ページにありますのはDXへの理解と取り組みというところでして、大まかに申し上げますと、大企業の方々はある程度理解して取り組んでいるものの、中小企業の方々はまだまだというところが示されています。5ページに進みます。

1　本書への収録にあたって、紙幅の都合上、「デジタル田園都市国家構想基本方針について」および「内閣府「地方創生カレッジ」事業について」の資料は割愛している。

では、何が課題なのかというところですが、対応できる人材がいない、必要なスキルやノウハウがない、時間・費用が確保できないというところでして、仮にIT補助金などを含めて設備を導入したとしても、実際に実効的に使ってデジタルトランスフォーメーションを果たしていくには、なかなかサステナブルなスキル・ノウハウを従業員がある意味会得するための人材、これが必要ではないかというところが示唆になると思います。

　6ページをご覧下さい。こちらも少し最近はやり言葉になっていますが、リスキリングということで、社会人の方々が新たに業務を習得するというところになりますが、DX分野についても取り組んでいるというところは約半分の企業さんだったというところです。では何をやっているのかというところが右側でして、今回のこういったウェビナーも含めた、デジタルツールというものに、ある意味うまく触ることぐらいしか逆にできていないということがいえるかと思います。

　7ページをご覧下さい。先ほど少し紹介しました副業・兼業人材を使ったことがありますか、ということを帝国データバンクさんに聞いていただいていました。結論から申し上げると、まだまだ使っている人たちは決して多くないということで、社会的認知度を高めるためには、まだまだ普及啓蒙（けいもう）が必要ではないかと思っています。

　8ページに取りまとめてみました。先ほど言ったように、課題はいくらでも、中小企業の方々はお持ちですが、やはり企業の経営者は日々たくさんやることがあり、孤軍奮闘状態です。従って、人材を育成したいと思っても、なかなか余裕もないというところでして、やはりそのためには経営課題の整理、成長戦略を描く、そして実行、ノウハウを持った経営専門人材というものがその企業さんに必要ではないかというところです。そのために、まさに地域の金融機関さんや、この後ご紹介しますが、プロフェッショナル人材戦略拠点に相談をし、外部人材を採用する、ないしは活用することを検討してはどうかというところです。

　では、なぜ金融機関なのか、専業の人材紹介会社がやればいいのではないか

と思う方もいらっしゃるかもしれません。9 ページをご覧下さい。この人材紹介のビジネスは、基本的には仲介手数料で成り立っているビジネスです。また、仲介手数料については年収の 35％から 45％というところが一般的なところでして、皆さま方、よく CM などで出ていますが、リクルートさん、パーソルさん、ビズリーチさんといったところが、いわゆる大手の、専業の業者さんだと認識しています。でも、その人たちにお願いをするだけでできるのではなくて、やはり普段から信頼関係のある金融機関さんも間に入ってやった方がよりいいのではないかと考えています。

　この絵にあるとおり、左側の金融機関に期待される範囲のところです。結果的に今までの人材紹介会社さんというのは、CM 等を打って多くの人材を集めて、その方々の職探しというような矢印でのビジネスをしています。今回、金融機関さんの場合は逆です。受け入れ企業側の役立つ人材をマーケットから探してくるという矢印です。こちらでは「伴走型人材支援」と呼んでいますが、やはり最終的に受け入れ企業側で気持ちよく働いていただいて、やりがいを持っていただくことが一番重要だとすると、受け入れ企業側の経営者に一番伴走している方々は誰かというところで考えると、やはり金融機関の方々だろうと認識しています。なので、従来、やっています金融機関さんの役割、すなわち事業性評価や伴走型支援と重なる部分であり、ご活躍いただきたいというところです。10 ページに進みます。

　次に、金融機関ならではの優位性というところを少し申し上げます。先ほどの人材紹介会社と比較して考えてみると、この 1 から 3 が金融機関さんならではではないか、だから優位性があるので、やった方がいいのではないかというところです。1 つ目、一番分かりやすくいうと、決算書を持っているということです。その会社さんの財務状況などを正確に把握できています。これは「人を採用しましょう」と言っている人材紹介会社さんにはなかなかないことでしょう。

　2 つ目、営業担当の方が普通に企業の経営陣などのキーマンに会えるというのは、（債権者でもある）金融機関さんならではかもしれません。一般的な事

業会社の営業担当では普通は会えない人に普通に会えるというところですので、こういった課題解決型人材を探すにはキーマンとの関係が必要不可欠ですので、そこが強みの一つになります。

そういう意味でいうと、金融機関さんが、企業から悩みを相談されるような「心理的安全性」というものが確保できているかというところが重要です。どうしても金融機関さんの場合、債権者・債務者という利害関係もある中ですので、やはり企業さんにとってきちんと悩みが相談できる関係、特に人の話については非常にセンシティブなテーマでもありますので、こういった悩みを相談できる関係が築けているのか、これも重要なファクターだと思います。

3つ目は、活用ないしは採用された後、定着支援が普段からできるのではないかというところです。どうしても仲介手数料商売でやると、一回行ったら行きっぱなしで、その後しばらく放置ということがあり得るわけですが、金融機関の方々においてはやはり資金繰りを普段から見ている立場ですので、月に1回ぐらいは行くことがあるわけです。そういう意味でいうと、採用後、「実際どうですか」というようなことが、普通の営業活動の中でできるというところが一つポイントかと思います。

11ページをご覧下さい。ただ、皆さま方、金融機関の方々にとって、人材紹介業務といっても、ヒト・モノ・カネ・情報で考えた時の、今まではお金の商売しかやってこなかった人がヒトの商売をするわけですので、すぐにノウハウは身に付きません。おそらくこの後北海道共創パートナーズの方々からもご説明があると思いますが、すぐにうまくいかないので、当然順に追ってやっていくということかと思います。例えば初年度立ち上げをし、2年目で拡大をし、3年目で自走するというような形です。その際には、この後ご説明しますが、官がやっているプロフェッショナル人材事業というのも一つサポーターとして利用できます。特に信用金庫の方々などにおいては活用をぜひご検討いただければと思っています。

12、13ページは、コロナがまん延し始めた頃の令和2年5月に内閣府担当課室より発表させていただきました、地域金融機関における人材ビジネスの可

能性についての一考察を紹介しています。大まかに申し上げますと、ゼロゼロ融資等でお金を入れたものの、結果的にお金を返せないと条件変更で終わってしまうわけでして、お金を返せるためのキャッシュフローをつくるためには筋肉質な会社をつくっていかなければいけない。そのために、既存の従業員だけでできないのであれば、できれば据え置き期間中にキャッシュフローを生むような人材、戦力強化をするということがいいのではないかというのが12ページです。

13ページでは、そのためにはどういうやり方があるのかというところです。この後説明します、副業・兼業人材の活用も選択肢になるでしょう。そして左側の下です。皆さま、地域の金融機関の方々は、基本的には融資先を中心に提案セールスをしていると思いますが、地域には無借金企業も多く存在します。データによっては3割5分、4割の企業さんが無借金企業というようなデータもあります。

その方々にソリューションの提案ができているのかどうかというところでいえば、その人たちは、お金はもう要らないわけですが、こういったヒトについての提案なら、どの会社さんにも課題があり、ニーズがあります。従いまして、こういったソリューションを一つの切り口にして、地域の活性化を図っていただくのも一つの手ではないかというところです。

そして右側は事業再生の観点です。事業再生先についての経営支援の一環としての人材マッチングの活用ということもできるのではないかということの問題提起です。

次に、プロフェッショナル人材事業をご紹介します。15ページをご覧下さい。プロフェッショナル人材事業は46道府県でやっています。本日は支援機関の方々が多いと思いますのでよくご存じだと思いますが、道府県が運営をしていまして、われわれ内閣府は旗振り役で、人件費の半分をわれわれの方で交付金として拠出させていただいています。東京都についても、東京都の単費で東京しごと財団というところがやっています。沖縄については令和4年4月に開設されています。従いまして、全都道府県においてこういった事業が行われてい

るということでして、基本的に待ちの姿勢ではなく、企業さんを個別に訪問してニーズの切り出しを行っている事業です。

　16ページをご覧下さい。コロナによって、相談件数や成約件数が増えているということがポイントです。こちらは累計実績ですので右肩上がりは当たり前ではあるのですが、その傾きが大きくなっているというところをご参考までにというところです。

　18、19ページはその内訳です。基本的には中堅企業クラスのグループリーダー層というところが一番多いのではないかというところです。地方創生の施策ではあるのですが、次の19ページにありますとおり、一番右にありますが、転居ありの人たちというのが35％で、転居なしで、県内で転職というパターンも多くあるというところです。

　20ページをご覧下さい。なぜうまくいっているのかというところですが、具体的に言うと2つあります。1つ目は成約率です。プロ拠点も最初、平成27年、28年の頃は、成約率は10％未満でした。この世界、大体10％成約すれば御の字という業界の中でいくと、現状を見ていただければ分かるとおり、3割近くの成約率になっています。受け入れ企業側のキーマンが納得をすればいかに成約できるのかということがここで分かるのかなと思います。

　下にあるのがリピート状況でして、今まで、なにせ地縁血縁とハローワークぐらいしか考えていなかった中小企業さんですので、自分たちの欲しい人材がマーケットから見つかるということが分かったら、「それなら他の部門も欲しい」ということで、1回使うと2度、3度と使うということになり、リピート率は43％あります。中には20人使っているような方々もいらっしゃって、外から自分たちが欲しい人材を得るという経験を積むと、それをどんどん使いたくなるというところがポイントです。

　21、22ページは事例ですが、1つだけ触れるとすると、21ページの一番上の北海道の事案です。これはⅠターンの人材ですが、事業承継でした。何が言いたいかというと、事業承継の話も、この人材マッチングが一つの選択肢になるというところをお示ししたかったということです。こちらは第三者承継で、

専務で入りました。Iターンで、都市銀行に勤めていた方です。私も以前視察で実際にお会いしてきたのですが、今は社長をやっています。

23ページをご覧下さい。本日は信用金庫の方々も多く参加されていると思います。われわれの方から、プロフェッショナル人材戦略拠点に対しては、ぜひ地元の信用金庫さん、信用組合さんと連携してくださいということで旗を振っています。人をプロ拠点に派遣してOJTでやるのもよし、マッチングをする際には、一部情報提供料でキックバックというような仕組みも整えている自治体さんもありますので、ぜひそれをご検討いただければということです。

次に、先導的人材マッチング事業です。25ページをご覧下さい。北洋さんも参加いただいていますが、令和2年度から事実上スタートしました。10億、10億、そして現在は21億円の予算規模で運営しています。先般成立しました補正予算で、次年度については28億円で実施します。こちらは成功報酬型の補助金ですので、皆さま方の実績がおかげさまで着実に上がっていることから、積算をし、財務省に査定を申請したところ、また増額を勝ち取ったというところです。

実績については左下の表にありますとおり、2年度よりも3年度、3年度よりも4年度と順調に増加しています。4年度については4月から8月でこの実績ですので、間違いなく3年度の実績は超えるとみています。なお、常勤雇用と常勤雇用以外、すなわち副業・兼業についていうと、やはり副業・兼業の事案のほうが多いというところも一つの特徴になっています。

26ページをご覧下さい。こちらは先導的人材マッチング事業の採択先です。おかげさまで、初年度は60で始まりましたが、2年目は81、そして今年度については100のコンソーシアムが採択されています。地銀さん、第二地銀さんは約80を超えていまして、全国100分の80ぐらいですので、もう8割近くの皆さんに参加していただいています。一方、信用金庫、信用組合さんにおいては400分の23というところで、まだまだ頑張っていただける余地はあるのではないかと思います。いきなり手を挙げるのが難しいのであれば、まずは地元のプロ拠点にご相談に行くというのは一つの選択肢かと思っています。

27ページをご覧下さい。成約件数の推移も、前年同期比プラスでずっと推移しています。ただ、先ほど言ったように全体としては右肩上がりなのですが、28ページに示したように、成約件数の分布でいうと、これは初年度と2年目を比較していて、上がR3年度、下がR2年度で、右側のほうに行くほど成約件数が多いのですが、右側にある棒グラフの高い採択先がだんだん増えてはいるものの、まだまだ5件未満のところが昨年度でも27先あります。これは体制強化の点など、いろいろな課題をクリアしていくと右側にどんどんいけると思いますので、ぜひ頑張っていただければと思っています。29から30ページには、ポスト、年齢、年収について参考までに付けさせていただいていますので、後ほどご覧ください。では、33ページをご覧ください。

　こちらでは、今度は先ほど言った副業・兼業の話に少し触れたいと思います。首都圏の、いわゆる都会の大企業の人材も、少しずつ地域企業で働くことへの関心が高まっているというところでして、33ページは感染拡大前の数字でした。

　34ページをご覧下さい。新型コロナウイルス感染症拡大後、関心の変化があったかというと、強くなったという方々がそれぞれの年齢層で4割、3割、3割というところです。ポイントは、実を言うと若い人、ミドル世代ほど関心が高くなっているというところでして、いずれにせよ、コロナは大変ではありますが、地方にとってはうまく使えば追い風になるというところです。

　35ページをご覧下さい。副業への関心は当然に高まっていまして、6割近くの方々が関心を持っています。こちらも実をいうと、シニア世代よりもミドル世代の関心の方が高いということです。続きまして、もう1枚おめくりいただきます。ただ、皆さんは別に収入が欲しいというわけではないというところがポイントです。「副収入」は4割未満ということで、やりがい、スキルアップというところが中心になっています。37ページに示したように、大企業においても副業解禁の動きは止まっていない状態です。

　38ページをご覧下さい。今はずっと出し手側の人材の話でしたが、受け入れ企業側の立場からすると、上にあるとおり、転職人材はなかなかすぐに見つかりません。特に零細企業に至ると、余計に見つからないと思います。そうい

う意味でいうと、副業・兼業人材はピンポイントでできますし、業務委託契約でやるわけですが、比較的自ら手を動かしてもらえる方々が多いです。

　今までの経営支援機関の専門家派遣というのは、教科書的な答えは教えていただけると思うのですが、実際に一緒に動こうという人たちはなかなかいないと思いますので、一緒に動く人たちを探すという意味においては、安価でかつ比較的経歴・スキルが十分な実務者の方々とできますし、本日のシンポジウムのようなリモートでの対応も可能ですので、受け入れ企業側にとってもメリットがあるのではないかというところです。39ページに示したように、やはり「気付きがあった」「新しい刺激になる」「今まで社員にはいなかった専門性が高い方々が見つかった」という形で、非常に好評の声を頂いています。

　40ページは副業・兼業の人材のプロ拠点での成約事例でして、先ほど言ったDXの人材です。宮城の印刷会社さんが新事業開発のために、東京に住んでいる、ネット関連のコンサルティング会社にいる方を副業で採用した事案です。結果として新規事業の立ち上げに成功しているということで、なかなか普段近くにいない方々との出会いが生まれるというところで、非常に好評を得ています。

　あと1～2分ありますので、近畿経済産業局レポート「副業・兼業人材を活用するという選択肢」に少し触れたいと思います。先ほど言った副業・兼業人材を活用する企業の利点をここにまとめてありますので、詳しくは読んでいただければと思います。43ページのように、やはり能力ある人材を全国から活用できるということは、非常に大きな話ではないかというのが1つ目です。

　2つ目は44ページです。現状で申し上げると、副業・兼業の人材が欲しいという案件よりも、副業・兼業で働きたいという人材のほうが多い状態です。すなわち、1回申し込むと倍率が大体10倍、20倍というケースもあると聞いていますので、うまくいけばすごくいい方が見つかるということです。かつ、③でありますが、プロジェクト単位での活用もできますし、④にあるとおり、ミスマッチの予防期間も確保できます。業務委託ですので労務管理も不要という点もあるかと思います。

　45ページをご覧下さい。私は個人的にここが重要だと思っているのですが、

やはり今までずっと従業員の方々だけしかいなかったところから、新しい方々が入ることによる化学反応が、いい面で出てきているというところです。こういった意味で、外から気軽に社員ではない新しい人材を入れることによって、会社が活性化する可能性が出てきます。そういった副業・兼業プロ人材の活用ができますので、支援機関の方々においてはこういったツールもあるということをぜひご理解いただき、自分たちでやるケースでもいいですし、自分たちでできなければ、各道府県にプロフェッショナル人材戦略拠点がありますので、そちらまでご相談いただければと思います。

　残りの資料は後でゆっくり読んでいただければと思いますので、私からは以上です。ありがとうございました。

相澤：

　笹尾さま、ありがとうございました。第2報告は、岩崎俊一郎株式会社北海道共創パートナーズ代表取締役社長および、松橋敬司株式会社北海道共創パートナーズ人材事業責任者による「北洋銀行グループにおける人材マッチング事業の取り組み」です。岩崎さま、松橋さま、よろしくお願いします。

北洋銀行グループにおける
人材マッチング事業の取り組み

岩崎俊一郎（株式会社北海道共創パートナーズ　代表取締役社長）
松橋　敬司（株式会社北海道共創パートナーズ　人材事業責任者）

岩崎：

　北海道共創パートナーズの岩崎と申します。今日はよろしくお願いします。大変、僭越ではありますが、私たちから「北洋銀行グループにおける人材マッチング事業の取り組み」というテーマでお話させていただきます。大きく2つのお話をさせていただこうと考えていまして、1点目は、弊社北海道共創パー

トナーズの概要を、私から簡単にご説明させていただきます。2点目は、人材マッチング事業の取り組み実績です。いくらきれい事を言っても、結局どれぐらいの人数を紹介できたのか、どのようなところで苦労しているのかといった、リアルな情報の方が皆さんのお役に立てるかと思っていますので、この部分について後ほど、弊社の人材事業を統括している松橋のほうからご説明をさせていただきます。

　2ページをご覧下さい。最初に弊社の設立経緯ですが、2017年に日本人材機構と北洋銀行の合弁会社として設立されました。事業が安定軌道に乗ってきたということで2020年4月に北洋銀行の100％子会社となり、ちょうど今年の9月で設立から丸5年がたちました。

　事業内容、サービス内容については、3ページに示したように、コンサルティング、人材、M＆A・ファンドという、大きく3つのサービスラインを持っています。上のところに伴走サービスと書いていますけれども、この3つのサービスを単品売りするのではなくて、お客さまのニーズに合致した最適なソリューションをご提案することを大事にして、日々業務に取り組んでいます。

　4ページにはご参考として、3つのサービスの有機的な連携事例を載せています。この事例は今年4月に新聞記事にも取り上げていただきました。左上に記載の通り、当初は事業承継というテーマで案件トスされてきたのですが、よくよくいろいろなお話を伺っていると、M＆Aなどではなく、信頼できるところに株式を引き取ってほしいという意向だったので、弊社がGPとして運営している事業承継ファンドでお金を出させていただくというご提案をしました。

　加えて、創業者は引退する意向だったため、後任社長を探さなくてはいけないという話になり、弊社の人材事業部で経営人材を探索し、東京で活躍していた経営人材を紹介するに至りました。現在は出資もして、ご紹介した社長にもご活躍いただいていて、弊社からさらにコンサルティングのサービスなどもご提供しています。このように、3つのサービスを有機的に組み合わせながら、お客さまの企業価値向上につながるようなご支援をさせていただいています。

　5ページには現在の人員体制を示しています。北洋銀行の出向者とプロパー

職員のおおむね半々で構成をしていて、現在56人の体制で運営をしています。後ほどご説明をさせていただく人材事業部は、現在11名体制となっています。6ページには北洋銀行グループにおける弊社HKPの位置付けを記載しています。大きく言うと、北洋銀行グループの法人のお取引先企業さまの、金融以外のお悩みを一手に引き受ける会社と位置付けられています。そうした位置付けなので、グループ全体から案件トス等で全面的にバックアップを受けながら、業務運営に当たることができています。

　以上が私のパートの簡単なご説明で、ここから先はバトンタッチをして、人材マッチング事業の具体的な事例について松橋のほうからご説明させていただきます。

松橋：

　では続きまして、私のほうからHKPにおける人材事業の取り組み実績についてご説明をさせていただきます。まず、8ページのスライドは、HKPを立ち上げてからの5年間の人材事業部としての沿革を簡単にお示ししたものです。表の構成としては、最上段のところが年度になっていまして、その下に各イベント、それからサービスメニューがどのように拡充されてきたのか、人員体制がどのような変遷を経てきたのかをお示ししています。

　先ほどご説明をさせていただいたとおり、弊社は2017年の9月に設立しまして、もともとの設立意義等もあって、人材事業については設立と同時に事業開始しています。スタート時点はプロシェアリング（兼業副業マッチング）と片手型の人材紹介で事業を開始しました。そこからちょうど1年後の2018年10月に有料職業紹介の許可を取得しまして、2019年の4月から、両手型の経営人材紹介サービスを開始しています。

　そして、先ほど笹尾さんのほうからもご紹介をいただいたとおりですが、2020年の4月に先導的人材マッチング事業を採択いただきまして、事業をより加速させていくための補助金受給等もあったものですから、業務システムの導入、人材投資を行っています。21年の10月には自社データベースの構築を

開始し、自前の求職者を確保するに至っています。

　これらを総括しますと、HKP の立ち上げから人材事業の足場固めまでに約1.5 年程度の期間を要しました。主力事業を経営人材の紹介サービスと定めて、両手型で人材紹介を実施することによって、われわれ金融機関が行う人材ビジネスの事業目的の達成、それから事業採算の両立のめどが立って、その後の事業成長につながり、当初 3 名の人員体制だったものが、現在では 11 名で運営しているという状況になっています。

　9 ページでは、人材領域のサービスラインを詳細にご説明させていただきます。立ち上げ当初につきましては、人も限られていますし、事業ノウハウもなかったので、かなりシンプルに人材紹介というドメインで事業開始しています。ただ、実際に現場で中小企業のオーナー経営者と対話をさせていただく中で、人の課題といっても本当に千差万別だということがよく分かり、経営人材の紹介だけでは顧客の課題解決を図ることがなかなか難しいということが分かってきました。

　現在は、中段のところで、経営人材の紹介や兼業・副業のマッチング、はたまた採用ホームページの作成代行、再就職支援、RPO、そしてアライアンスの皆さまからのご支援なども頂きながら、総合的に採用力を上げていくお手伝いができるようになってきたところです。

　自分たちの将来のあるべき姿としては、中小企業の人事部代行と定めています。中小企業の大きなウイークポイントとして、本社機能の脆弱さがあると考えています。社長が独りで孤軍奮闘し頑張ってはいますけれども、採用や育成、制度企画等、HR 関連業務に手が回らないという状態です。ヒューマンリソース HR 全体のご支援ができて、中小企業の人事部代行ができるところまでいくと、本当に金融機関が中小企業の成長発展にとって貢献できるサービス領域になってくるのではないかと考えて、このようにあるべき姿を設定しています。

　10 ページには、サービスメニューの詳細ということで、左側の縦軸のところにターゲットレイヤーというものをお示ししています。上から経営層、それから非管理職層、現場、アルバイト、複業型専門人材というふうにレイヤーを

区切っています。顧客が必要とする人材領域はさまざまです。このさまざまな人材領域に対して全てを内製化しているわけではなくて、右側のソリューションメニューのところに実線で囲っているところが、HKPが内製化、自分たちがお手伝いをする領域と定めていまして、グレーの色塗りをしているところがアライアンスの皆さまにお手伝いをいただいているという状況です。

　これら全てを一社で網羅することは非常に難しいので、内製するところと外注するところとをしっかり選別して、中小企業の経営者が独りでもんもんと悩んでいるところの、採用に関する水先案内人としての価値提供というものも同時に行っているという現状になります。

　せっかくなので、少し生々しい話をさせていただこうと思って、弊社の人材事業部の実際の業績や事業採算がどうなっているかという、生の数字を11、12ページに記載させていただきました。上の表が年度別の契約件数の推移になっていまして、下の表が年度別の粗利です。売り上げではなく、粗利の推移をお示ししています[2]。

　13ページからは、弊社が行っている経営人材紹介以外の特徴的な顧客支援の実例を何個かご説明させていただければと思って、スライドをご用意しています。先ほどサービスラインでもご説明をさせていただいたとおり、経営人材だけではなくて、メンバー層の人材、現場人材が足りないというお声も当然ありますし、1人当たりの採用コストをそんなにかけられない環境にある企業もやはりあります。そのような中、先ほどご紹介させていただいた北海バネという会社でも行った取り組みなのですが、採用単価を引き下げつつ、効率的にメンバー層、現場人材の採用を行うという目的から、採用特化型のホームページの作成支援をさせていただいています。

　本当にシンプルに採用ホームページを作成させていただいて、人材採用にかかる応募獲得、それから書類選考、面接、面接後の内定、入社といった一連の業務を弊社側が巻き取って、当社の採用代行として活動を行うというようなご

2　業績等の数字の説明は当日口頭のみの取り扱いとするために、本書には収録していない。

支援です。ここでは採用ホームページの作成に 50 万円、進捗<rp>（</rp><rt>しんちょく</rt><rp>）</rp>サポートに 30 万円、計 80 万円をワンパッケージという形で 6 カ月間ご支援をさせていただいて、それなりに高い成果も出せているという状況です。

14 ページのスライドをご覧下さい。また打って変わってというお話ですけれども、特に金融機関の皆さまにおかれましては、再生企業をどうしようかという悩みも多いのではないかと思っています。その再生企業に対する直接的な支援として、再就職支援というサービスを展開させていただいたという事例です。本事例でいくと、クライアント A 社の業績がなかなか厳しくなってきているところで、工場を 1 つつぶしましょうというお話し合いになりまして、その工場で働いている 30 名弱の方々の再就職をお手伝いさせていただいたというものです。

15 ページをご覧下さい。地方に行けば行くほど、その町で 30 名の雇用というものは、町としても抜けてしまうと困るというような背景もあります。そういった中で、金融機関の公共性のようなものも生かしながら、関連する 3 町にもご支援いただき、その 3 町の管轄下にある 3 商工会、金融業界などにもご支援をいただいて、この近隣地域にある求人を全てかき集め、求職者の方々にご提示差し上げるという支援です。

A 社に勤めていらっしゃって、人員リストラの対象になっている 28 名の方々に「この町にあるお仕事には、こういうものがありますよ」とご提示を差し上げて、域外への労働流出を避けつつ、次の就職先をあっせんして、なおかつクライアント企業としては、人員リストラをハレーションなく成し遂げるという案件になります。地域の労働力の適性再配置も人材領域のサービスメニューとして実現可能であったという事例です。

16 ページは、弊社の自社データベースを構築したというスライドになっています。当初の事業目的のとおり、首都圏に一極集中している人材の量、それから人材の質を、地域にしっかりと還元させていく流れをつくるという大きな目的の中で、もちろん民間のデータベース事業者の皆さんにもご支援をいただくのですが、自分たちでも良質な人材を集めて、しっかりと地域の中小企業に

送り届けることを目的として、自社データベースを構築しました。構築当初は
なかなか苦戦をしていましたが、今では月間70名程度の方にご登録をいただ
いていて、このデータベースにご登録いただいた方からの人材マッチングの実
績もかなり出てきている状況です。

　17ページをご覧下さい。こちらで最後になりますけれども、これから人材
事業を立ち上げる、もしくは立ち上げられてまだ間もないというような金融機
関さん向けのメッセージになるのではないかと思っています。自分自身がこれ
までの5年間を振り返ってみての、人材事業立ち上げの要諦、それから自分自
身の反省点をこちらに記載させていただきました。

　人材事業立ち上げの要諦としては、上から4つありまして、1つ目は金融機
関の力学に沿った組織体制の構築が必要だと考えています。「金融機関の中で
人材事業をやるのだ」という経営トップからの明確な意思表示を発信し、立上
げ当初は経営トップが庇護することが必要です。金融機関の中で新規事業を行
うケースはなかなか少ないと思います。弊社も冒頭に申し上げたとおり、1.5
年間は本当に失敗の連続でした。その失敗を次に生かすというマインドセット
でしっかりと守っていただく、庇護をしていただくといったことがすごく重要
だろうと思っています。

　また金融機関トップの構想を実現するため、金融機関の職員の中で力のある
ミドルを配置していくこと、失敗を許容する組織といったところで、かなうな
らば別会社組織、私たちのような銀行から切り出した組織のほうが立ち上げは
しやすいのではないかと感じています。

　2点目ですけれども、人材ビジネスは金融機関職員にとって、非常にとっつ
きやすいビジネスではありますけれども、そうは言っても具体的なオペレー
ションを回していく時には、やはり経験者が近くにいたほうがノウハウの吸収
は早いです。人材事業経験者の中途採用ができるのであれば、そういった方を
しっかりと会社に引き入れるといったことが重要かと思っています。

　3点目につきましては明確なターゲット設定というところですが、先ほどド
メインの変遷をお伝えしました。もちろん全国の金融機関は人手不足という状

況になってきて、皆さん忙しくしています。新規事業として立ち上げる人材ビジネスがどのような成果が出てくるのかが分からないという中では、当初、なかなか多くの人材を割くことは難しいのではないかと思っています。そういった面で、大義のようなものを失わずに、自分たちが注力して行う人材ビジネスの領域はここですといったところを明示し、できるだけ選択と集中を行ったほうがやはりいいのではないかと感じています。

　4つ目ですけれども、岩崎のほうから説明させていただいたとおり、弊社では人材事業部以外に、コンサル事業部とM＆A事業部という2つの事業部を持っています。やはり案件ソーシングといったものが人材ビジネスとしては肝になってきますので、こういった関連する事業部との相乗効果も非常に大きかったと感じています。

　最後は反省点といったところですけれども、これまでに培ってきた自分自身の経験とノウハウを生かして、もう一度金融機関の中で人材事業を立ち上げるとしたら、どういうことをするだろうかと考えたものです。

　1つ目が人的資源確保のリードタイムです。逆説的にはなりますが、ある程度収益の立つ見込みのあるビジネスであること、さらに顧客ソリューションとしても、顧客から非常に受け入れられるソリューションであることがよく理解できましたので、立ち上げのタイミングから一定程度の、10名前後ぐらいの人材を確保してビジネスをスタートさせるというのは、一つあるだろうと思っています。

　また、スタートは本当にどのようなビジネスかがよく分からなかったといったところで、自分たちは結構ハイレベルな案件からスタートしました。具体的には再生企業の経営のベリートップのような人材をご紹介するところからスタートして、かなり痛い思いもしながら、高い勉強代を払って事業を開始しました。事業開始当初は、この辺りの人材領域、こういうターゲットの人材を狙って案件獲得してみるのがいいということは言えそうだと思っています。

　似たような話ですけれども、3点目が案件ソーシングのtipsといったところです。やはり金融機関の特長を生かして案件をソーシングするということに立

ち返ると、自分たちのカウンターパートである管理部門の部門長の欠員補充などという案件は、非常にやりやすい案件かと思います。銀行の皆さんにとってもとっつきやすくて、最初に案件を獲得するには適しているのではないかと思いますので、こういった情報を銀行の中でしっかりと周知して、案件をスタートし、スモールサクセスをつくっていくことが、スムーズな事業立上げを図る上で重要なのではないかと思います。

少し早口で、駆け足でご説明させていただきましたが、私のほうからのご説明は以上とさせていただきます。ご清聴ありがとうございました。

相澤：

岩崎さま、松橋さま、ありがとうございました。第3報告は、家森信善神戸大学経済経営研究所教授による「金融機関による人材マッチングの前提としての事業性評価の重要性」です。家森教授、よろしくお願いします。

金融機関による人材マッチングの前提としての事業性評価の重要性

家森 信善（神戸大学経済経営研究所長・教授）

家森：

皆さん、こんにちは。神戸大学経済経営研究所の家森です。どうぞよろしくお願いします。今日は「金融機関による人材マッチングの前提としての事業性評価の重要性」ということで、20分ほどお話をさせていただきます。

私は地域金融を主として研究していまして、地域金融機関が中小企業の企業価値を高めていくために、どのような取り組みをしていったらいいかという観点から、この人材マッチングというものに注目をして、最近幾つかの研究をしています。

2ページの「はじめに」というところからお話をさせていただきます。コロ

ナ禍に対して、地域金融機関は地域企業の資金繰りを付けることに大変な努力をされてきました。特に2020年の春先は申し込みが殺到する中、その申し込みが遅れれば企業の存続に関わるというところで、非常な努力をされたということでした。

ただ、政府の支援があってこそこれができたということであり、残念ながら、最近報道されていますが、ゼロゼロ融資に関して不適切な利用があったということも出てきているように、顧客企業を十分に理解して資金繰り支援が行えていなかった金融機関もあるのではないかという問題意識を持っています。

ポストコロナにおいて、資金繰り支援を超えた企業支援の取り組みが必要になってくると私は思っていますが、それを効果的に実現するためには、地域金融機関はどうあるべきなのか、どのようにすればそれができるのかということを、さまざまな企業アンケートを使って考察しています。今日はその中からご紹介をしてみたいと思っています。コロナ禍における対応は、金融を超えた企業支援のあり方にも関係するということを、これから見ていきたいと思っています。

3ページは2020年の10月に行ったアンケート調査です。経営者に対して現在困っていること、それからコロナ禍発生前、具体的には2019年末ごろと指定しましたが、そこで苦労していることを答えてくださいというアンケート調査を行いました。

そうすると、コロナ禍前においては「顧客・販路の確保や開拓」というのが35.2%で最も多い回答でした。2番目は、表の真ん中辺りにありますが、「従業員（非経営層）の確保、人材育成」ということで、人に関するものが24.8%で続いています。3番目は一番左側のほうで、「取扱商品やサービスについての知識、経営力や開発力の不足」というものになっていました。

コロナ禍後と書いていますが、2020年10月段階での意味です。最初にコロナの影響が広がっていった時期ですが、コロナ禍前の時期との明らかな違いは「資金繰り、資金調達」が16.2%から23.5%に増えているということです。この時期にはすでにゼロゼロ融資も行われていましたが、それでもこれだけ資金

繰り不安が高まっていたということです。ただ政府の支援もあって、コロナ禍においても「資金繰り、資金調達」よりも、この横にある「顧客・販路の確保や開拓」が39.5%と、こちらのほうがより大きな課題になっています。

　さらに人材面の「従業員の確保、人材育成」のところを見ると、コロナ禍前よりは落ちているものの、やはり21%ということで、資金繰りと同じ程度の割合の企業が、苦労していることとして挙げています。ということで、資金繰りというのは重要な問題ではありますが、それ以外の部分で企業の困り事が膨らんできているということが分かりました。では、4ページに参ります。

　より具体的に、これは2020年8月に、金融機関の人材支援に関して中小企業の方々がどう思われているかということを調査したものです。完全な分析は当研究所のディスカッションペーパーをご覧下さい。これは当研究所のホームページから取り出せます。この右側にありますように、従業員数が1人というところから300人以上まで、幅広い企業に答えていただいていますが、過半が小さな企業であるということを前提に、以下の説明をお聞きいただきたいと思います。では、5ページに参ります。

　こちらはコロナ禍においてメインバンクはどのような対応をしましたかということをまず聞いています。下のほうに「特に何もしてくれなかった」あるいは「担当者といえるような人はいなかった」という回答がありますが、今回小さな企業を対象にしていることもありまして、合計すると7割ぐらいの企業が銀行から特に相手にしてもらっていないということになります。

　それ以外で見ると、多いのが上から3つ目、「貴社からの申し出はないのに、資金繰りを心配してくれた」というのが9.4%でした。あるいは上から2つ目の「オンラインや電話などによって密接に連絡をしてくれた」が7.9%、それから真ん中辺りにある「必要な資金を融資してくれた」が7.2%というように、資金繰りに関していろいろなことをやってくれたというようなお答えと、関係性を維持してくれたというようなお答えがあるわけです。では、6ページに参ります。

　これは、コロナ禍でのメインバンクの対応と「金融機関からの経営人材の紹

介に期待しますか」という質問とをクロス集計してみたものです。この表でいうと、まず「全体」と書いているところをみると、この3,500社の回答のうち「非常に期待する」は2.1%、「ある程度期待する」は8.7%だったということです。3,500社全体のうち、1割ぐらいが金融機関からの経営人材の紹介に期待すると答えているという結果になりました。

　「コロナ禍においてどういうことをしてくれたか」の回答とクロス集計をしてみると面白いことが分かります。真ん中より下のところに「新しい取引先を紹介してくれた」という回答があります。これは先ほどの表でいうと47社しかない、非常に少ない会社ですが、この回答者についていうと「非常に期待する」が20%を超え、「ある程度期待する」が17%ですので、合計すると4割程度が人材紹介に期待をすると答えていることになります。上のほうの「頻繁に訪問してくれた」についても「非常に期待する」が11%あり、「ある程度期待する」が2割ほどありますので、合計すると3割程度になります。

　それから真ん中辺りの資金繰りについて、例えば「必要な資金を融資してくれた」というところを見ると、6.8%と23.9%ということでした。もちろん、一番下の「特に何もしてくれなかった」「担当者がいなかった」に比べると圧倒的に期待をしている人たちが多いものの、「新しい取引先を紹介してくれた」「頻繁に連絡を取ってくれた」という非金融的な支援を行ってくれた場合と比べると、資金繰りの部分で支援をしてくれたというものの評価は、相対的には低いということになります。

　ですからコロナ禍において、おそらく資金繰り支援は、ある意味お客さま側からすると当たり前だと思われていて、そのプラスアルファのところでどのようなことをしてくれたかということが、金融機関に対する新しい業務への期待感を決めてきたと読むことができます。それでは7ページに参ります。

　これは「一般の人材紹介会社と比べて、金融機関の人材紹介にはどのようなメリットがあると思いますか」と尋ねてみたものです。まず、零細企業も含めた全体の回答でいうと、「人材採用後の定着支援が充実」が35.7%、「人材採用後に生じるさまざまなトラブル解決への支援が充実」が36.5%、それから3つ

下がって「地元の人材マーケットの情報を豊富に持っている」が31％となっています。金融機関が地元に密着をしていることがあり、さらに地元にいてくれるということから、特に採用後のフォローアップへの期待が強いことがよく分かります。

　人材紹介を具体的に期待する51人以上の企業についての結果を右端のところに書いていますが、これになるとより比率が上がります。特に上から2つ目の「人材採用後のさまざまなトラブルへの支援」での期待が50％近くまで上がってきているという点が分かります。このように、先ほどの笹尾さんからのご説明にあったように、地域金融機関には独特の強みがあるとお客さまも認識をされていることが分かります。では、8ページに参ります。

　他方で、地域金融機関の人材マッチングについて期待をしない、あるいは懸念をすると回答された方々に、その理由は何かを聞いたものがこちらの回答です。これを見ると、一番多いのが「いったん紹介されると断りにくい」で、32.5％ありました。それから「ふさわしくない人材を紹介されかねない」というのも29.9％と高いものでした。これが51人以上のところになりますと、その比率がより上がりまして、特に「いったん紹介されると断りにくい」が44％まで上がってきます。「ふさわしくない人材を紹介されかねない」も35.6％になっています。

　さらに下のほうをみると、「金融機関には貴社にとって必要な人材スペックの正確な助言ができない」というのが1割強あります。これが51人以上の企業になると24.4％、4社に1社ぐらいまで上がってきます。下から2つ目の「人材紹介業としての専門性が乏しい」というのは、今始まったばかりなので、これについて懸念があるのはある程度自然であるし、やむを得ないと思います。

　しかし、金融機関は事業性評価をしてお客さまのことをよく知っているはずで、その結果として人材ニーズをよく分かっているというのが、私が金融機関の人材マッチングに期待しているところなのですが、懸念をしているお客さま側からすると、そういう知見を持たないのではないかと思っていらっしゃるところが少なくないことが分かりました。

そもそも、最も多かった上の２つというのも、お客さま側が金融機関に対して、本当に顧客のためにマッチング事業をやってくれていると確信すれば、このような懸念はないはずなのです。ふさわしくない人材を紹介すれば企業にとっては困るわけで、企業が困ることを銀行がするはずはないと思えばこういう心配はないのですけれども、残念ながら金融機関が顧客のために行動するという信頼がまだまだ乏しいのでしょう。

　少なくとも、そのように認識されるお客さんが、私のこのサンプルでいうと、かなりの割合でいらっしゃるということが分かります。そうすると、やはりこの人材紹介業務というのは、お客さまと信頼関係がない場合にはなかなか成功するのが難しいビジネスであると読み取ることができます。では、９ページに参ります。

　先ほどは2020年８月に実施した調査でしたけれども、さらに１年たった2021年10月に、今度は少し数が減りますが、2,500社に対して同じような調査を行いました。前回と同じサンプルではなくて、また別のサンプルで調査をしています。下にありますように、こちらも従業員規模の小さなところが中心ですが、自分一人でやっている、雇っている人がゼロという会社は除いて今回は調査をしています。では、10ページをご覧下さい。

　まず、「今までにメインバンクからどのような助言を受けたことがありますか」という質問です。残念ながらここに書いたもののどれも受けたことがないというのが７割ぐらいあって、そういうもので効果を受けたことがないというのが９割近くになっています。金融機関の支援を受けている企業はまだまだ少なく、それの効果を受けたというのは非常に少ないということが分かります。

　これから、この支援の対象先をどのように広げていくかというのは、大きな課題だろうと思います。事業性評価はコストがかかるため、やみくもにみんなにやれるわけではありませんので、どのようにターゲットを絞って、より効果的に支援をしていくかということが課題になるわけです。

　人材の紹介についても、これまで実際に助言を受けたのは４％台で、それが経営に具体的効果があったというのは全サンプルの1.5％ということです。ま

だまだ少ないということが分かります。では、11 ページに参ります。

　先ほどの北洋銀行グループさんは非常に熱心に人材マッチングをされている
わけですけれども、「金融機関から人材紹介業務の提案や説明を受けたことが
ありますか」と聞いたところ、今回も規模が小さい企業が多いということもあ
りますが、全体でいうと 2.9%しか具体的な支援の提案を受けていません。51
人以上に限っても 1 割ほどで、次の「具体的な提案はなかったが、人材紹介業
務の説明があった」を合わせて 3 割程度ということです。まだまだ多くの金融
機関が、お客さまに対してこういう支援メニューがあることを伝え切れていな
いということかと思います。もしかしたら金融機関としては伝えていらっしゃ
るけれども、お客さまのほうで十分それが耳に入っておらず、ただ聞き流され
てしまっているということかもしれません。では、12 ページに参ります。

　これは、例えば「従業員（非経営層）の確保、人材育成」を経営課題として
挙げている人たちに対して聞いたものです。まず「経営課題は何ですか」と聞
いて、「従業員（非経営層）の確保」や「経営層の人材の不足」というような、
人材面に経営課題があると回答した人、例えば上の部分でいうと、これは 970
人おられました。この 970 人について、銀行からの提案があったかどうかとい
うことを調べたものです。そうすると、先ほど全体では 2.9%でしたが、この、
課題があるというお客さまについては 4.6%なので、少し高めになっています。

　さらに 51 人以上に絞ったのが下側です。下側になると、今度は 188 人が
「課題がある」とお答えになったのですが、その中でいうと 9.6%となりました。
ただ、51 人以上企業の全体のサンプルで、つまり、課題もないというものも
含めて 10%程度でしたので、課題がある企業を重点的に支援できているわけ
ではないということになっています。

　本来は取引先の企業が人材について課題を持っているということが分かれば、
そのソリューションの一つとして「こういうものがあるよ」というご提案がもっ
とあるかと思っていたのですが、なかなかそういうことが実態としては進んで
いないということが分かりました。では、13 ページに参ります。

　こちらも「金融機関による経営人材の紹介に期待しますか」という質問への

回答で「非常に期待する」「ある程度期待する」というのを横に並べて、別途「金融機関についてどのような信頼感や関係性を持っていますか」ということを聞いたもので、それにイエスと答えたところに限定して整理をしたものです。例えば、①は「メインバンクに対して、常に安定的に必要な資金供給に応じてくれるという信頼感がある」と答えた309人について、人材紹介に期待するかどうかを聞いてみると、「非常に期待する」が1.6％、「ある程度期待する」が21.7％だということです。

4番目の「意味のある関係性が築けているわけではない」というのは623社もあるのですけれども、この人達について言えば、金融機関の経営人材紹介に期待するというのは「非常に期待」が0.3％、「ある程度期待」が2.7％ということで、ごくわずかです。従いまして、何らかの関係性ができていないと、この人材紹介という経営の機微に関わる支援について、金融機関と話をしようということにはならないということが明らかになったわけです。

14ページに参ります。これはコロナ禍での対応を縦に書いています。例えば、コロナ禍での金融機関の対応を高く評価するというのが122人いらっしゃいました。この122人について、人材紹介業務への期待の状況をこの表にまとめています。そうすると、「非常に期待する」が5.7％、「ある程度期待する」が26.2％ということで、合わせると30％強が人材紹介に期待をしているということになります。

他方で、コロナ禍での対応について全く評価をしないという181人について見ると、1.1％と2.2％ということで、合わせても3％程度ということになります。従って、コロナ禍において、金融機関はそれぞれいろいろな対応をされているわけですが、そういうところでしっかりと対応し、お客さまから評価を受けられるような金融機関でないと、この人材紹介業務というものを導入していくことはなかなか難しいということが、この結果からも分かります。では、15ページに参ります。

「コロナ禍でどのような点を評価していましたか」と聞いて、その回答選択肢別の期待比率、つまり「非常に期待する」と「ある程度期待する」の合計を

見てみると、一番多かったのが「資金繰り以外の経営相談に親身に乗ってくれた」というものでした。これを答えていたのが96社あったのですが、この96社のうち、44%という非常に高い比率の企業が人材紹介に期待をすると答えています。下のほうを見ていただきますと、「特に何もしてくれなかった」を選択した人が1,037社あったのですが、この1,037社についていうと、人材紹介に期待するのはわずか6.8%ということになりました。

　「貴社から資金繰りの相談をしたら、親身に対応してくれた」から「貴社から資金繰りの相談をしたら、事務的な対応だった」という辺りは、いわゆる資金繰りに関するものです。それに比べると「経営相談に親身に乗ってくれた」「新しい取引先を紹介してくれた」という、非金融的な支援をコロナ禍において受けた企業ほど、金融機関の人材紹介への期待が非常に高いことが分かります。従いまして、人材紹介というのはこれまでの金融業務のノウハウ、事業性評価の延長ではあるのですが、それだけではなくて、これまでに行われている非金融的な対応が重要なファクターになってくるということが分かります。

　では、最後に結びです。16ページにまとめています。17ページに行ってください。こちらの2つ目の矢尻です。私が今日、ここで強調しておこうと思ったことは、次の2つです。新しい非金融サービスに対する期待は、コロナ禍での金融機関の対応が親身であった場合ほど、高い傾向が見られました。2つのアンケート調査のどちらでも、同じような傾向が見られたわけです。今後、新規業務によって企業支援を充実させるとしても、それは日頃からの事業性評価の取り組みを土台にしていると思います。逆に言えば、事業性評価がしっかりできていない場合には、この新しい取り組みはなかなか成功するのが難しいと思われます。

　その際、新規事業の目新しさや手数料収入に注目するのではなく、やはり事業性評価をしっかりと行って、企業の真の経営課題を把握し、その課題を解決するベストのソリューションを提供していく姿勢が何よりも大切だろうと思っています。人材紹介や地域商社事業の実施自体が目的ではなくて、あくまで顧客企業の価値を高めることをビジネスの出発点にすることが必要だと考えてい

ます。これで私の講演を終わらせていただきます。どうもご清聴ありがとうございました。

相澤：

　家森教授、ありがとうございました。

第11章

パネルディスカッション
「金融機関による人材マッチングを企業支援の効果的ツールにするために」
発言録

司会：**家森信善**（神戸大学経済経営研究所長・教授）

パネリスト（五十音順）

　　今泉宣親（金融庁監督局銀行第二課地域金融企画室長）

　　岩崎俊一郎（株式会社北海道共創パートナーズ 代表取締役社長）

　　大橋　歩（PwC コンサルティング合同会社 公共事業部 ディレクター）

　　亀井芳郎（兵庫県プロフェッショナル人材戦略拠点 戦略マネージャー）

　　竹下浩司（東濃信用金庫常勤理事・とうしん地域活力研究所長）

相澤：

　ただ今から、パネルディスカッションを始めます。このパネルディスカッションでは、第1部で基調報告を行った、神戸大学経済経営研究所の家森信善教授が司会を務めます。パネリストの皆さまは、五十音順に、今泉宣親金融庁地域金融企画室長、岩崎俊一郎株式会社北海道共創パートナーズ代表取締役社長、大橋歩 PwC コンサルティング合同会社公共事業部ディレクター、亀井芳郎兵庫県プロフェッショナル人材戦略拠点戦略マネージャー、竹下浩司東濃信用金庫常勤理事・とうしん地域活力研究所長の5名の方です。

　各パネリストの皆さまの詳しいプロフィールは、本日の資料としてホームページに掲載していますので、そちらをご覧ください。それでは、家森教授に司会をお願いします。

家森：

　ありがとうございます。それでは、パネルディスカッション「金融機関による人材マッチングを企業支援の効果的ツールにするために」を始めさせていた

だきたいと思います。

　基調講演では、まず笹尾さんから、企業の面、金融機関の面、それから人材の面、それぞれの面から経営人材のマッチングにニーズがあり、企業価値を高めていくために効果があるということ、さらに、現実に、特に副業・兼業などが盛んになってきたということもあって、取り組みが進んできたということをご紹介いただきました。その取り組みに対して、国としていろいろな支援策をされているというご紹介もいただいたわけです。

　岩崎さんには、北洋銀行グループとして具体的にどのようなことをやってこられたかをお話しいただきました。特徴としては、コンサルと人材マッチング、Ｍ＆Ａなどの非金融の支援を、一体となって有機的に企業価値を高めるために使われてきたということでした。その中で、経営人材の取り組みについてはいろいろな模索もあったけれども、具体的な数字も見せていただきましたように、実績も上がってきているということでした。最後の部分では松橋さんから、これから取り組む、あるいは今取り組みつつある金融機関の方々に対して、具体的なメッセージを添えていただきました。

　私は、地域金融機関の強みは事業性評価にあり、その事業性評価をしっかり行っていくことが、これからの経営人材のマッチングにもつながっていくのではないかと指摘しました。

　なお、このパネルディスカッションについてご質問やコメントがある場合は、Ｑ＆Ａに書き込んでいただければ、時間に余裕がある範囲でパネルディスカッションの中で取り扱わせていただきます。それができない場合も、各パネリストの皆さまにシンポジウム終了後にお渡しをし、その後の政策形成など、いろいろなことにご活用いただきたいと思っています。

　それでは最初にこのパネルディスカッションからご登壇いただいた方にお話を頂きたいと思います。まず、東濃信用金庫の竹下さまにお話を伺いたいと思います。東濃信用金庫さんも、先導的人材マッチング事業での取り組みを含めて、人材マッチングに実績を上げておられます。自己紹介も交えていただきながら、東濃信用金庫さんの人材マッチングの取り組みについてご紹介をお願い

します。竹下さま、よろしくお願いします。

竹下：

　東濃信用金庫・とうしん地域活力研究所の竹下です。今日はよろしくお願いします。まず、1ページをご覧下さい。人材マッチング業務の取り組みの経緯についてご説明します。当金庫は平成30年にプロ人材のシェアリングサービスにより人材紹介業務を開始しました。当初の目的は、取引先の事業承継やM＆Aの支援でした。しかし令和2年の新型コロナウイルスの感染拡大以降は多くの取引先が経営戦略の変更、事業の再構築が必要となり、企業が抱えるさまざまな経営課題の解決に対応する専門人材のニーズが増加してきました。

　また、令和2年6月に先導的人材マッチング事業に採択されたことにより、事業性評価に基づく人材マッチング支援の取り組みが加速したことも大きく影響しました。詳しくは後ほど説明しますが、先導的人材マッチング事業の採択以降は、令和3年3月に有料職業紹介の許可を取得、同年7月より副業・兼業人材紹介サービスを開始しました。そして令和4年4月には、岐阜県プロ人材拠点サテライト拠点に参画し、地方自治体と連携した副業・兼業人材の活用支援、事業性評価シートのWEB化、令和4年10月に日本政策金融公庫との人材紹介分野での連携等に取り組んでいます。

　続きまして、2ページで人材マッチング業務のフローについてご説明します。人材マッチング業務で最も重要なのは、真の経営課題が抽出できるかどうかです。いかに質の高い事業性評価ができるかがポイントとなるため、今年度より事業性評価シートをWEB化し、よりコミュニケーションツールとして活用ができるよう改定しました。事業性評価は、ヒアリングを中心に、取引企業のビジネスモデルを理解し、顧客への提供価値は何か、なぜその仕入れ先や販売先と取引しているかを深掘りすることで、どこに課題があるか仮説を立てることができます。

　しかし、若手職員はそのヒアリングを苦手とする者が多いと思われます。そこでインスタグラムを活用し、渉外担当者が企業を取材、当金庫の公式アカウ

ントにてお客さまの紹介を行っています。この取り組みは企業の現場を知ることができ、経営者との取材名目でのヒアリングにて事業の理解を深めるきっかりとなっています。ですので、当金庫のインスタグラムの投稿は、製造業や建設業など、いわゆる「映えない」ものが多いと思われるのではないでしょうか。皆さま、東濃信用金庫のインスタを検索していただきまして、ぜひフォローもお願いできれば幸いです。

　3ページをご覧下さい。人材育成の取り組みとして、事業性評価のスキル向上を行いました。事業性評価のスキル向上を目的に、4月から9月において事業性評価シート作成トレーニーを実施し、91名を受け入れました。3日間のカリキュラムでは講師を当研究所の職員が務め、主な対象者も渉外担当者となっています。またトレーニーでは、企業を多面的な目で見るスキルを養えるよう、どのような取引関係でビジネスを成立させているかというビジネスモデルの理解に始まり、強み・弱み・機会・脅威の把握や、経営者からの聞き取りの勘所についての説明や、作成した事業性評価シートを基に、職員同士がディスカッションを行いました。

　担当している企業が本来あるべき姿に近づくためには、何が足りなくて何をやるべきか、ギャップ分析で課題の抽出を行い、特に定性分析の重要性については丁寧に理解を深めてまいりました。一方で、企業を取り巻く環境の変化とともに経営課題も変化するため、その企業が属する業界動向や社会情勢の変化についても、事業性評価を進める上では重要なポイントであることも周知しました。

　4ページをご覧下さい。副業・兼業人材の活用による顧客支援についてご説明します。企業の経営課題が解決しない最も大きな原因は、社内にノウハウがないことです。そのため、必要なスキルを有する人材の採用は、企業にとって経営課題の解決への近道であると思います。当金庫の営業エリアは岐阜県と愛知県の両県にまたがっています。愛知県は政令指定都市名古屋に近いこともあり、企業の求人ニーズに対し比較的早く求職者とのマッチングが成立します。一方で、岐阜県への転職ニーズは愛知県に比べて低いことから、人材マッチン

グに時間がかかり、経営課題の解決が遅れる傾向がありました。

そこで当金庫は、最近の働き方改革やコロナでのリモートワークの普及で拡大した、都市部の大企業に所属する人材を副業という形で活用できる仕組みに着目しました。副業・兼業人材マッチングサービスの特長は、常勤雇用と比べ安価であること、ほぼ100％という高いマッチング率であることなどから、企業の経営課題の解決に対する人材ニーズに早期に対応できます。結果として現在、当金庫では、副業・兼業人材の紹介を積極的に取り扱うようになりました。

5ページをご覧下さい。自治体と連携した、地域を挙げた副業・兼業人材の活用の後押しについてです。地方自治体は、内閣府より出されている、まち・ひと・しごと創生総合戦略に基づき、地域の実情に即した個別の施策を立案しています。その中で、中小企業に対する新たな支援策や、補助金を模索している自治体も多くあります。当金庫は地方自治体が出す補助金の費用対効果を鑑み、将来の自治体の税収アップと地域経済全体の活性化につながる効果的な補助金として、副業人材を介した補助事業の提案を進めてまいりました。

地方自治体との連携の仕組みは、地方自治体・当金庫・商工団体・マッチング提供会社が提携し、自治体による副業人材求人プラットフォーム掲載料の補助をしてもらいます。それとともに、当金庫による求人活動およびその後のフォローまでをワンストップで提供することが特徴です。令和4年度は5つの自治体に副業・兼業人材の利用に関する初期費用を補助していただきました。令和5年度は、さらに8つの自治体において予算化を見込んでおり、合計13の自治体が副業・兼業人材の活用に関する補助金制度を実施する見通しです。

最後に、6ページで、日本政策金融公庫との連携についてご説明します。顧客支援には金融支援と本業支援がありますが、政策公庫や保証協会は、本業支援機能を持っていないか、あるいは持っていても希薄です。一方でゼロゼロ融資は、その政策公庫と保証協会が最大の債権者です。また、令和5年度より元金の返済が本格化します。そこで10月に日本政策金融公庫と、ポストコロナに向け、人材紹介業務を中心とする連携協定を締結しました。また、協定までは締結していないものの、岐阜県信用保証協会ポストコロナサポート室とも協

調し、副業・兼業人材の紹介による課題解決に向けた取り組みを行っています。

　金融支援の分野では、条件変更ではなく組み替えでの対応をそれぞれにお願いしました。また、元金据え置き期間での本業支援を提案し、再度元金返済を据え置きすることにより、単なる問題の先送りにならないよう取り組みを展開中です。7ページに示したように、人材紹介の取り扱い成約状況は、10月末時点で23件です。今期の着地については経営課題の案件数から80件の成約を見込んでいます。

　最後に、信用金庫は古くからリレーションシップを基軸としたお客さまとのコミュニケーションを図ってまいりました。信用金庫だから知り得る定性情報もたくさんあります。今後も事業性評価を基に、お客さまの経営課題の解決を行い、伴走することで、その後の金融支援につながる活動を続けていきたいと思います。

家森：

　竹下さま、どうもありがとうございました。私は、以前、名古屋大学に勤務しておりましたので、その頃に東濃信用金庫さんには、事業性評価、当時でいうリレーションシップバンキングなどの取り組みについて教えていただいていました。今回も副業・兼業についての取り組みを特に重点的に行っておられることをご紹介いただきました。

　次に、兵庫県プロフェッショナル人材戦略拠点の亀井さまにお話しいただきます。亀井さんはご自身の会社をIPOされた経営者としてのご経験もあり、近年は中小企業診断士として、中小企業の経営支援に当たっておられます。また、セブンエレメンツモデルによる課題抽出モデルを提唱されています。ご自身のご紹介と、兵庫県プロフェッショナル人材戦略拠点の活動についてご紹介をお願いします。

亀井：

　兵庫県プロ人材拠点の亀井です。よろしくお願いします。今、紹介していた

だきましたが、私の問題意識も含めて、経歴を少し簡単に説明させていただきます。

1ページをご覧下さい。年商400～500億ぐらいの中堅の商社から、20億ぐらいの中小企業に転職をしました。それでツープライス・スーツ・ストアというスーツの業態を立ち上げまして、それが非常によく当たったということで、2代目として社長を引き継ぎました。自分では社長ができるつもりだったのですが、社長になってからは本当に大変で、半年ぐらい寝られなくて少しうつ病のようになってしまいました。本当に中小企業の社長というのは大変だなと思いました。周りから見ているよりは、自分で経験してその大変さが分かりました。

もう一つは、支援機関、金融機関、コンサルタントも含めた外部人材とのやりとりの中で非常に苦労したことです。自分が腹落ちするような支援をなかなか受けられなかったということが自分の経験としてあります。そういう問題意識を持って、何とか上場はできたのですが、上場してからコンサルタントになって、すぐにプロ人材拠点のマネージャーになりましたので、自分の問題意識、中小企業の経営支援をどのように構築していくかということに基づいて、プロ人材の事業を組み立ててきたという8年ぐらいの経験があります。

2ページをご覧下さい。人材会社によるマッチングと、大企業連携副業兼業マッチングプログラムというものをやっています。金融機関とは、兵庫県内に本店のある17地域金融機関、それから商工中金とJAの兵庫信連と包括連携を組みまして、実際に紹介手数料をバックするという、マージンが発生するようなモデルを作っています。信金、信組が多いということもあり、小規模企業、100人以下の中小企業のほぼ9割が対象になっています。案件については、ここ数年は100件ほどの成約をしていまして、80%が金融機関からの紹介によるものです。

3ページをご覧下さい。紹介手数料が発生する人材会社についてです。兵庫県の特徴は、35%の紹介手数料が小さな会社にとっては負担が非常に大きいということで、約15社の人材紹介会社がありますが、例えば25%、10%など、紹介手数料の相談に乗ってくれる地域の人材紹介会社との取り組みを強化して

います。大手の人材会社と地域の人材会社とで成約は半分半分ぐらいですが、やはり小さな規模の中小企業にとっては、紹介手数料の相談に乗ってくれるような地域の人材会社との取り組みが非常に有効であると思っています。

4ページは、大企業連携副業兼業マッチングプログラムについてです。特に経営課題、組織課題、戦略課題という、社長の右腕的な人材が欲しいという企業に対しては、できるだけこの大企業連携副業兼業マッチングプログラムを紹介しています。先ほどから説明がありますように、大企業人材が非常に使いやすいということと、兵庫県の特徴としては、人材会社を介さずに直接大企業と連携をして、大企業の人を紹介するということをしています。製造業、百貨店、IT企業など、大手企業と提携をしまして、副業人材を直接紹介するということをしています。

大企業の人が副業をしたいという希望は非常にあります。中小企業もそういう人を実際に活用したいという要望もあるのですが、いわゆる総論では問題なくても、各論になって、実際に大企業の人材側からすると、自分の能力が生かせるかどうか、中小企業の課題が分からないですし、中小企業にとってはどのように受け入れたらいいか分からないという悩みがあるものです。これをプロジェクト型という方法で実際に進めています。

5ページに示したように、経営人材が不足しているという悩みが多いです。私の肌感覚で言いますと、今まで、この8年間で約600社に訪問させていただいたのですが、30%ぐらいがこのような経営人材の悩みを抱えています。特にこういうところに大企業連携副業兼業マッチングプログラムを推進しています。

6ページをご覧下さい。大企業の人が何をするかということですけれども、中小企業の最大の悩みは何かというと、今まで100社以上の課題抽出プロジェクトをやったり、600社の経営の人から話を聞いたりしていますが、コミュニケーションができないということです。中小企業は小さい故にコミュニケーションができているように思われがちですが、その逆で、20～30人の人が10年も20年も一緒に仕事をしていますので、擬似家族化してしまってコミュニケーションができないのです。それ故に、人材育成やPDCAが回らないとい

うことが非常に大きな問題点としてあります。

　7ページをご覧下さい。そのコミュニケーションを促進するために大企業の人材を生かそうというのが、今進めていることです。逆に大企業の人、外部のコンサルがどういうことをしにいくかというと、先生になって教えていくことが多いのです。「ここの課題はこうですよ」といろいろ課題を提示して、実際にそれを指摘して現場にやらせるというような方向性が多いのですが、そうではなくて、現場経験がある支援者が、実際に現場と一緒に課題を考えるというような支援が最適ではないかということで、そういうプロジェクトを推進しています。

　8ページに示したように、この課題抽出プロジェクトは、大体2時間か3時間、現場の人と一緒に大企業の人も入ってもらって、まず課題出しをします。この段階で一緒に課題出しをすることで、大企業の人と課題の擦り合わせができるという効果があって、これを実行してから業務の切り出しをして、実際に副業で大企業の人に支援をしてもらうというようなプロジェクトです。

　その課題について、今まで100社以上やりましたが、中小企業の課題は百社百様とよく言われがちですが、そんなことはなくて、9ページに示したように、実際にはこの5つ、コミュニケーションの仕組みづくり、人材育成のマニュアル作成、評価・管理基準の作成、事業戦略・商品開発の見える化、システム、ウェブマーケティングです。資金繰りは実際にこれ以外にありますが、大体この5つに収斂（しゅうれん）することが多くて、そういうことを実際に大企業の人と一緒にプロジェクト型でやっていくというようなことを進めています。

　10ページをご覧下さい。実際の方法論なのですが、実際にプロジェクトを回すようなことを、これは中企庁事業で別にしています。金融機関の方、支援機関の人と一緒に、コーディネーターの育成にも取り組んでいます。以上で私の報告とさせていただきます。

家森：

　どうもありがとうございました。それでは次にPwCコンサルティングの大

橋さんにお話を頂こうと思います。大橋さんは人材マッチングに取り組む金融機関を支援されています。自己紹介も兼ねながら、日頃からどのような支援活動をされているのかのご紹介をお願いします。

大橋:

　PwC コンサルティング合同会社の公共事業部に所属しております大橋といいます。本日はよろしくお願いします。この後、資料を用いて地域金融機関への支援や経営人材にかかる人材政策などに関して、弊社がどのようなアプローチを行っているか、簡単にご紹介をさせて頂きます。その前に、まず自己紹介をさせて下さい。

　私の所存する PwC コンサルティング合同会社には、6 年前に入社しました。前職は、横浜銀行のシンクタンクである浜銀総合研究所というところに 12 年ほど勤め、中小企業支援という分野のコンサルティング業務に従事していました。今とは異なり、民間企業に対するコンサルティングサービスをメインにしており、特に、組織人事に関わるコンサルティングプロジェクトを数多く手掛けてまいりました。中央省庁案件に始めて携わったのは、浜銀総合研究所に在籍している間で、厚生労働省の人材政策プロジェクトとなります。

　その後、そうした経験から、より大きいプロジェクトに携わりたいと思うようになり、現在の PwC コンサルティング合同会社の公共事業部へ入社し、主に人材政策に関わるプロジェクトを数多く手掛けております。現在は、基調講演でお話しされていた笹尾企画官や北海道共創パートナーズの岩崎様から話のあった先導的人材マッチング事業や、パネルディスカッションへ一緒に登壇している金融庁の今泉室長が担当されている人財コンシェルジュなどの事業にも、参画させて頂いております。

　本日、皆様にお伝えしたいことは、弊社の人材政策に対するアプローチについてです。2 ページ目をご覧下さい。弊社では、年間 20 〜 30 件に及ぶ人材政策分野の調査研究、事務局事業、補助事業など、様々な事業を手掛けています。近年、政府の進めている人材政策は、傾向を紐解くと外部人材の活用というと

ころに多くの予算が付けられています。例えば、まさに今回のシンポジウムで扱っているような、人を実際に雇い入れて具体的な経営課題を解決するようなものもそうですし、逆に人手不足の企業さんに対して人をうまく流すような、そういったものに結構な予算が割り当てられています。外部人材を活用して、多くの企業が抱える経営課題を解決するために、人材をどう動かすのか、動かした人材を使ってどのように企業の抱える経営課題を解決するのか、その好循環をどう体系化して市場を形成していくか、などを、本気を出して考えている会社だと思って頂ければ幸いです。なお、外部人材自体も、今回のシンポジウムで扱っている経営人材だけでなく、非正規、シニア、女性など、また最近ですと外国人材などもクローズアップされていると思いますが、そういった人材を企業の中で、どうやってうまく活かしていくのかというところに焦点を当てています。

　3ページをご覧下さい。弊社では、人材政策にかかるソリューションを、「人材の採り方」という、いわゆる採用やマッチングに関わるもの、「人材の雇い方」という、人材を雇い入れる際の労働条件やルールに加え、法体系の整備も含めたもの、「人材の働き方」という、働き方改革や職場環境の整備を通じて、人材のパフォーマンスを引き出すもの、「人材の育て方」という、リスキリングやリカレントを通じて、人材をバリューアップさせるものの、4つに分けて、捉えております。

　一方、プロジェクトタイプについて考え方をお伝えしますと、5つぐらいに整理をしており、一番イメージがしやすい部分が、アンケートやヒアリングを行う、「調査研究」です。それから実際にモデルケースを作って実証を行う、「実証研究」、先ほど事業名称が挙げられた「先導的人材マッチング事業」のような「直接支援」、更に社会実装などを目指す「民間転用」などが挙げられます。

　人材政策のプロジェクトは、「直接支援」「民間転用」に関わるものが多く、相対的に多くの予算を割り当てられております。また、今回のシンポジウムでもそうですが、「直接支援」「民間転用」といったビジネスに近いところで政策立案や政策推進が行われており、弊社としてもそういった事業を特に手掛けて

おります。

　また、地域金融機関による経営人材のマッチング推進は、中小企業支援という側面もあり、弊社としても、ぜひ後押ししたく、関連する事業には手を挙げさせて頂いており、それらの事業を通じて、事務局運営や伴走支援ノウハウなどを培っております。

　最後に4ページ目です。これまで多くの地域金融機関と会話をさせて頂くと、最初の接点は、人材マッチング事業であったとしても、弊社が経営コンサルティングファームということもあり、色々な相談を受けています。弊社の中では、地域金融機関向けの包括的支援パッケージという呼び名で、我々の持つコンサルティングノウハウを移転し、事業承継、知財経営、DX推進、カーボンニュートラル、SX推進(サステナビリティ・トランスフォーメーション)など、中小企業の課題解決支援に繋がるソリューション作りをお手伝いさせて頂いております。

　また、公共事業部としては、現場目線で、様々な事業を推進していくため、自治体と連携して予算を取るということにもチャレンジしています。

家森：

　大橋さま、どうもありがとうございました。人材マッチングが地域金融機関に広がってきた直接的なきっかけは2018年の監督指針の見直しでした。2022年8月に公表された金融行政方針でも「経営人材のマッチングの促進」は重要な政策課題とされています。そこで本日は、金融庁での地域金融行政の中核を担っておられる、金融庁地域金融企画室長の今泉さんにも参加していただいています。それでは今泉さん、自己紹介と金融庁における人材マッチング関連の取り組みについてご紹介をお願いします。

今泉：

　ご紹介いただきました金融庁地域金融企画室長の今泉です。自己紹介も兼ねまして、私が担当しています地域金融企画室という部屋の機能を最初にご紹介

させていただければと思います。1ページをご覧下さい。

　私ども金融庁は、金融の機能がしっかり発揮されていくことなどによって、企業・経済が持続的に成長していく、また家計で安定的に資産形成がなされていく、これらによって国民の厚生を増大していくということを目的にしています。

　このうち企業・経済の持続的な成長という観点では、地域金融機関を含めた金融機関に対する検査、監督といったモニタリングもありますけれども、これに加えまして、金融機関がさまざまに機能発揮することを後押しするための環境整備を施策として講じています。私が担当しています地域金融企画室では、地域金融機関が地域の企業・経済の成長に資することを後押しするための施策を行っていまして、今画面に出ています室が4つありますけれども、これらを一体として運営をしています。

　今、家森先生からご案内があったことも含めて、さまざまな規制緩和を進める中で、地域金融機関が行える業務の範囲が広がってきていますので、そうして広がってきた地域金融機関のビジネスモデルの実態把握を行っています。また地域金融機関の実態把握を行う一方で、取引先企業、あるいは地域経済のほうはどうなっているのかということを、例えば中小企業1万社にアンケートをするなどして、取引先から見た金融機関についても把握をしています。そうした両方の実態把握を踏まえまして、私どもとして、どのようにしていけば金融機関が能力を発揮していけるのかという施策を考え、立案し、実行していくという3本の柱で仕事をしています。

　中でも、まさに今日のテーマになっています地域企業の経営人材の部分といいますのは、政府全体でも、冒頭に笹尾さんから話があった内閣府とも連携して非常に力を入れているところですので、今日はこの点について中心にお話をさせていただければと思います。2ページにあるように、4年前に私どもの監督指針を改正し、規制を明確化することで、地域金融機関が人材マッチングを行えるということをはっきりさせました。

　そうした中で、金融機関の人材マッチングが進んできたわけですけれども、なぜ人材マッチングの担い手としてわれわれが金融機関に注目をし、政府の中

でも後押しをしているのでしょうか。このページにある①から④のステップの
うち、②の求人票を作る部分、そして③の、それにふさわしい人材を見つける
部分は、既存の人材会社さんでも従来やられてきた部分だと思っています。

　これに加えて、まさに事業性評価を行い、取引先の経営課題をしっかり考え
るということを行って、それに対して人材が本当に必要だということであれば、
それに見合った人を探すという、①の部分。また、取引先に対する人の紹介と
いうことになりますので、④のとおり、フォローアップが継続的にできるだろ
うと考えられます。①と④の機能があるということで、私どもは地域金融機関
による人材マッチングについて、政府全体として、内閣府さんを含め連携して
後押しをしています。

　3ページをご覧下さい。実際、私どもが行った企業アンケートで「経営人材
が必要となった際に、誰に相談しますか」と聞きましても、家森先生のご紹介
のアンケートとも比較的近い答えかと思いますけれども、当然、親族や知人と
いったところは冒頭に出てきますが、それを除くと金融機関に対する期待が非
常に高いという結果になっています。

　4年前に規制の明確化を図り、例えば北洋銀行さんの取り組みのご紹介もあ
りましたように、さまざまな金融機関で取り組みが進んできていますけれども、
実際、それに合わせて人の供給の部分はどうなのかという観点では、まだまだ
十分ではないのではないかと思っています。

　そういった中で、4ページの右側の結果を見ていただければと思いますが、
採用した経営人材の職歴について、実際に経営人材を採用した中小企業の方に
聞きますと、4分の1以上が大企業経験のある方でした。しかし大企業の方が、
あるいは都市部の大企業の方が地方の中小企業に移るというマーケットが、ま
だまだこの国では十分ではないだろうと思っています。そういった観点で私ど
もが行っていますのが、地域企業経営人材マッチング促進事業、通称レビキャ
リと呼んでいる取り組みです。ここではこのレビキャリについて簡単にご紹介
をさせていただければと思います。

　5ページをご覧下さい。大企業の中でも、例えば年配の方であればご親族の

介護の問題などもありますし、若手中堅の方であれば、今、さまざまな働き方の選択肢がある中で、地域の企業で働くことについて関心を持たれている方が一定数いらっしゃると伺っています。こういった大企業の方に REVIC（地域経済活性化支援機構）の中につくりましたレビキャリという人材プラットフォームにご登録いただきまして、登録いただいた方を地域の中小企業の人材ニーズを把握した地域の金融機関に検索をしてもらい、マッチングをしてもらうという、こういう取り組みになっています。

　そしてこれらを後押しするため、一つは大企業の人材に対しては、「中小企業で働くということはこういうことだよ」ということをイメージしていただけるように、インターンシップなども含め、研修、ワークショップを提供しています。また採用する中堅中小企業につきましては、採用のための手数料がかかる、あるいは人事制度を作らなければいけないなど、人を採用する際にはさまざまな費用がかかりますので、一定の基準に基づく給付金を出すということにして、人の流れをつくりだそうということを目指しています。

　中堅クラスの方であれば兼業・副業、出向で、将来の幹部人材として、例えば中小企業で経営の経験を積んでいただく、またシニアの方であればセカンドキャリアとして、中小企業で、あるいは地方の環境で働く経験を持っていただくことが実現できないかと思っています。

　今お話しした中小企業に対する給付金につきましては、具体的には 6 ページに示しています。採用する方に対する給与水準を上げる、高い給与を提示できるようにするという待遇の改善はもとより、人事制度や福利厚生の充実、また採用に際しての手数料の支払いといった諸費用に充てることができます。用途については特段限定的なものではありません。

　どういった基準で金額が決まるのかと申しますと、年収 500 万円以上の方を採用した場合に、年収の 3 割・2 年分、上限 500 万円の給付が支払われます。兼業・副業、出向の場合は上限 200 万円になりますけれども、こういったものが支払われる仕組みになっています。現在、このレビキャリの利用者として登録していただいている金融機関ですが、7 ページに示したように全国で足元では 100

を超える金融機関にご登録いただいています。

　今後も金融機関には利用の登録を呼びかけていきたいと思っていますし、また各金融機関の人材マッチング事業の成熟度合いに応じて、おそらく使いやすい、使いにくいといったことも出てくると思います。そういった観点で、そもそもの地域金融機関の事業性評価に基づく人材マッチングについて、私どもも、モニタリングの場面も含め、さまざまな後押しをしていきたいと思っています。

家森：

　今泉さん、どうもありがとうございました。今日はそれほど時間もないことから、この後、人材マッチングと事業性評価の関係に議論を絞ってみたいと思います。先ほどの東濃信用金庫さんのご説明でも、事業性評価と人材マッチングをしっかりと意識されてアプローチされていましたが、地域金融機関が大手の人材マッチング会社に対してどういう点で比較優位があるかというと、私自身は、日頃からの事業性評価の取り組みによる企業の深い理解と、常に寄り添っている点にあるのではないかと思います。さらに、人材マッチングの取り組み自体が事業性の理解にもプラスになるという、逆方向の好影響もあるのではないかと思っています。

　そこで、まず岩崎さんにお尋ねしたいと思います。実際に人材マッチングに取り組まれていて、人材マッチングと事業性の理解の関係についてどのようにお考えでしょうか。人材マッチングを進めるプロセスで、顧客理解が深まったような具体例があればご紹介いただきたいと思います。また併せて、ご講演に対してＱ＆Ａでかなりたくさんの質問が岩崎さん宛てに寄せられていますので、全てを今ここで答えていただきますと岩崎さんのワンマンショーになってしまうので、幾つか大事そうなものを選択して、ここでお答えいただければと思います。お願いします。

岩崎：

　承知しました。ありがとうございます。まず頂いているご質問に何点かお答えさせていただきます。1点目は、事業立ち上げの話を先ほどさせていただきましたが、「実際問題、事業立ち上げに取り組んでから1～2年後に花開くイメージなのでしょうか」というご質問がありました。

　まず企業の求人情報を獲得してから求人票を起こして人を探索してマッチングするまでのリードタイムが、大体6カ月から9カ月という実績値があります。従って、最短でも1年はかかると思っています。

　ただし、それと先ほど松橋からご説明させていただきましたが、銀行営業店からの案件ソーシングが十分に機能しているか、成約に繋げるまでのマッチングスキルを社内の人材が持っているかなど、前提条件が幾つかそろってこないと、最短での立ち上げはなかなか難しいのではないかと思います。

　次に、「定着支援、トラブル支援については何ができるか、また手数料の返金はどうしているか」、というご質問です。まず返金規定に関しては、通常の民間の人材紹介会社と同じような形で設けています。具体的には、1カ月以内に退職すると70％、3カ月で30％、3カ月以降はゼロというような返金規定です。

　定着支援に関しても、主に最初の1カ月目に関しては、1週間、3週間目に求職者と電話か面談で接点を持つということを標準的な業務フローとしています。そこから3カ月後、6カ月後は、求職者と企業の双方と何らかの接点を持つことを標準的な業務フローとしています。その中で求職者のほうから「思っていた仕事と違う」「ちょっときついです」という話が出ることもあります。

　そういった場合、企業側の要望と求職者側の思いがすれ違っているのであれば、そこを調整するような動きをしており、こうした動きは多少なりとも早期離職の防止につながっているのではないかと思っています。長くなってすみませんが、2個ほどご質問を取り上げさせていただきました。

　次に、先ほど家森先生から頂いた、事業性評価と人材マッチングの取り組みという問いかけに関して、資料を使って簡単にご説明をさせていただきます。1ページをご覧下さい。北洋銀行では事業性評価のことを事業性理解と呼んで

いますが、この事業性理解が起点になり、そこから人材のニーズなど、いろいろなソリューションニーズが抽出されてきます。

そこから人材マッチングをして終わりではなくて、人材以外のニーズ抽出へと数珠つなぎでつなげていきます。先ほどもご説明させていただきましたが、オールHKPでいろいろなソリューションをご提案していき、それを通じてさらに事業性理解を深めていくことを目指しています。

それ以外でも、事業性理解をやって、人材ニーズが出ているケースは、先ほどの家森先生のアンケートだと40％ぐらいだとありましたけれども、逆に言うと残りの60％ぐらいは人材以外のニーズなわけです。そういったところに関しても、コンサルやM＆Aなどのソリューションを提案してリレーションをつくった上で、今度は本丸の人材ニーズが出てきて、そこをマッチングして、また事業性の理解が深まっていくというように、事業性理解を起点に、いろいろなソリューションでつながっていくことで、さらにお客様のことをよく知っていくというグッドサイクルを回すことが大事なのではないかと思っています。これを通じてお客さまとのリレーション強化につなげていくというところに、弊社では力を入れて、そういう考えで本事業に取り組んでいます。

詳細な紹介は割愛しますけれども、2、3ページに事例を示しています。要は具体的に人を紹介するだけにとどまらず、その人をハブにして次のニーズや課題を拾っていったり、それに対してまた応えていくということを、数珠つなぎで、いろいろなお手伝いをしながらリレーションを深めていく事例を2個付けさせていただいています。

家森：

岩崎様、どうもありがとうございました。続きまして、同じように人材マッチングと事業性の理解の部分につきまして、東濃信用金庫の竹下さんにもお話を頂きたいと思います。よろしくお願いします。

竹下：

　まず、人材マッチングと事業性の理解の関係ですが、先ほどご紹介したとおり、当金庫の人材マッチング業務で最も重要としているのは、経営課題の抽出、解決策の検討、人材要件定義です。特に解決策の検討から人材要件定義に進む過程では、不足する経営資源は何があるか、どのようなスキルや経験を持った人材が必要なのかを検討するため、結果としてより事業の理解を深めることができます。加えて課題のレベル感や方向性の共有など、経営者とより密な関係を構築することで、顧客理解が深まっていくのではないかと思います。

　また、実際に人材マッチングを進める上で顧客理解が深まった事例もあります。新型コロナウイルスの流行当初、工業用ゴムを製造している企業から販路拡大を目的とするプロ人材の紹介依頼がありました。しかし事業性評価を進めると、この企業は自社の生産能力が把握できておらず、また生産状況の一元管理ができていないことが分かりました。

　仮に新規受注が獲得できたとしても、どれくらいまでの受注に対応できるかということが曖昧でした。結果として当社の優先するべき経営課題は販路拡大ではなく生産管理で、必要とする人材は工程管理の知見を有するプロ人材となりました。プロ人材を採用後は、IT 補助金の申請を行い、生産の見える化を図ることができた事例があります。

家森：

　具体的な事例をご紹介いただきましてありがとうございました。続きまして、亀井さんには、企業の側から見て、金融機関が事業性をしっかり見て理解して提案している場合と、そうでない提案が多分あるのではないかと思います。そういうところに何か違いがあるように、企業からも分かるのだろうかということです。言い換えると、現状、金融機関の提案について、事業性評価に基づいたものになっているでしょうかというご質問をさせていただきたいと思います。

亀井：

　大変難しい質問ですけれども、事業性評価というのは本当に金融機関にとって永遠のテーマかと思うのです。財務評価は当然の仕事なのでやるのですが、事業性評価をどのように行うかということは大変難しくて、当然金融機関によっても相当開きがあるように思っています。

　一般的にいうと、先ほど申し上げましたように、兵庫県プロフェッショナル人材戦略拠点は地域金融機関全てと包括連携を組んでいます。その中で、全ての金融機関から人材のニーズが上がってくるかというと、そうでもないのです。やはり人材ビジネスに対して積極的、消極的なところがあって、おおむね積極的なところは、もっと言うと先導的人材マッチングをされているところは、当然事業性評価をものすごく深掘りされています。

　ある金融機関などは、それをいかに形式化するか、もしくは行内でどれだけ事業性評価をきちんと全員ができるようにするかということにすごく取り組んでおられます。そういうところと、ほとんど言葉だけというところもあると思うので、相当温度差があると思います。

　それから経営課題でも2つあります。経営課題というより人材課題でしょうか。いわゆるラインの人、例えば営業マンが欲しい、工場のオペレーターが欲しいというような人材ニーズの場合は、それほど事業性評価を深くしなくとも、割と人材会社にパスするだけでも私はいいと思っているのですが、実際の経営課題、先ほど申し上げました組織課題、人材育成ができない、戦略をどうしようか、社長の右腕的な人が欲しいという課題に対しては、やはり深く事業性評価をしないと駄目だろうと思っています。

　これは私の問題意識ですが、経営者だけにモニタリングして経営課題を抽出するというやり方が今はほとんどですけれども、やはり現場の人と一緒に経営課題を抽出しないと、実際に外部人材が入って実行段階に入った時に、実行伴走ができないのです。今、中企庁が提唱している経営力再構築伴走支援では、経営者の腹落ちや気付きが必要だと言われていますけれども、私はさらに、現場の腹落ちや気付きがないと、本当の伴走支援ができないのではないかと思い

ます。そのための方法論が必要ではないかということで、先ほど申し上げましたように、大企業連携副業兼業マッチングをプロジェクト型で、そのプロジェクトの方法論をいろいろ研究しながらやるということが、事業性評価にもつながると思っています。

家森：

　どうもありがとうございました。社長のみではなくて、現場をいかに巻き込んでいくかという取り組みもされているということで、もし後で時間があれば、その取り組みについてもご紹介いただきたいと思っています。

　それでは続きまして、大橋さんは専門家として金融機関の人材マッチングについて見ておられます。今、亀井さんのほうから、兵庫県の中を見ても実際には金融機関によって対応にばらつきがあるということですけれども、より広く全国を見ていらっしゃる観点から、現状、事業性評価に基づくような人材マッチングになっているのでしょうかという質問です。参考になるような事例がありましたら、それもご紹介いただければと思います。

大橋：

　ありがとうございます。亀井様にお伝えしたいことを先んじて言われてしまった部分もありますが、かいつまんで、お話をさせて頂きます。正直、地域金融機関における事業性評価は、仰って頂いた通り、非常に濃淡があると思っております。一方で、多くの地域金融機関が、経営課題解決に紐づく形で経営人材マッチングを取り組んでおり、経年的に見ると、その中で、事業性評価の深さは、良い方向に変わってきたと感じています。

　特に、経営人材マッチングの成約件数が伸びている地域金融機関は、かなり事業性評価を深掘りしています。例えば、ビジネスモデルの要点なども詳しく見たり、経営課題の優先順位付けまで行ったり、「重要性の高い経営課題はこれとこれですよ」と明示したり、地域金融機関が持つ多様なソリューションと紐づけて提案を行ったり、一歩、二歩先を進んでいる地域金融機関がぽつぽつ

と出てきたと、感じています。

　ご紹介したい地域金融機関の事例は３パターンあると思っています。

　１つ目は、顕在化している経営課題ではなく、深掘りして初めて見えてくる潜在的な経営課題にリーチし、適した課題解決ソリューションの提案を行っている地域金融機関です。

　２つ目は、取引先企業の課題解決において、自身が持っているソリューションとの対応関係を上手く整理されており、「この課題は、こうすれば解決できるよ」と筋書き通りに進められる地域金融機関です。

　３つ目は、前述の１つ目や２つ目のようなことを自分達でできない場合に、外部の支援機関と連携して、対処されている地域金融機関です。

　守秘義務があるので、地域金融機関名は伏せさせて頂きます。

　１つ目の事例は、分析レポートや提案書などが予めパッケージ化されており、通常の事業性評価に加え、経営人材に関わる部分として、組織図や人員体制を詳細に把握したり、バリューチェーンなどを細かく分析したり、ビジネスモデルの要点がどこにあるのか見定めるなどして、課題解決の優先順位づけを行うといったものです。実際には、何度も足しげく通って作ったと分かるようなものが、作られています。

　２つ目の事例は、経営課題とソリューションの対応関係がうまく整理されているものです。例えば、事業承継に関わる経営課題に対して、事業承継専門のソリューションがあったり、人事に関わる経営課題に対して、人材マッチングに加え、人事コンサルティングがあったりなど、事業性評価の結果に応じて、ソリューションが揃っているケースです。また、そういった地域金融機関では、初めて見る経営課題が出てきたら、そこに対応するソリューションを自ら開発していたりします。

　３つ目の事例は、ある信用金庫のものですが、人材マッチングや事業性評価を内製化するのは難しいため、自分達でやり切れない業務を、よろず支援拠点、商工会議所、事業承継引き継ぎ支援センター、大学などからノウハウを借りたり、代替してもらったりするケースです。

家森：

　どうもありがとうございました。事業性評価が進んできているというのは、金融庁さんが行われている企業向けアンケートでも年々改善してきており、まず一般的に分かっています。しかし、その深さや進捗（しんちょく）にはかなりのばらつきが出てくるという状況の中、今、3つほどいい事例をご紹介いただきました。ありがとうございます。

　それでは金融庁の今泉さんに、これはもちろん役所の見解ではなくて結構ですので、経営人材マッチングと事業性評価の関係、あるいはもう少し大きく言うと、地域金融機関の経営の中に人材マッチングをどのように位置付けることができるのか、あるいは、位置付けるべきかという点について、お考えをお聞かせいただければと思います。

今泉：

　ありがとうございます。今伺っていて思ったことを、3点ほど申し上げられたらと思います。まず1つは、地域金融機関さんがどのように社会に付加価値をもたらされるのかということです。このやり方は経営判断だとは思いますけれども、その中で、まさに家森先生もご指摘のとおり、融資が目的ではなくて企業の課題解決の手段なのだと位置付けられているような金融機関さんであれば、当然中小企業さんとのチャンネルを持っていることが強みになってくるのではないかと思います。どこまで自前でやるかは別にして、その場合に企業の喫緊の課題になっている経営課題に応えていくという意味では、人材の問題に対応することは極めて重要ではないかと、今、あらためて思っています。

　2つ目に、人材マッチングを行うことで事業者さんに対する理解が深まるということもあると思います。私自身が実際に銀行の営業現場にいるわけではないので、少し偉そうな感じにはなってしまいますけれども、昨年度に私どもが行った取引先企業のデジタル化支援の実態把握の際も、金融機関からは取引先企業から洗い出された課題へのソリューションは、必ずしもデジタルではないというお話もありました。おそらく人材マッチングもまた、これをてこに、取

引先企業への理解が深まるのではないかと思っています。

　また、最後に少し違う切り口で、特に私見の範囲に属することです。従来の銀行業ですと、新規の事業立ち上げは極めて少なかったのではないかと思います。われわれの規制の影響もあったかと思いますけれども、規制緩和で銀行の業務範囲が広がっていく中で、新規事業の立ち上げは、将来、金融機関の経営を担っていくような方にとっても大事な経験になっていくのではないでしょうか。

　将来の経営人材をつくっていくという意味においても、新規事業としての人材マッチング事業に取り組むこと、そして外部の人材を採用したり、収益目標の下で収支をきちんとつくっていったり、非金融の知見を持ってトータルに企業と向き合っていくといった経験は、人的資本の観点からも非常にプラスになる面があるのではないかと思っています。

家森：

　どうもありがとうございました。融資が目的ではなくて、あくまで顧客支援の方法の一つとして融資もあるし、人材マッチングもあるという指摘でした。残り時間もどんどん少なくなってきている中で、まさにそういう問題意識から少しだけお話をさせていただきますと、こうした新しい業務が金融機関に定着していくには、どのようなことが課題になるのかということです。

　例えば私が懸念するのは、マッチングの手数料が目的になってしまうと、先ほどの私のアンケートの中でも、企業の方々が金融機関に対して期待しない、あるいは心配するとおっしゃる理由なのですが、いわば押し付けになってしまうのではないかという心配があるわけです。企業の事業価値を高めることが二の次になって、取りあえず目先の紹介手数料を取ろうということになり、せっかくのいいツールが「金融機関に人材のことを言ったら大変だ」となってしまうと、この事業が頓挫してしまうと思います。そんなことを懸念しなくてもいいようにするには、どのようにやっていったらいいのかと心配に思うところがあります。

営業現場に対しても、変にプレッシャーをかけるとそのようになってしまうということが、過去のいろいろな金融機関の経営からもあるわけです。東濃信用金庫の竹下さんにまずお伺いしたいと思います。この辺りを東濃信金さんとしてはどのように考えておられますか。

竹下：

新しい業務を定着させるためには、その目的を明確化することが大切であると思います。本日のテーマである人材マッチング業務では、金融機関は人材紹介会社と違いまして、人材マッチングは手段で、その目的は経営課題の解決です。そのため、入り口の事業性評価から、人材マッチング後に経営課題が解決するまでが、金融機関が取り組む人材マッチング業務であること、つまり人材マッチングはスタートで、ゴールが経営課題の解決であるということです。よって、継続的な伴走支援が重要であることを営業店の職員に浸透させることで、マッチング手数料が目的となることは避けられると考えられます。また、経営課題の解決までの期間を伴走支援することで、融資案件の取得につながり、金融機関の本業である融資業容拡大にもつながると思います。

一方で、人材マッチング業務を顧客支援業務として継続するためには、ある程度の収益の確保も必要であるため、人材マッチングの目的を明確化した上で、私たち地域金融機関は人員等の実情に応じて人材紹介会社と連携して、人材マッチングを進める体制整備をすることも必要であると考えています。

家森：

ありがとうございました。そういう形で現場にやっていただく中で、東濃信金さんの場合ですと、職員の方々はこの人材マッチングについて前向きに思っていらっしゃる感じになってきていますか。「金融機関がこれをやるの？」という感じなのでしょうか。その辺りの感覚的なものを少し教えてください。

竹下：

　人材マッチング業務につきましては、私ども研究所としまして、人材マッチング担当者を決めるということはやっていません。ですので、例えば事業再構築補助金の取組み後に何らかの課題があれば、そこに人材を紹介する、またはクラウドファンディングの取組み後、新商品を開発したけれども、それをどのように売っていくかというところで人材を紹介するなど、そのような支援を行っています。人材紹介単体でセールスするということ、セールスという言い方が合っているかどうか分かりませんが、進めるということだけではないと思っていますので、企業の複合的な経営課題に対し人材紹介を含めた本業支援をするというのが当金庫の取り組みの特徴の一つであると思います。

家森：

　どうもありがとうございました。続きまして、岩崎さんはいかがでしょうか。

岩崎：

　今、今泉さんと竹下さんがおっしゃったとおりなので、言うことがなくなってしまった感じですけれども、おっしゃるとおり、人材紹介を根付かせるためには、それ自体を目的化しないことが大事だと思います。人材紹介というソリューションが、他のビジネスマッチングやデリバなどのような、銀行が抱えているソリューションのワン・オブ・ゼムのような感じで捉えられてしまうと、やはりどうしても単品セールス的な動きになってしまい、それ自体が目的化してしまい、ブームが去ったら、なくなっているということになりかねないのではないかと思っています。なので、目的化しないことがやはり大事だと思います。

　それに関して事例があって、営業店から弊社に、「システム人材が欲しい」というニーズがトスされたことがあります。もし弊社が単品セールス的な姿勢だったとしたら、システム人材を言われたとおりに探してくるという動きになったと思います。しかし、なぜシステム人材が欲しいのか聞いてみると、要は業務が非常に非効率で、何かシステムを入れたいから、何となくシステムに

詳しい人を入れたいという、そのぐらいの話でした。

　だとしたら、まずは業務を整理して効率化して、効率化のために IT ツールを入れることもあるかもしれないし、どうしてもそれを運用していくために専門人材が必要だったら、システムの人材をご紹介しますという話をしました。いきなり「ピカピカのシステム人材を見つけてきました」と言って紹介していたら、恐ろしいことになっていただろうなと思います。ですので、やはりソリューション自体を目的化しないことが大事だと思います。

　あともう一つだけ、これは完全に私見ですけれども、多くの人材紹介会社では、個人別の目標の数字を貼り付けていることが多いというか、ほぼ100％だと思います。リクルートさんでもパーソルさんでも多分そうだと思います。個人別の決定件数など、いろいろな KPI を持っていると思いますけれども、弊社では個人別の数字の目標は設定していません。

　当然会社としての目標の数字や、事業部責任者の目標の数字などはありますけれども、プレーヤーの個人別では、決定件数の目標などは設定していません。こういうところも、もしかするとソリューション自体が目的化していくことを防ぐ一つの方策になるのではないかと、私見ですけれども、思っているところです。

家森：

　どうもありがとうございました。そういう人材のところで、Q＆A にも一つあったのが、岩崎さんのところは銀行から独立してやっていらっしゃるので分からないかもしれませんが、銀行の中でこういう人材事業を取り組まれる時に、人事異動があると専門性が十分に根付かないのではないかという指摘です。逆に、いろいろな事業を知っている人が人材マネジメントをやるという部分の良さがあると思うのですが、この事業を進めていく上で、人事異動の関係などではどのような取り組みがいいと思われますか。

岩崎：

　弊社も別会社にしているものの、先ほどお話をさせていただいた松橋は銀行からの出向者で、当然銀行の人事ローテーションの中の一人ではあるので、その問題とは常に向き合っていますが、やはり人材事業を長く知る人が最低 1 人はいないとなかなか厳しいのではないかと思います。

　10 年、20 年とずっとやり続ける必要はないと思いますけれども、3 年選手、5 年選手のような人が最低でも 1 人はいて、あとは標準的な業務フローを整備すれば、オペレーションを回していけるイメージがあります。ですので、3 年から 5 年ぐらいの経験者が少なくとも 1 名はいる体制を築ければ、その範囲でローテーションをしていくことは可能ではないかと思います。

家森：

　どうもありがとうございます。この質問には後で大橋さんにも答えていただこうと思っていますが、先に亀井さんに、企業の立場から、あるいは県の人材戦略拠点のマネージャーの観点から、金融機関の人材マッチングへ「こんなことをしてくれるといいな」という要望があればお願いしたいと思います。

亀井：

　要望ということですが、私見ですけれども、金融機関の人材ビジネスについて、いわゆる採用型と顧問型があるとしたら、採用型は結構怖いと思っています。怖いというのは少し危険な言い方ですが、中小企業からしたら、入ってから半年、1 年後にも面倒を見てくださいと言っていますよね。これはミスマッチが起こった場合のことだと思うのです。人材会社は良くも悪くも人材紹介をして終わりです。ところが金融機関は取引先をベースにしていますので、入った人が駄目な場合、どうしてくれるのかという、ミスマッチが人材ビジネスにはつきまといます。

　ミスマッチが起こらないということは絶対になくて、これは肌感覚ですが、半分ぐらいか、もっとたくさんミスマッチが起こります。そうなった時に、金

融機関としてそこを問われた場合に、逃げられないのです。別会社にするなどいろいろな方法はありますが、人材ビジネスはそういう結構大きな、いわゆるコインの裏表のようなものですけれども、中小企業からすればそういうことを期待しています。

　では、ビジネス側からすれば、そこのリスクをどう担保するかということが、私は結構大きな問題だと思っています。なので、両手側の、いわゆる採用については、そこのリスクがだんだん出てくるのではないかと思っていて、やはりまずは顧問型のほうがいいのではないかと思っています。

　私が今一生懸命取り組んでいる大企業連携副業兼業の人材マッチングは、先ほどの金融庁のレビキャリの部分につながっていくのですが、やはり経営人材を副業の形で、プロジェクト型で進めていくというのは結構スムーズにいくように思っています。実際に、例えば富士通の人を副業でIT担当にしたり、百貨店の人をマーケティング担当にしたり、製造業の大手企業の人を現場改善につなげたり、そんな事例が今どんどん出てきているのです。中小企業からいうと、一番使いやすいと思うのです。

　ところが、これも少し批判のようになりますけれども、先導的人材マッチングは当該人材がもらう対価をもとに算出した理論年収に対してお金が出ますので、金融機関からすると、顧問型の場合、採用に比べて、補助金が少ないということがあり、そこは少し裏腹な部分があるかと思います。いずれにしても金融機関に期待することというのは、事業性評価をきちんとして、経営課題につなげていくようなことをしていただきたいと思っています。

家森：

　どうもありがとうございました。では大橋さんにもお尋ねします。金融機関の取り組み姿勢にもばらつきがあるとのことでした。その原因の一つが、組織的な対応ができていないという、熱心な方がいらした時だけできるなど、そういうことがよくあるわけです。先ほど岩崎さんにご質問させていただいたQ＆Aにもあったような、社内の人事ローテーションとの関係も含めて、しっ

かり実施していくためにはどのような課題があるかについてお話しいただきたいと思います。

大橋：

　ありがとうございます。地域金融機関による経営人材マッチングは、これまで皆様が話されていた通り、それ自体を目的化するのではなく、1つのソリューションとして、最終的に取引先企業が抱えている経営課題をどう解決するかということが重要だと思います。上手く行っている組織は、人材マッチングの意義に共感し、全社的に推進しようというムーブメントができているかが大事だと思います。寧ろ、特定の部署だけでやっていると、片手落ちになってしまったり、数字ばかりに目が行き、上手く軌道に乗らなかったりすることは多々あると思います。それこそ、一社一社丁寧に時間をかけることなく、ただ数字を捌き、こなすだけだと、結果として失敗するのだろうとも思います。

　どうしたら、そうした状態から脱することができるか、話をさせて下さい。私としては、3つくらい方法があると思います。

　1つ目は、地域金融機関が取引先企業とどうやって信頼関係を築いていくかだと思います。そのためには、営業店の渉外担当者や他部門の人達を巻き込むことも重要です。私は、以前、地域金融機関にいたので凄く実感できるのですが、営業店に自分のファンがいると、どんどん取引先企業を紹介してくれたりするので、凄く大切です。そのためには、勉強会や好事例紹介などをしていく必要もあります。

　2つ目は、岩崎様がおっしゃっていたように、人材マッチングはソリューションの一つでしかないという点です。取引先企業の抱える経営課題は多岐にわたり、組織として、ソリューションをどう掛け合わせるか、ということも重要になってきます。そのためにも、人材マッチング推進部署がハブ役となって、部門間連携やグループ会社間での連携をするといったことができると、組織的な動き方ができるのではないでしょうか。

　3つ目は、トップマネジメントの関与です。経営陣が、こういった取組みの

重要性を理解し、メッセージとして発信し、組織としてのベクトル合わせをしていくことが重要だと考えます。

　話は変わりますが、異動について、少し補足させて下さい。先程から話に出ている「先導的人材マッチング事業」では、100のコンソーシアムがあるわけですが、実際にビジネスとして成立するためには、3、4年といった膨大な時間がかかるのが実情だと思います。

　そうした観点からも、岩崎様が仰っていたことに、私も賛同するのですが、折角、ノウハウが成熟してきても、3年経って異動というと、非常に勿体ないです。異動させず、専従者として配置することも重要だと思います。

家森：

　どうもありがとうございました。それでは最後になりますけれども、今泉さんにお尋ねしたいと思います。金融庁の金融行政方針に「経営人材のマッチングを促す」ということが掲げられているということは、裏を返すと現状では十分ではないという認識があるのではないかと思います。当局としては、どのようにしてこれを解消していこうと考えられているかという点について、少しお話をいただければと思います。

今泉：

　ありがとうございます。皆さま方のご指摘でかなり尽くされてきているかと思いますけれども、少し役所的なことを申し上げますと、人材マッチングを含めて、企業との関係が全体として共通価値の創造ということになっていくことが重要だと思います。特に人材の話について言えば、地域の中小企業の方は、人材エージェントを使って常に人を採用しているような、外部人材の採用に慣れていらっしゃるわけでは必ずしもないのではないかと想像します。

　そうしますと、金融機関の方は、ある意味プロの立場として、本当にその企業が必要なものが何なのか、それがどういう人材なのか、顧客が言っていることをそのままかなえる顧客満足というよりは、本当の意味での顧客本位を目指

してやっていくことがきっと求められるだろうと思います。

　この点、先導的人材マッチング事業は、金融機関の人材マッチング事業の損益分岐点を下げて、業務として軌道に乗せていただく、その後押しとして施策をやっているものと私は理解しています。この先導的人材マッチング事業が行われている間だけ、補助金目的でやってくださいという目的でやっているわけではありません。私どもがやっているレビキャリも含めて政府としては後押ししていきますけれども、最後は顧客本位の事業として、また取引先企業と自身のウィンウィンのものとして成功していっていただくということかと思っています。

　そういう意味では金融機関の中での、大橋さんがおっしゃっていた経営陣のコミットもそうですし、人材育成、権限の委譲、リソースをきちんと張ることは重要です。1人か2人の方が兼務でやっているとなかなか厳しいのではないかと思いますので、やるからにはそういう体制整備をしていくことが必要かと思います。

　先ほど異動の話もありましたけれども、数年前に、私どもは監督指針を改正しまして、人事ローテーションを短期間で回してくださいという規制は、今はなくなっていますので、そういった創意工夫が今はしやすくなっているのではないかと思っています。

　百貨店型で「うちもこれをやっています」というラインナップのためにやるというよりは、本当の意味で取引先企業の課題解決になるようにということで、私たちも施策やモニタリングをやっていきたいと思っています。

家森：

　どうもありがとうございました。最後に「金融庁さんへ」というQ＆Aがあったので、一つだけお願いします。先ほど亀井さんがおっしゃったこととも関連しますけれども、両手型での業務について、やはりリスクが結構あるのではないかというご指摘です。先ほどおっしゃったように、リスク管理体制もしっかりしていないといけないということかもしれませんが、この辺りについて、監

督当局として、両手型で行った場合のリスクの大きさをどのように理解していますかという質問がありました。ごく簡単にお答えいただけますでしょうか。

今泉：

　ありがとうございます。まず短期的、形式的には、きちんと説明をしていただくということにならざるを得ないと思います。当然融資の業務でも、他の業務でも同じことは起きてしまうわけですので、そこはきちんと説明をし、ご理解いただくということだと思います。

　ただ中長期的には、おそらくどういうノウハウをつくっていくのかというのは、今まで誰もやってこなかったことになりますので、どういった形でやっていくのか、契約のレベルから実際のお客さんの満足につながるところまで、そこは実務の積み上げも必要になってくるのではないかと思っています。

家森：

　どうもありがとうございました。本来はもっと議論をしたいところですが、予定していた時間は16時30分までということで、すでに時間を超過しております。Q&Aについて、さらに幾つもの質問やコメントを頂きまして、いずれも興味深いものばかりでした。幾つかについてはこのパネルディスカッションの中でお答えいただいていますけれども、全部にお答えできませんでした。どうも申し訳ありません。

　本日のシンポジウムは、地域金融機関が企業を支援していく中で、この新しい人材マッチングというものをいかに使っていくかということでした。最後に今泉さんから言っていただいたように、全部が分かっているようなものではなくて、まだ試行錯誤の部分が当然あります。そういう部分をこういうディスカッションを通じて少しでもお互いに埋めていきたいということが今回の目標でしたので、かなりその目的が達成できたかと思っています。

　本日の講演およびパネルディスカッションについては、神戸大学経済経営研究所の研究叢書として神戸大学出版会から出版する予定をしています。本日の

議論を振り返っていただくために、来年になりますけれども、出版した際には
ご活用いただければと思っています。それでは、パネルディスカッション「金
融機関による人材マッチングを企業支援の効果的ツールにするために」を終了
します。パネリストの先生方、どうもありがとうございました。

相澤：

　パネリストの皆さま、ありがとうございました。最後に主催者を代表しまし
て、家森信善神戸大学経済経営研究所所長から本日のお礼を申し上げます。

家森：

　最後に、主催しています神戸大学経済経営研究所の所長として御礼のごあい
さつを申し上げます。ポストコロナの社会において、地域中小企業は新分野や
新事業に挑戦しなければなりません。その挑戦を担うのに、社内人材が十分で
はないということで、中小企業の困りごとのトップに人材不足が挙がっている
ということは、私がご紹介したとおりです。

　こうした中で、地域金融機関による企業支援が、資金繰り支援にとどまって
いては十分ではないということは明らかであり、いろいろなものに広がってき
ています。規制緩和もあって、特に人材マッチングというものに乗り出す地域
金融機関が増えています。そういう中で、地域金融機関による人材マッチング
の取り組みの現状と課題について理解を深めようということで、本シンポジウ
ムを企画させていただきました。先ほど申し上げましたように、その目的が少
しでも実現しているとすれば、私としては大変うれしいです。

　本シンポジウムにおきましては、冒頭に中村理事からご紹介いただきました
ように、近畿財務局、一般財団法人アジア太平洋研究所、一般社団法人大阪銀
行協会、神戸商工会議所、信金中央金庫、兵庫県信用保証協会の皆さまからご
後援をいただき、特に視聴者、参加者の呼びかけを行っていただきました。

　最後になりますけれども、神戸大学経済経営研究所では、現在、地域経済に
関する共同研究を地域の金融機関や団体さまに呼びかけています。今年度は、

兵庫県庁、尼崎信用金庫、兵庫県信用保証協会、信金中央金庫、株式会社 F & M、野村資本市場研究所、名古屋銀行協会、近畿地区信用金庫協会、東海地区信用金庫協会、TKC 中部会、TKC 近畿京滋会、TKC 中国会などの皆さまと、共同研究や受託研究を進めさせていただいています。ご視聴の皆さまの組織でもご関心がありましたら、私までご相談いただけると幸いです。

　今後とも、神戸大学経済経営研究所の活動に対して、ご支援をいただきますよう、お願いを申し上げます。これで、私のあいさつを終わります。本日はどうもありがとうございました。

相澤：

　本日は、長時間にわたってご参加いただき、ありがとうございました。

　神戸大学経済経営研究所では、今後もシンポジウムを開催してまいりますので、次回もぜひご参加ください。これで、シンポジウム「地域金融機関による地域中小企業支援の新しい展開 ― 金融機関による人材マッチングの現状と課題 ― 」を終了します。

参加費
無料

対象
300名
事前登録者のみ

地域金融機関による
地域中小企業支援の新しい展開
－ 金融機関による人材マッチングの現状と課題 －

ポストコロナの社会において、地域中小企業は新分野や事業に挑戦しなければなりません。その挑戦を担うのに、社内人材が十分ではなく、中小企業の困りごとのトップに人材不足が上がっています。こうした中、地域金融機関による企業支援が、資金繰り支援にとどまっていては十分な効果を持たなくなっています。規制緩和もあり、新しい非金融支援ツールとして人材マッチング事業に乗り出す金融機関が増えています。
本シンポジウムでは、金融機関による人材マッチングの取り組みの現状と課題について議論を深めます。

2022
12/7 [水曜]

13:15 - 16:45
💻 オンライン開催

PROGRAM

総合司会　相澤 朋子　日本大学商学部専任講師（神戸大学経済経営研究所非常勤講師）

▶ **主催者挨拶** 13:15-13:25　中村 保　／神戸大学理事・副学長

▶ **基調講演**　13:30 - 14:40

基調講演①（13:30 - 13:50）
「金融機関による人材マッチングへの取り組みの概観」
笹尾 一洋　／内閣官房 デジタル田園都市国家構想実現会議事務局兼
　　　　　　　内閣府本府地方創生推進室 企画官

基調講演②（13:55 - 14:15）
「北洋銀行グループにおける人材マッチング事業の取り組み」
岩崎 俊一郎　／株式会社北海道共創パートナーズ 代表取締役社長
松橋 敬司　／株式会社北海道共創パートナーズ 人材事業責任者

基調講演③（14:20 - 14:40）
「金融機関による人材マッチングの前提としての事業性評価の重要性」
家森 信善　／神戸大学経済経営研究所 教授

▶ **パネルディスカッション**　15:00 - 16:30

「金融機関による人材マッチングを
　　　　企業支援の効果的ツールにするために」

司会　家森 信善　／神戸大学経済経営研究所 教授

パネリスト（50音順）
今泉 宣親　／金融庁地域金融企画室長
岩崎 俊一郎　／株式会社北海道共創パートナーズ 代表取締役社長
大橋 歩　／PwCコンサルティング合同会社 公共事業部 ディレクター
亀井 芳郎　／兵庫県プロフェッショナル人材戦略拠点 戦略マネージャー
竹下 浩司　／東濃信用金庫常勤理事・とうしん地域活力研究所長

▶ **閉会の挨拶**　16:30 - 16:45　家森 信善

お申し込み方法
参加をご希望の方は、以下に記載の【WEB申込みフォーム】によりお申し込みください。
【WEB申し込みフォーム】は神戸大学経済経営研究所のホームページトップにあるお知らせからもリンクしています。

神戸大学経済経営研究所　🔍 検索　WEB申込みフォーム　https://www.ocans.jp/kobe-u?fid=XAfuxVYn

お申し込み窓口
神戸大学経済経営研究所《公開シンポジウム》担当　E-mail sympo@rieb.kobe-u.ac.jp
〒657-8501 兵庫県神戸市灘区六甲台町2-1
お電話でのお申し込み、お問い合わせはご遠慮ください。

申込みフォームは
上記QRコードから

主催／神戸大学経済経営研究所、神戸大学社会システムイノベーションセンター
後援／近畿財務局、一般財団法人アジア太平洋研究所、一般社団法人大阪銀行協会、神戸商工会議所、信金中央金庫、兵庫県信用保証協会

【神戸大学経済経営研究所シンポジウム】

金融機関による人材マッチングの現状と課題
一内閣府2事業の実績等を通じて一

2022年12月7日

内閣官房　デジタル田園都市国家構想実現会議事務局（兼内閣府地方創生推進室）
（旧名称：まち・ひと・しごと創生本部事務局　※1/1付けで衣替えしました）

企画官　　笹尾　一洋
　　　（2019年7月～　金融庁(監督局銀行第２課)より出向のうえ現職）

＜目次＞

1

1. 政策背景等

・なぜ、「人材マッチング」が必要なのか
・なぜ、それを地域金融機関が支援するのか
・コロナ禍をうけてその必要性はどうか

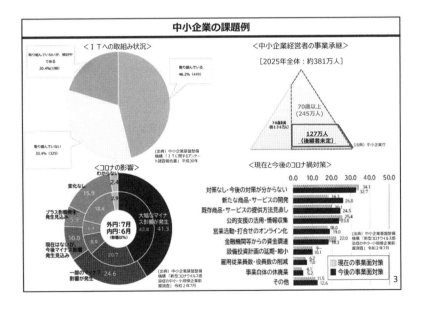

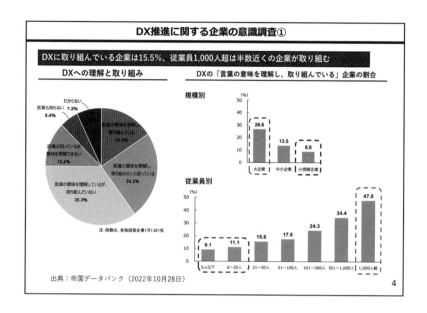

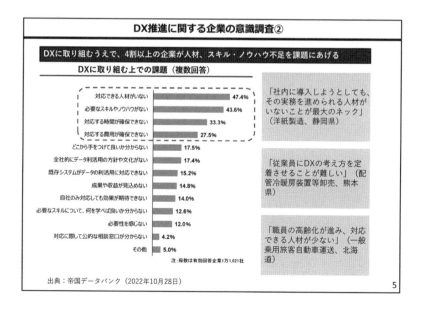

DX推進に関する企業の意識調査③

リスキリングに取り組んでいる企業は48.1%、新しいデジタルツールなどの学習が進む

リスキリングの取り組み

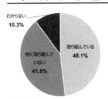

わからない
10.3%

特に取り組んで
いない
41.5%

取り組んでいる
48.1%

注1：母数は不明回答を除く11,434社
注2：「取り組んでいる」企業は、何らかの取り組みを1つ以上
実施している企業
注3：各数値は、小数点第2位を四捨五入しているため、合
計は必ずしも100とはならない

リスキリングの取り組み内容（複数回答）

項目	割合
新しいデジタルツールの学習	48.4%
経営層による新しいスキルの学習、把握	38.6%
従業員のデジタルスキルの把握、可視化	32.3%
経営層から従業員に学習が必要なスキルを伝達	29.5%
eラーニング、オンライン学習サービスの活用	28.2%
DX、デジタル化に関連した資格取得の推奨、支援	21.8%
他社、官公庁と連携したリスキリングの実施	6.6%
大学等での受講による学習や、学位取得の推奨	1.9%
その他	2.7%

注：母数はリスキリングに取り組んでいる企業5,503社

「必要最低限のITスキルを身につけるべく、ITパスポート資格取得を義務化した」（医薬品・化粧品小売、東京都）

「DXに対応する知識・技術を教育するのが困難で、効果があると見込まれるIT関連資格をいくつか提示し、社員に資格取得を奨励している」（電子応用装置製造、大阪府）

「リスキングについては、従業員ではなく経営者に対する教育の機会による補助金制度を創設してほしい」（土地売買、愛知県）

出典：帝国データバンク（2022年10月28日）

6

DX推進に関する企業の意識調査④

兼業・副業人材の外部からの受け入れ、2割の企業で前向きに検討

兼業・副業の受け入れ状況

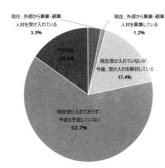

現在、外部から兼業・副業
人材を受け入れている
3.3%

現在、外部から兼業・副業
人材を募集している
1.2%

わからない
15.4%

現在受け入れていないが、
今後、受け入れを検討している
17.4%

現在受け入れておらず、
今後も予定していない
62.7%

注：母数は、有効回答企業1万1,621社

「副業の人材を受け入れている。広く情報を入手でき、また本業にも十分役立つ。視野が広がり、お互いにwin-winの関係で面白い」（代理商仲立業、北海道）

「副業人材は首都圏から受け入れている。圧倒的に首都圏人材の経験値が高い一方、地方では経験値が豊富な人材が探せない」（ソフト受託開発、大分県）

「副業人材はスキルが期待できるが、データをみせる勇気がない。情報漏洩が気になる」（内装工事、大阪府）

出典：帝国データバンク（2022年10月28日）

7

198

中小企業を取り巻く現状と課題を整理すると…

「攻めの経営」を展開したい！

「withコロナ、afterコロナ時代に対応した事業モデルに改革したい！」
「これから事業を拡大するに当たって、業務プロセスを見直さないと！」
「海外にも販路を拡大させたい！」
「ICT,AIを導入し、生産性を向上させたい！」

- こうした課題の克服・解決は、企業の今後の成長に関わる経営事項
- しかし、従来の延長線上にはなく、社内に知見・経験が存在しない

一方…

- オーナー経営者は、日々たくさんやることがあり、孤軍奮闘
- 人材を育成しようにも、社内教育の余裕もない。後継者もいない
- 成長戦略（今後の「稼ぎ方」）を整理・明確化できない（整理する余裕もなかなかない）

経営課題を整理・成長戦略を描きつつ、これを解決・実行する力・ノウハウをもった経営・専門人材が必要

【 外部人材（ハイクラス）＋地域金融機関・プロ人材拠点 】

8

金融機関ならではの「伴走型人材支援」

金融機関の提供する「伴走型人材支援」のフロー

| 経営課題の整理 | 解決策の検討 | 人材要件定義 | 人材サーチ | マッチング（役割/職位/給与） | 入社前フォロー | 入社後フォロー |

課題解決・生産性向上

一般的な人材紹介業の範囲

金融機関に期待される範囲　　　人材事業に先行的に取り組む金融機関が目指している範囲

元来の金融機関の役割（事業性評価・伴走型支援）と重なる

9

付 録　199

金融機関「ならでは」の人材紹介（＝優位性）

> ### 地域企業に必要な人材紹介は、
> ### 事業性評価と一体となった「伴走支援型」

‣ 従来の人材紹介業のモデルでは効果は限定的

＜以下は地域金融機関ならではの人材紹介事業＞

①地域金融機関は、当該企業の財務状況等を正確に理解できている
　※財務、非財務も含めた経営課題把握のための「事業性評価」の実践ができているか

②地域金融機関は、当該企業のキーマンとの接点を有している
　※企業から悩みを相談される「心理的安全性」が確保されているか

③地域金融機関は、当該企業へ寄り添った定着支援を実行できる
環境を有している

（参考）　人材紹介業務のノウハウ・体制強化に向けて（イメージ）

新型コロナウィルス禍の環境下での地域金融機関における人材ビジネスの可能性（考察）

○現状

・4月16日の緊急事態宣言発令により、外出・移動の自粛が求められる中、5月30日までの緊急事態宣言の延長が決定。
・まずは感染拡大阻止が最優先事項であり、経済活動停滞への影響が大きい中、企業は、国の資金繰り支援策をはじめ、先ずは自社の資金繰りを優先して対処。
・結果として、正規雇用の経営人材採用について延期とする動きが表れ始めている（経営人材採用に対してオファーを出していた企業が一旦求人をストップしている）

○対処の方向性（案）

・企業としては、まずは短期的な資金繰り課題への対応、そして中長期的な課題に対する対処はまずは先送りとする動きが大半であり、長期的に人件費コストを増加させるような
常勤雇用の経営人材の外部からの採用は、現時点ではストップという判断は、ある意味経営のセオリー通りの判断ともいえる。
・しかしながら、資金繰り支援の緊急融資は、いずれ返済義務を伴うものであり、一定期間の返済猶予があるとはいえ、中長期的には、自らの業績改善等をもって返済財源を捻出し、
その対応（返済）が必要となる。そのため、この期間（据置期間）に、（結果が出るのには時間が必要）企業内変革を含め、収益体質の強化、事業変革も同時に行う必要。
・また、こうした環境下でも人材不足に悩み、人材を欲しがっている企業はあり、優秀な人材が（プロフェッショナル人材の）転職マーケットに出つつあるこうした時期だからこそ、
ピンチをチャンスと捉え、有能な人材を獲得できる絶好の機会と捉えている競争力のある企業も一部に存在。
⇒リーマンショック・東日本大震災時には提供できるソリューションではなかったが、2018年の金融庁による監督指針改正の一手法である人材紹介業務を開始する金融機関が増えており、
企業課題解決支援の1手法である人材紹介業務（ヒト）を本業の融資相談業務（カネ）と一体として提供し、総合的な取引先企業支援を行うことが効果的ではないか。

○融資と同時に考えるべき外部人材導入の有効性

新型コロナウィルス感染症特別貸付(例:日本政策金融公庫 中小企業事業)

ご利用いただける方	新型コロナウィルス感染症の影響を受け、次のいずれにも当てはまる方 1.最近1ヵ月の売上高が前年または前々年同期に比し5％以上減少していることまたはこれと同様の状況にあること(注1) 2.中長期的にみて、業況が回復し、かつ、発展することが見込まれること
資金のお使いみち	新型コロナウィルス感染症の影響に対応するために必要とする設備資金および長期運転資金
融資限度額	直接貸付3億円（別枠）
利率(年)	基準利率 ただし、1億円を限度として融資後3年目までは基準利率-0.9%(注2)、4年目以降は基準利率 「実質無利子化」については別途説明
ご返済期間	設備資金 20年以内（うち据置期間5年以内） 運転資金 15年以内（うち据置期間5年以内）
担保等	無担保 5年経過ごと金利見直し制度を選択できます

出所）日本政策金融公庫HP

```
融資  5年                        完済
●据置期間(最長5年)  →  元利金返済
```

据置期間に対する企業例へのアクション

①据置期間中に何をすべきかという問題意識・課題の共有
②経営人材の招聘（雇用）による経営体質、組織力の強化
③課題解決決人材（副業・兼業人材等）を活用した組織の変革・イノベーション

つまり、
融資に合わせて、据置期間中の企業行動を視野に入れた、外部人材の早期導入による企業の成長、生産性向上を図っていくことをソリューションとして提案することは、返済財源捻出ストーリー（事業計画）の蓋然性を高めることにもなりうるし、将来（据置期間経過後）の返済可能性も高まり、融資相談・判断時に合わせて検討することが、より効果的かつ迅速に取引先企業への資金提供を図ることにもなりうるのではないか。

金融機関自ら人材紹介というソリューションを提案できるようになり、（融資先の収益体質の強化等を進める為の）据置期間中に、業績回復・返済見通しを高めることに有効かる。なお、「5年」と相場に長くすれば、改善効果（→返済財源捻出）を早期に実現するには、より早期の導入が必要か。

12

加えて、以下のような観点も参考に、地元企業の生産性向上・成長による地域経済回復を目指し、金融仲介機能の一層の発揮の一環として、人材ビジネスのより効果的な活用を図られたい。

○外部人材（副業、兼業人材）活用という選択肢

概要：現在の経済停滞期に低コストでしかもスポット的に活用できる副業、兼業人材を活用し、収益体質の強化、事業変革につなげていくものである。

活用のメリット　①～④が活用企業側の視点
① 副業、兼業人材は、計画を立てるだけでなく、実際に当該企業に入って、自ら手を動かしてくれる。
② 先行き不透明な環境下で、常勤雇用（固定費）ではなく、変動費で対応できる。
③ 停滞期に体制構築を行って、停滞期間からの回復期に業績回復につなげる準備を固定費増加のリスクを負うことなく、着実に進めることができる。
④ 通常、採用が困難なハイスペック人材の活用ができる。
⑤ 副業、兼業人材側も、テレワークの中、応募しやすい環境にある。
⑥ 副業、兼業人材側も、首都圏在住であれば、再度地方を見つめ直す社会環境下にある（＝関係人口の創出・拡大）

```
                            プロフェッショナル
         コンサルタント              外部人材
         顧問、士業              副業兼業 顧問 士業等

社外 ←─────────────────────────────→ 社内
         外注                    派遣社員・新卒採用
         Web、デザイン、チラシ等の制作      アルバイト
         作業の一時的な切り出し

                            労務・人手
```

○地域内の新たな企業群（無借金企業等）との関係構築

趣旨：（実質）無借金企業の導入のもと、現在の経済停滞状況下では、業績回復のための方策の一つとして外部人材導入の検討に関心も示す可能性もあり、地域経済全体としての回復のためにも、取引関係の希薄な無借金企業等との関係構築を始める契機となるか。

状況	地域金融機関	無借金企業
融資（カネ）	コロナ緊急融資、特別融資アプローチ融資出しやすい環境	従前比不要資金調達ではなく先行き不安無借金での財務体質向上「プライド」→なかなか成立しにくい
人材（ヒト）	大企業のリストラ、コロナ下でのテレワークの浸透により、経営人材、副業兼業人材が流動化し、紹介しやすい環境 自生生活で時間ができたことで、自分の将来を考える機会が生まれ、転職サイトに登録者が増加	外部人材導入により、自社の技術力や強みに磨きをかけ成長するチャンス 外部人材を採用しやすい（人材採用業の新たなソリューションとして外部人材導入）

①融資以外の成長へのソリューション(外部人材)紹介により、無借金企業等が金融機関と会話を開始する契機になる
②融資のないまでも金融機関から企業成長へ人材成長の提案
③人材ビジネスを契機とした関係構築により、融資を含めた総合取引を拡大

人材ビジネスを契機として、無借金企業等に新たな成長のソリューションを提供することにより、地域経済全体の回復にとっては必要な未取引企業への支援も可能になるか。

○企業の財務状況に応じた人材紹介ビジネスの整理

趣旨：金融機関として人材紹介を前提として、企業の業況に応じた対応により、融資背景とした優越的地位の濫用につながらない配慮が同時に求められる。

企業格付け	想定される対応（例）
正常先	経済環境は低迷し不透明であるが、現状体力は有しており、常勤雇用の経営人材採用についてものスタンスは延期または迷っているいうケースもある。将来競争力のある企業に対組織的に提案できるか。
要注意先	まずは資金繰りが最優先。長期的コスト増を伴う常勤雇用の経営人材採用については、一旦ストップし、状況静観。但、緊急融資等で活用し、融資背景とした資金繰りのV字回復が求められている。そのため、変動費、副業、兼業人材活用した体制改善が有効か。
破綻懸念先（中でも経営再建先）	人材ビジネスは融資につながらない配慮を前提とする一方、銀行本体における人材ビジネス対応も、但、経営人材紹介等では人材紹介し公平性を十分に備えたプロフェッショナル人材の活用も一考。

対応整理の留意点
一つの目線として、企業格付で分類しているが、全ての企業がこの枠組みで整理できるわけではなく、個々の取引先企業の置かれた状況等に応じて、あくまで考え方の参考例としての理解にとどめることが有効。

13

2.
プロフェッショナル人材事業

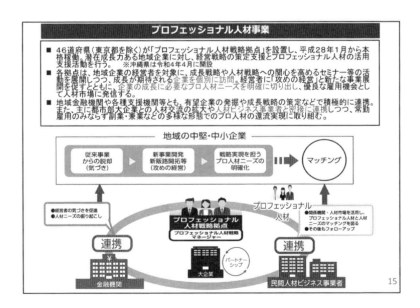

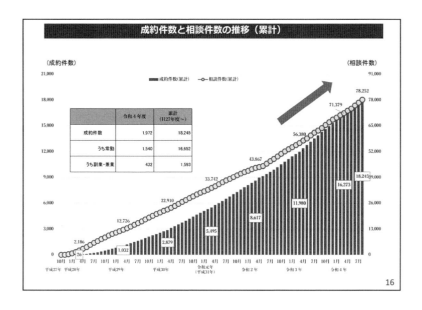

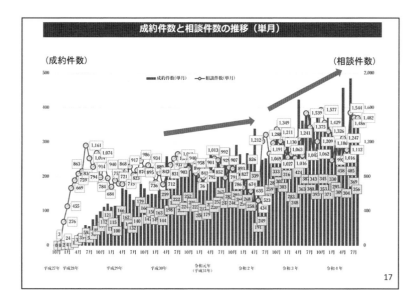

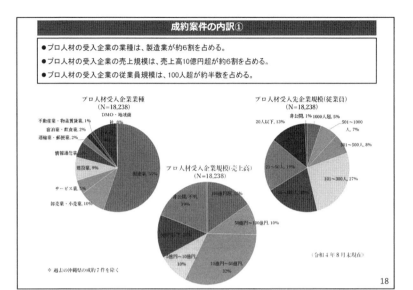

成約案件の内訳①

- ●プロ人材の受入企業の業種は、製造業が約6割を占める。
- ●プロ人材の受入企業の売上規模は、売上高10億円超が約6割を占める。
- ●プロ人材の受入企業の従業員規模は、100人超が約半数を占める。

プロ人材受入企業業種
(N=18,238)

プロ人材受入先企業規模(従業員)
(N=18,238)

プロ人材受入企業規模(売上高)
(N=18,238)

✧ 過去の沖縄県の成約7件を除く

(令和4年8月末現在)

18

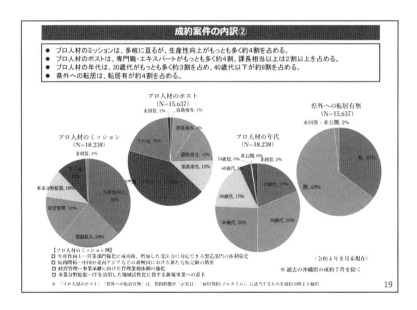

成約案件の内訳②

- ● プロ人材のミッションは、多岐に亘るが、生産性向上がもっとも多く約4割を占める。
- ● プロ人材のポストは、専門職・エキスパートがもっとも多く約4割、課長相当以上は2割以上を占める。
- ● プロ人材の年代は、30歳代がもっとも多く約3割を占め、40歳代以下が約8割を占める。
- ● 県外への転居は、転居有が約4割を占める。

プロ人材のポスト
(N=15,637)

プロ人材のミッション
(N=18,238)

プロ人材の年代
(N=18,238)

県外への転居有無
(N=15,637)

【プロ人材のミッション例】
- □ 生産性向上…営業部門強化に成功後、増加した受注力に対応できる製造部門の体制強化
- □ 販路開拓…中国や東南アジアなどの新興国における新たな販売網の構築
- □ 経営管理…事業承継に向けた管理業務体制の強化
- □ 事業分野拡張…ITを活用した地域活性化に資する新規事業への着手

(令和4年8月末現在)

※ 過去の沖縄県の成約7件を除く

※ 「プロ人材のポスト」「県外への転居有無」は、契約形態が「正社員」「雇用契約(フルタイム)」に該当するものを成約事例より抽出

19

○成約件数と相談件数の推移(年度別)

(件数)

	平成27年度	平成28年度	平成29年度	平成30年度	令和元年度 (平成31年度)	令和2年度	令和3年度	令和4年度
相談件数	2,186	10,540	10,184	10,832	10,125	12,513	14,999	6,873
成約件数	26	1,006	1,847	2,616	3,122	3,363	4,293	1,972
成約率	1.2%	9.5%	18.1%	24.2%	30.8%	26.9%	28.6%	28.7%

※ 「成約率」は、「成約件数÷相談件数」
※ 但し、相談が年度をまたいで成約する場合もあることに留意

(令和4年8月末現在)

○プロ人材受入企業のリピート状況

		1社当たりの 成約件数	リピート率
成約件数	18,245件		
成約企業数	7,379社	2.5件／社	
うち リピート企業数	3,242社		43.9%

(令和4年8月末現在)

20

人材マッチングの成約事例①(常勤雇用人材)

北海道(恵庭市)

【企業概要】
株式会社 岡田建具製作所
業種　：家具・建具製造業
創業　：昭和42年5月
従業員：30名

【採用したプロフェッショナル人材】
年齢　　　：58歳
家族構成：妻、子4人
出身地　：東京都江戸川区
前居住地：千葉県松戸市
役職　　：専務取締役

還流ルート：Ⅰターン
前職：都市銀行勤務後、3社の経営企画部門を経て直近は外資系金融機関で金融法人を担当(アカウントマネージャー、コンプライアンス担当部長)

【主な事業内容】
　北海道産の木材や天然の植物油を原料とした自然塗料を採用するなど、人や環境にやさしい製品作りを目指し、建具や家具等を製造し施工・取付を行ってきた。

【企業課題・プロフェッショナル人材採用のきっかけ】
　社長が70歳を超えており、かつ親族内や社内に後継者候補が不在であり、事業承継が課題であった。また、事業承継の方法としてM＆Aではなく、できれば信頼できる後継者に後を託したいという思いから外部人材の採用に取り組んだ。

秋田県(大館市)

【企業概要】
一般社団法人 秋田犬ツーリズム
業種　：地域連携DMO
創業　：平成28年4月
従業員：10名

【採用したプロフェッショナル人材】
年齢　　　：45歳
家族構成：独身
出身地　：千葉県印旛郡
前居住地：千葉県印旛郡
役職　　：事務局長

還流ルート：Ⅰターン
前職：JASDAQ上場企業で経営企画職として海外事業所の設立、事業立ち上げに携わる

【主な事業内容】
　秋田県北部4市町村よりなる地域連携DMOとして2016年に発足し、海外で知名度の高い秋田犬をフックに地域の観光・物産を活性化・促進。SNS分析、ペルソナマーケティングなどの手法を駆使し外国人宿泊者数の増加、地域の物販拡大を推進している。

【企業課題・プロフェッショナル人材採用のきっかけ】
　民間ならではのスピードで地域連携DMOをマネジメント出来るプロ人材を募集。「官」の持つリソースを「民」のノウハウで活用し、地域の稼ぐ仕組みを構築するとともに地域コーディネーターを育成し秋田犬をフックにインバウンドの誘客、物品販売の拡大を加速。21

人材マッチングの成約事例②（常勤雇用人材）

長野県（駒ケ根市）

【企業概要】
株式会社 北川製菓
業種　：製造業
創業　：昭和33年
従業員：100名

【採用したプロフェッショナル人材】
年齢　　　：59歳
家族構成：妻、子2人
出身地　：兵庫県神戸市
前居住地：神奈川県川崎市
役職　　　：経営企画室長

還流ルート：Iターン
前職：外資系医療機器メーカーの代表
　　　取締役社長

【主な事業内容】
「おやつ＆スイーツ」のソリューション企業として、ドーナツを中心とした半生菓子を製造販売。
新しい食の分野の商品開発を加速させて、より広い市場への展開に取り組んでいる。

【企業課題・プロフェッショナル人材採用のきっかけ】
　創業60周年を迎え、取り巻く環境の急速な変化への追随、働き方改革への対応等、収益性の向上が急務となった。
この総合力向上の実現のため、高い財務分析力とマネジメントスキル、さらに経営経験を有する人材のニーズが生じた。

熊本県（熊本市）

【企業概要】
株式会社 南栄開発
業種　：不動産業
　　　　（デベロッパー）
創業　：昭和59年
従業員：27名

【採用したプロフェッショナル人材】
年齢　　　：54歳
家族構成：母
出身地　：広島県尾道市
前居住地：東京都
役職　　　：街づくり事業部次長 兼 経営企画部次長

還流ルート：Iターン
前職：東京本社のマンションデベロッパー、リ
ゾート開発会社等を経て米投資ファンド
所有の16ホテルのアセットマネージャー

【主な事業内容】
創業35年の地場不動産デベロッパー（不動産開発、宅地開発、再開発事業、不動産売買・賃貸借）

【企業課題・プロフェッショナル人材採用のきっかけ】
　熊本地震からの復旧・復興に加え、近年では市街地再開発事業のニーズも増え、地域のデベロッパーとしての成長を視野に入れた
組織作りを進めることとなり、即戦力人材の採用活動をスタート。平成29年オープンの熊本中心市街地のビル（大型商業施設「COC
OSA（ココサ）」＋オフィス）のアセットマネジメント（ビル全体の資産価値向上のための運営、管理等）を通じた街づくり推進を期待。22

プロフェッショナル人材事業と地域金融機関との3つの連携策

- **各道府県に設置されているプロフェッショナル人材戦略拠点（プロ拠点）との連携は、プロ拠点が長年培ってきたプロ人材のマッチングノウハウを吸収する良い機会（＋収益にも貢献）**
  - 今現在、人材事業に取り組む金融機関のみなさま
  - これから取り組もうと考えている金融機関のみなさま
  - 特に、比較的規模の大きくない金融機関のみなさま

【その1】　プロ拠点に、職員やOBを送り込む
　← 35拠点に、79人（うち信金・信組22人）の金融機関のOBや現役職員が在籍

【その2】　プロ拠点と提携し、取引先におけるプロ人材のニーズをプロ拠点に紹介し、金融機関とプロ拠点が協働してマッチングを実現
　← プロ拠点との提携方法次第では、金融機関が、情報提供料を受領することも可

【その3】　（上記連携策の進化系）プロ拠点と連携している人材紹介会社等と連携協定を締結
　← 現在、10府県超ですでに実施済であり、今後さらに広がる見込み。
　← 現に提携している金融機関では、情報提供料を受領

23

3.
先導的人材マッチング事業

24

先導的人材マッチング事業

概要

○ 令和2年度から事業上事業をスタート

○ 予算規模は21億円(令和3年度補正。元年度補正・2年度補正はそれぞれ10億円)

○ 地域企業の経営幹部やデジタル人材等のハイレベル人材ニーズの発掘強化により、地域企業の成長・生産性向上の実現を目指す。

○ 地域金融機関等が、地域企業の経営課題や人材ニーズを調査・分析し、地域金融機関等が職業紹介事業者等と連携して行う人材マッチング事業(地域人材支援事業)を支援する。

○ 具体的には、マッチングの成約時に、成果に連動してインセンティブ(補助金)を与える。

○ 日常的に地域企業と関わり、その経営課題を明らかにする主体として、地域金融機関などを想定。

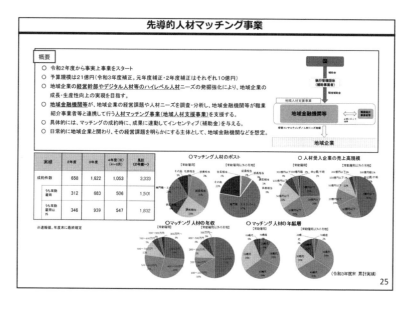

実績	2年度	3年度	4年度(見込) (4〜8月)	累計 (2年度〜)
成約件数	658	1,622	1,053	3,333
うち常勤雇用	312	683	506	1,501
うち常勤雇用以外	346	939	547	1,832

※速報値、年度末に最終確定

(令和3年度末 累計実績)

25

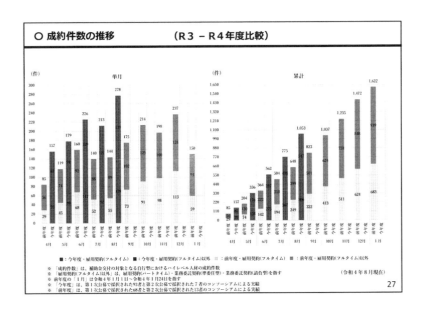

208

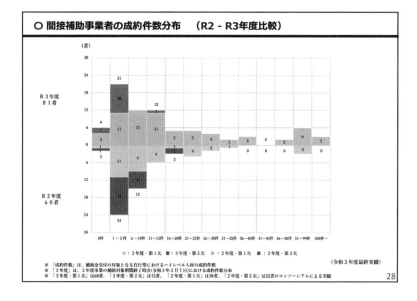

○ 間接補助事業者の成約件数分布　（R2－R3年度比較）

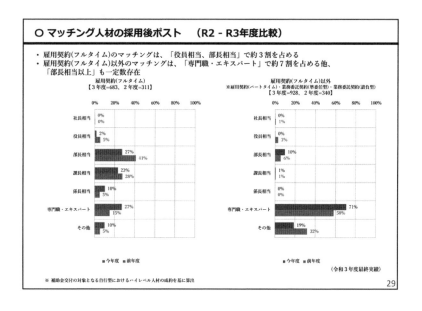

○ マッチング人材の採用後ポスト　（R2－R3年度比較）

- 雇用契約(フルタイム)のマッチングは、「役員相当、部長相当」で約３割を占める
- 雇用契約(フルタイム)以外のマッチングは、「専門職・エキスパート」で約７割を占める他、「部長相当以上」も一定数存在

○ マッチング人材の年齢層　（R2 – R3年度比較）

- 雇用契約(フルタイム)のマッチングは、「40歳代以上」が約6割を占める
- 雇用契約(フルタイム)以外のマッチングは、「30歳代、40歳代」が約6割を占める

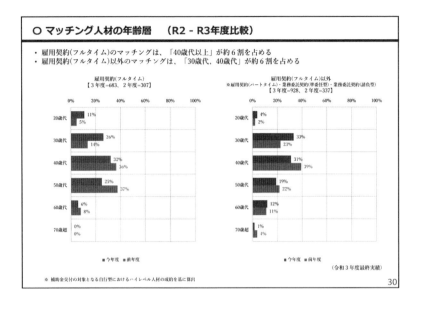

（令和3年度最終実績）

※ 補助金交付の対象となる自行型におけるハイレベル人材の成約を基に算出

○ マッチング人材の平均年収/月収　（R2 – R3年度比較）

- 雇用契約(フルタイム)のマッチングは、「500万円超」が約4割を占める
- 雇用契約(フルタイム)以外のマッチングは、「20万超～30万円」が約3割を占める

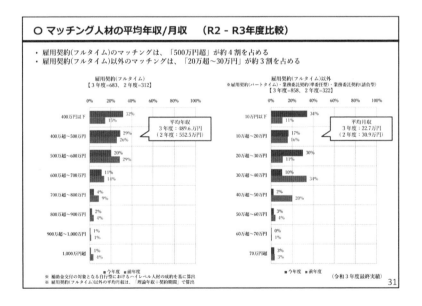

※ 補助金交付の対象となる自行型におけるハイレベル人材の成約を基に算出
※ 雇用契約(フルタイム)以外の平均月収は、「理論年収÷契約期間」で算出

（令和3年度最終実績）

4.
最近の働き手側の関連する動きと副業・兼業プロ人材の活用

32

首都圏人材も、地域企業で働くことに高い関心（感染拡大前）

＜首都圏管理職調査の概要＞

実施者：㈱日本人材機構

実施時期：平成31年３月

対象：　一都三県在住

東京都勤務管理職以上

勤務先の従業員数

製造業１０００人以上
サービス業５００人以上

回答数：　１６５０

地方企業で働くことについて
「興味あり」が20%
「やや興味」含めると48%に

Q：地方企業（東京・大阪・名古屋などの主要都市を除く）で働くことに興味はありますか？

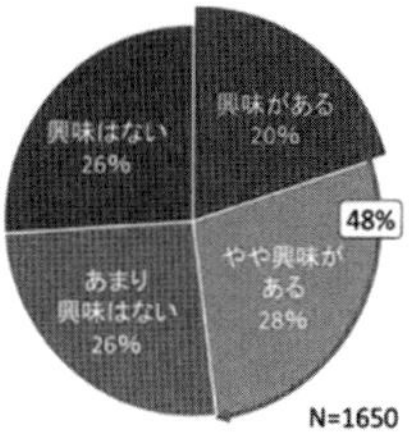

N=1650

十分に魅力あるオファーなら
「すぐにでも」地方転職が20%

Q：十分に魅力のあるオファーが来ると仮定して、あなた自身にとって、どのタイミングであれば、地方（東京・大阪・名古屋等の主要都市を除く）の中堅中小企業（売上高10～100億円規模）への転職を考えることができますか？

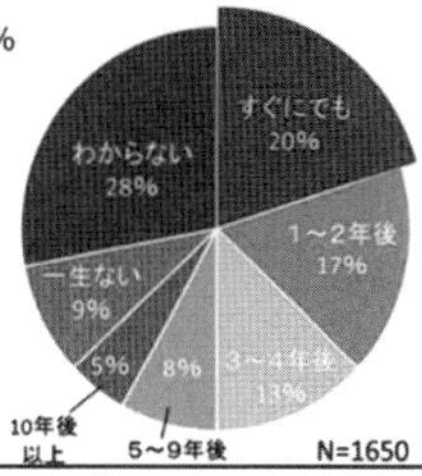

N=1650

（内閣府補助事業「地方創生カレッジ」サイトより）

33

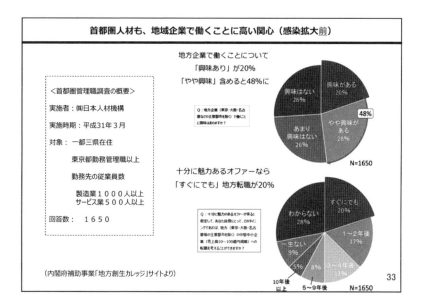

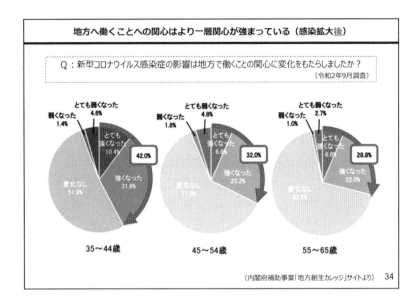

地方へ働くことへの関心はより一層関心が強まっている（感染拡大後）

Q：新型コロナウイルス感染症の影響は地方で働くことの関心に変化をもたらしましたか？
（令和2年9月調査）

35～44歳　　　　45～54歳　　　　55～65歳

（内閣府補助事業「地方創生カレッジ」サイトより）　34

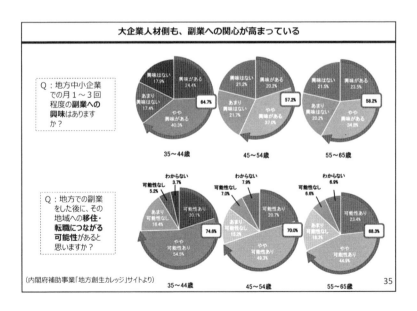

大企業人材側も、副業への関心が高まっている

Q：地方中小企業での月1～3回程度の副業への興味はありますか？

35～44歳　　　　45～54歳　　　　55～65歳

Q：地方での副業をした後に、その地域への移住・転職につながる可能性があると思いますか？

（内閣府補助事業「地方創生カレッジ」サイトより）

35～44歳　　　　45～54歳　　　　55～65歳　　　35

地方副業の目的は「やりがい」「成長の機会」「地方貢献」

Q ： 地方中堅中小企業での副業に興味があるのはなぜですか？

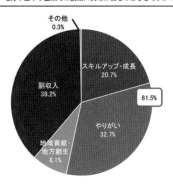

その他
0.3%

スキルアップ・成長
20.7%

61.5%

やりがい
32.7%

地域貢献・
地方創生
8.1%

副収入
38.2%

（民間人材紹介会社アンケートより）

36

大手企業における副業解禁の動き

厚労省は「企業も働く方も安心して副業・兼業を行うことができるよう」ガイドラインやモデル就業規則を改正。
大手企業には、製造業や、金融業を含め、副業を解禁する動き。

RECRUIT   SoftBank   NISSAN   SUNTORY

Asahi   mercari   DeNA   YAHOO! JAPAN

accenture   ROHTO   RICOH   Kubota

KONICA MINOLTA   CyberAgent.   Nintendo

cybozu   新生銀行   YAMAHA   Glico

Kao   SHISEIDO   Marubeni

（内閣府補助事業「地方創生カレッジ」サイトを基に作成）

37

受入企業側から見た副業・兼業人材活用のメリット

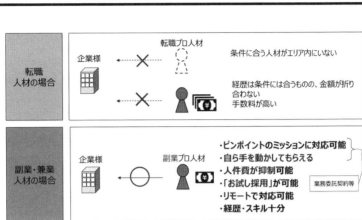

| 転職
人材の場合 | 企業様 ←×← 転職プロ人材 | 条件に合う人材がエリア内にいない |
| | 企業様 ←×← | 経歴は条件には合うものの、金額が折り合わない
手数料が高い |

| 副業・兼業
人材の場合 | 企業様 ←○← 副業プロ人材 | ・ピンポイントのミッションに対応可能
・自ら手を動かしてもらえる
・人件費が抑制可能
・「お試し採用」が可能 —— 業務委託契約等
・リモートで対応可能
・経歴・スキル十分 |

（内閣府補助事業「地方創生カレッジ」サイトを基に作成）　　38

副業・兼業プロ人材を活用した企業経営者の声

● 「副業人材に入ってもらうことで　何かの気付きがあり、
　新たな動きに繋がる可能性ある」

● 「副業人材を活用することで、これまで採用が難しかった
　有名企業所属の優秀な人材の活用も選択肢に入った」

● 「専門性が高く得意な方に実施してもらうことで
　業務が大きく進化した」

● 「今後の成長に危機感を持っている。
　経営ボードに対して新しい刺激になる」

39

➤ 印刷業を扱う今野印刷では、デジタル分野のマーケティング強化を課題としており、社内でのノウハウ不足から副業・兼業形態での外部人材の受け入れを実施している。

会社概要	・今野印刷株式会社 ・本社：宮城県仙台市 ・創業：明治41年 ・事業内容：印刷業、ネット関連コンテンツ作成	
取組概要	✓ 既存の印刷ビジネスへ限界を感じており、デジタル分野の強化が経営課題 ✓ 社内にデジタル分野に係るマーケティングの知見を有する人材がいなかったため、豊富な経験を有する外部人材を副業形態にて受け入れ ✓ 外部人材のノウハウの活用により、新規事業立ち上げを達成	
副業・兼業人材のプロフィール	・都内コンサルティング会社に勤務し（ビッグデータ関連の営業を担当）、その後ネット関連ビジネスの会社を設立 ・居住地は東京都	

40

（参考1）
近畿経済産業局レポート
「副業・兼業人材を活用するという選択肢」
〇副業・兼業人材を活用する企業の利点
〇中小企業が副業・兼業人材を受け入れる際の留意点

https://www.kansai.meti.go.jp/1-9chushoresearch/report23.html

41

3-1-1. 副業・兼業人材を活用する企業の利点

活用企業・支援事業者に対するヒアリングを通して、副業・兼業人材の活用は課題解決の一手段として有効に機能する可能性が示唆されたことから、改めて中小企業が「副業・兼業人材を活用する」ことによる利点を、本章において整理します。

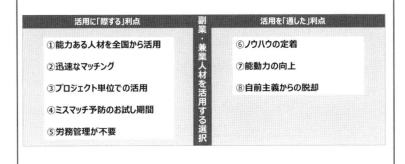

活用に「際する」利点	副業・兼業人材を活用する選択	活用を「通した」利点
①能力ある人材を全国から活用		⑥ノウハウの定着
②迅速なマッチング		⑦能動力の向上
③プロジェクト単位での活用		⑧自前主義からの脱却
④ミスマッチ予防のお試し期間		
⑤労務管理が不要		

42

3-1-2. 副業・兼業人材を活用する企業の利点（活用に際する利点）

①能力ある人材を全国から活用

大企業による副業解禁や、新型コロナウイルスまん延に伴うリモートワーク、WEB会議システムが急速に浸透したことにより、**専門性のある人材の余剰時間と能力が開放**されることとなった。
企業と副業・兼業人材が、業務委託の仕事の募集から、契約締結までを直接行うことができる**WEB上で展開されるプラットフォームサービス**、また支援事業者が有する**全国の副業・兼業人材のデータベースが整備**されてきたことから、**「全国の能力のある人材」と「副業・兼業ニーズを持つ全国の中小企業」を繋ぎ合わせる可能性が大きく進展**し、副業・兼業人材の活用が広がった。

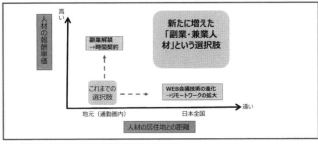

引用：経済産業省 第4回 スマートかつ強靭な地域経済社会の実現に向けた研究会
資料3 地方・中小企業における副業人材活用の実態と今後の拡大に向けて必要なこと（JOINS㈱）の一部資料を編集加工（上図）

43

② （通常の採用活動に比べて）迅速なマッチング

現在、副業・兼業人材は増加傾向にあり、「副業・兼業案件 ＜ 副業・兼業人材」という状態。通常の採用（雇用）とは異なるため、求めている人材を**スピード感を持って採用（業務委託）**することが可能。

③プロジェクト単位での活用

副業・兼業人材は、企業の課題解決に**ピンポイントで活用が可能**。プロジェクトが完結すれば、副業・兼業人材の業務は終了する。

④ミスマッチ予防のお試し期間

副業・兼業人材との契約は、月単位が主流。万が一、「当初のイメージと違う」といった人材のミスマッチが起こったとしても、**短期間での契約解除が可能**。よって、正社員の採用と違い、積極果敢に副業・兼業人材活用にトライすることが可能となる。

⑤労務管理が不要

業務委託契約で働く個人は、労働者ではなく自営業者であるため、労働基準法・職業安定法の対象ではない。
業務委託契約を締結する個人とは、**社会保険や労働時間管理義務は不要**となり、企業としてのリスクは低く、雇い主としての義務は大きくない。

ただし、副業・兼業であっても「雇用契約」となる場合は、社会保険や労働時間管理義務が必要となりますので、注意が必要です。

雇い主の義務		雇用契約	業務委託契約
保険加入義務	厚生年金保険	必要	不要
	健康保険	必要	不要
	雇用保険	必要	不要
	介護保険	必要	不要
	労災保険	必要	不要
労働契約遵守	労働時間管理	残業時間管理割増賃金支払	不要（※）

※過労等により業務に支障を来さないようにする観点から、その者からの申告等により就業時間を把握すること等を通じて、就業時間が長時間にならないよう配慮することが望ましい。

3-1-3. 副業・兼業人材を活用する企業の利点（活用を通した利点）

⑥自社の社員だけでPDCAが実施できる仕組みの定着（ノウハウの定着）

副業・兼業人材のコーチングのもとで社員が副業・兼業人材とPDCAを繰り返すことでノウハウを修得し、これまで社長主導で行われていたPDCAが、社員だけでも実施できる仕組みが定着**する**。

⑦現場からのアイデアが増加（能動力の向上）

中小企業においては、トップダウンで物事を進めることが多いが、副業・兼業人材が毎週社員に課題を与えることで、**現場の社員自身で考える習慣が定着する**。社員自身が考えることで、現場からの様々なアイデア提案につながり、社員への権限移譲やボトムアップの体制が構築される。

⑧ジョブの切り出しの常態化（自前主義からの脱却）

課題は、「全て自社で解決しなければならない」と考えていた中小企業が、課題をプロジェクト化し副業・兼業人材に任せることで、解決できることがある。こうした成功体験から、課題に対しては、社内人材だけで解決することにこだわらず、**社内にはない、必要な部分には副業・兼業人材の力を利用する**という概念が生まれ、課題となる業務の切り出しが行われるようになる。

3-2. 中小企業が副業・兼業人材を受け入れる際の留意点

活用企業・支援事業者に対するヒアリングを通して、副業・兼業人材を受け入れる企業の留意点としては、**企業が事前に準備すべきポイント**と、**受入後に心がけるべきポイント**に大別されました。
以下、各ポイントについてご説明します。

受け入れる前		受け入れてから
①「副業・兼業人材」が解決する課題の明確化	副業・兼業人材の受け入れ	⑥課題解決に向けた柔軟な対応
②喫緊の課題には不向き		⑦短いサイクルでのPDCAを回すチーム組成
③ジョブ（業務）の切り出し		⑧副業・兼業人材と共に活動する社内人材
④権限範囲の明確化		⑨副業・兼業人材の指摘を受け入れるマインドセット
⑤副業・兼業人材の扱いに対する意識		

3-2-1. 中小企業が副業・兼業人材を受け入れる際の留意点 <受け入れる前>

①「副業・兼業人材」が解決する課題の明確化
中小企業が副業・兼業人材に解決して欲しいと思っている課題は、副業・兼業人材や支援事業者のような第三者から見ればそこが本質的な課題ではなく、実は別のところに問題点があることが少なくない。実際に副業・兼業人材を探す前に、第三者（支援事業者）等からの目線で、課題の整理を行うことが有効。

②喫緊の課題には不向き
緊急度が高い日常業務のコア部分は正社員が行い、中小企業が長年棚上げしていた、緊急度は低いが将来的に解決したい課題について、副業・兼業人材と一緒に取り組むことが円滑な業務運営に繋がる。

③ジョブ（業務）の切り出し
副業・兼業人材に業務の一端を担ってもらうにあたって、**既存の業務を可能な限り単位化し、**どの業務をお願いするのか、どこまでの情報を共有する必要があるのかを明確にし、ジョブの切り出しを行う。切り出したジョブに対しては、副業・兼業人材と社内の人材を含めたプロジェクトとして活動できる体制を整えることが重要。

④権限範囲の明確化
副業・兼業人材が既存社員と同じように社内の一員として活躍するためには、社内の情報を副業・兼業人材へ適切に開示することが必要である。しかし、開示に不適切なものも存在することから、副業・兼業人材が社内の情報にどこまでリーチ出来るのか、また権限外の情報が必要となった場合のフォロー体制を整えておくことが社内管理上も重要。

⑤副業・兼業人材の扱いに対する意識
副業・兼業人材も「社員の1人」という意識が円滑な業務遂行やモチベーションとなり、既存社員との協働、契約終了後のノウハウ継承に大きく寄与することから、中小企業は、副業・兼業人材とゴールを設定し、そのゴールに向かって「**共に考え**」「**共に悩み**」「**共に行動**」する、1人の社員として迎え入れることが重要。

3-2-2. 中小企業が副業・兼業人材を受け入れる際の留意点 ＜受け入れてから＞

⑥課題解決に向けた柔軟な対応

中小企業は、副業・兼業人材に対し、決まった工程を提示するのではなく、社員と副業・兼業人材が共に工程を考え、チームとしてゴールを目指す必要がある。また、取組の状況に応じて、臨機応変に工程を修正することも重要であり、場合によっては目指すべきゴールを変更するといった柔軟性（準委任契約）を持つことも必要である。こうした変化・変更が、意図した効果のみならず、副次的効果を生みだすこともある。

外注は、「成果」に対して報酬が支払われる業務委託契約の「請負契約」であり、企業が工程全ての仕様を定め、外注先は与えられた業務をこなすだけになってしまうが、「業務そのもの」に報酬が支払われる副業・兼業者との業務委託契約は「準委任契約」であり、請負契約と違い工程に関する制限等がないことから、工程や結果に対する柔軟性が実現する。

⑦短いサイクルでのPDCAを回すチーム組成

副業・兼業人材は社内に常駐していないため、従来の中小企業のPDCAサイクルでは意思の疎通が深まらない。**より短いサイクルでのPDCAを繰り返す**ことで、中小企業と副業・兼業人材との関係性が強化される。また、考え方の相違や副業・兼業人材の作業進捗についても確認し、微修正を行いながらプロジェクトを進めることも可能となる。早急な結果を求めるよりも、小さな失敗の許容と、成功を賞賛しながら共に積み重ねる作業が重要。

⑧副業・兼業人材と共に活動する社内人材

中小企業は、副業・兼業人材に業務を任せきりにするのではなく、社内人材を副業・兼業人材と協働させることにより、人材育成の場と捉えることが重要。企業は、副業・兼業人材が持つ他社や他部門等との調整力や思考法といった副業・兼業人材が持つノウハウを、プロジェクトを共に推進する社内人材が自ずと吸収する等、社員の実践的な成長機会に繋がる。

⑨副業・兼業人材からの指摘を受け入れるマインドセット

副業・兼業人材には、第三者だからこそ気付くことができる外部目線がある。中小企業は副業・兼業人材から、自社に対する客観的な評価・改善事項への指摘を素直に受け入れるマインドセットが必要。

48

＜参考１＞副業・兼業人材の声

副業・兼業人材の声　小野秀一郎氏（40代）　×　株式会社龍泉刃物（福井県）

【副業・兼業人材登録のきっかけ】
東京でインバウンド専門の旅行業を手がけ、ウェブマーケティングにも造詣の深い小野秀一郎氏。コロナ禍が始まるまでの2019年はまさに日本中がインバウンドのピークを迎えていた。
しかし、コロナで外国人旅行者が激減する中、今まで培ったスキルを役立てたいと考え、複数の人材サービスプラットフォームに登録。

【株式会社龍泉刃物】
日本刀の刀鍛冶の鍛造技術から発生した伝統産業の越前打刃物。龍泉刃物はそこにスタイリッシュなデザインを施し、フランスの国際料理コンクールで使われた。最高の切れ味と美しい模様が浮かびあがるステーキナイフは、世界のシェフの目を奪った逸品。
しかし、海外から求められるもの刃物はメンテナンスが不可欠で、売りっぱなしにもできず、販路開拓に悩んでいた。

【副業・兼業マッチング】
この課題の解決に力を貸したのが、海外に幅広いネットワークを有する小野氏。これまでも海外へのSNS発信やHPの構築支援等を手がけた実績があり、ふくいプロフェッショナル人材総合戦略拠点の案件にも登録し、支援事業者を通じて成約。
月2回のウェブ会議が主体だが、2か月に1回は現地企業を訪問。本業での現場主義を踏襲し、カナダ全土での販路開拓に着手して、アメリカやシンガポールのリサーチも行った。
経営者が従業員育成の相談を持ち掛け、遠隔で外国籍従業員の育成をサポートしている。

【副業・兼業人材としての心がけ】
副業・兼業という言葉はなんとなく軽いイメージを与えてしまうが、本業と同じスタンスでプロとしての成果を上げるべく全力で取り組む。経営者に信頼してもらえるよう、最初の1～2か月でまず成果を出すことが重要。副業・兼業で得た経験も、今後インバウンドが戻ったときに本業に活かさないと何体ない。

【成功する秘訣】
業務の切り出し、課題が明確であること。また経営者と社員間で社内の問題認識等、経営ビジョンをしっかり共有できていることが大切。
業務を進めていく上で、テーマや方向性が変わっていく場合があり、良い意味での方向転換は「フレキシブル」、ただし「ぶれ」て変わるのはいけない。表面的ではなく大元の課題が共有できていると一緒に取り組んでいきやすい。外からの新しい風は社員にも刺激になり、良いプレッシャーにもなる。
副業・兼業募集は単価だが、企業の本気度を示すためにも報酬の適正な設定も大事。人材側も「何でもやります」ではなく、「これだけはきちんと出来ます」という人が副業・兼業に適している。
都市部の副業・兼業人材は、地方や中小企業で実感、やりがいを感じやすい。

小野秀一郎氏

49

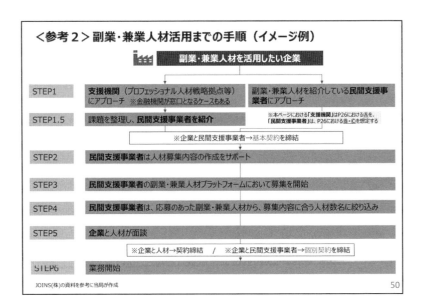

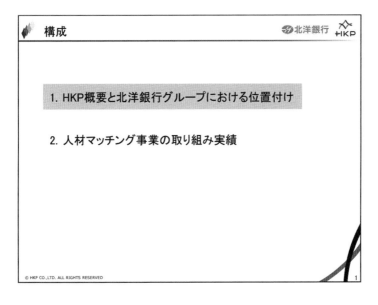

（1）設立経緯

北洋銀行　HKP

- 2017年、日本人材機構と北洋銀行の合弁事業として設立
- 事業が安定軌道に乗ってきたため、2020年4月に北洋銀行が100%子会社化

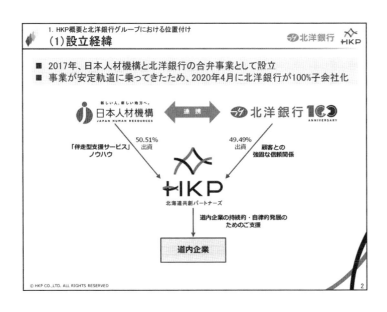

2

（2）事業内容

北洋銀行　HKP

- コンサル、人材、M&Aの3つのサービスラインで展開

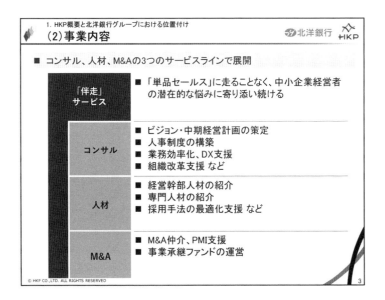

3

参考）3つのサービスの有機的な連携事例

🤝 北洋銀行　HKP

■ お客様の潜在的な悩みを丁寧に聴き取り、最適なソリューションを提案

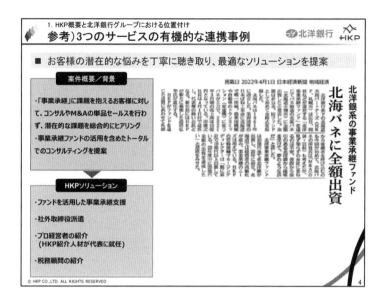

案件概要／背景

・「事業承継」に課題を抱えるお客様に対して、コンサルやM&Aの単品セールスを行わず、潜在的な課題を総合的にヒアリング
・事業承継ファンドの活用を含めたトータルでのコンサルティングを提案

HKPソリューション

・ファンドを活用した事業承継支援
・社外取締役派遣
・プロ経営者の紹介
　（HKP紹介人材が代表に就任）
・税務顧問の紹介

掲載日 2022年4月1日 日本経済新聞 地域経済

北洋銀系の事業承継ファンド
北海バネに全額出資

4

（3）人員体制（2022年10月1日時点）

🤝 北洋銀行　HKP

■ 概ね北洋銀行出向者とプロパー職員の半々で構成。現在56人体制。

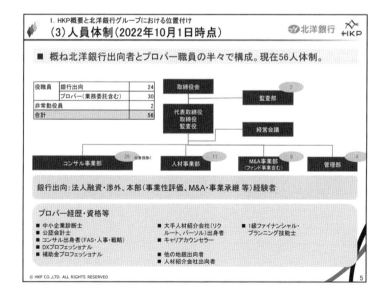

役職員	銀行出向	24
	プロパー（業務委託含む）	30
非常勤役員		2
合計		56

銀行出向：法人融資・渉外、本部（事業性評価、M&A・事業承継 等）経験者

プロパー経歴・資格等

- 中小企業診断士
- 公認会計士
- コンサル出身者（FAS・人事・戦略）
- DXプロフェッショナル
- 補助金プロフェッショナル
- 大手人材紹介会社（リクルート、パーソル）出身者
- キャリアカウンセラー
- 他の地銀出向者
- 人材紹介会社出向者
- 1級ファイナンシャル・プランニング技能士

5

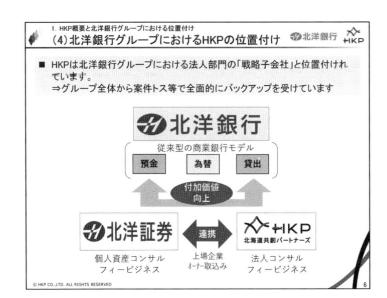

■ HKPは北洋銀行グループにおける法人部門の「戦略子会社」と位置付けれています。
⇒グループ全体から案件トス等で全面的にバックアップを受けています

6

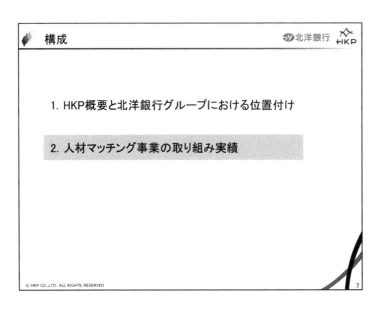

構成

1. HKP概要と北洋銀行グループにおける位置付け

2. 人材マッチング事業の取り組み実績

7

（1）事業立ち上げの変遷

北洋銀行　HKP

■ HKP立ち上げから、人材事業の「足場固め」までに1.5年程度の期間を要しました。

■ 主力事業を「経営人材紹介サービス」と定め、「両手型」で人材紹介を実施することによって「事業目的の達成」と「事業採算」両立の目途が立ち、その後の事業成長に繋がっています。

年	2017		2018			2019			2020			2021			2022	
月	9	12	4	7	10	1	4	7	10	1	4	7	10	1	4	7
イベント	HKP事業スタート		有料職業紹介許可取得			経営人材紹介サービス開始	再就職支援サービス開始			人材紹介会社からの出向受入	業務システム導入	先導的事業採択	銀行からのトレーニー受入		自社DB構築開始		他行からのトレーニー受入
【サービスメニュー】 プロシェアリング 片手型人材紹介 採用ツール紹介 両手型人材紹介 再就職支援 RPO 採用コンサル																
人員体制	3名		4名			6名			7名	8名			9名		11名	
成長ステージ	立上準備		ビジネスモデルの探索			ビジネスの軸決定			事業成長と深化							

8

（1）事業立ち上げの変遷

北洋銀行　HKP

■ 事業立上げ当初のドメインは「人材紹介」からスタートしましたが、顧客（中小企業）の課題を深堀していく中で、現在は「採用全般」が事業ドメインとなり、事業部としてのあるべき姿を「中小企業の人事部代行」と定めて進化を図っています。

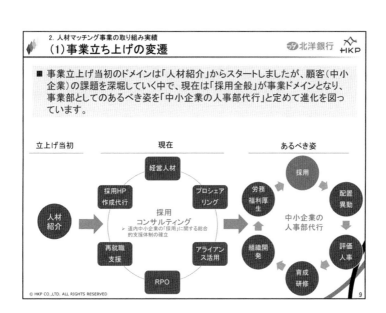

9

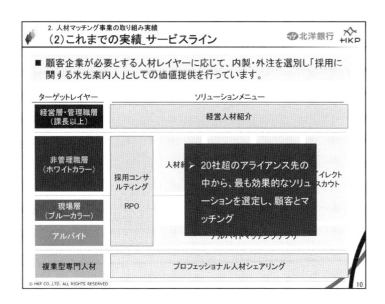

（2）これまでの実績_サービスライン

北洋銀行　HKP

■ 顧客企業が必要とする人材レイヤーに応じて、内製・外注を選別し「採用に関する水先案内人」としての価値提供を行っています。

ターゲットレイヤー　　　　　ソリューションメニュー

経営層・管理職層（課長以上）	経営人材紹介		
非管理職層（ホワイトカラー）	採用コンサルティング	人材紹 ➤ 20社超のアライアンス先の中から、最も効果的なソリューションを選定し、顧客とマッチング	イレクトスカウト
現場層（ブルーカラー）	RPO		
アルバイト			
複業型専門人材	プロフェッショナル人材シェアリング		

© HKP CO.,LTD. ALL RIGHTS RESERVED

10

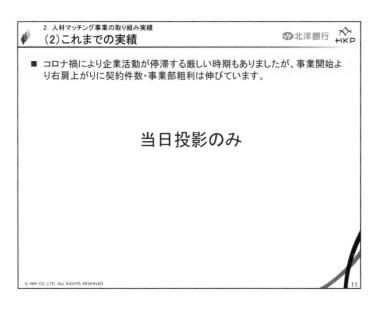

（2）これまでの実績

北洋銀行　HKP

■ コロナ禍により企業活動が停滞する厳しい時期もありましたが、事業開始より右肩上がりに契約件数・事業部粗利は伸びています。

当日投影のみ

© HKP CO.,LTD. ALL RIGHTS RESERVED

11

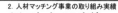

2. 人材マッチング事業の取り組み実績
（2）これまでの実績

■ 人材事業部としては、事業開始当初の18年度は赤字でしたが、19年度以降は全ての年度で黒字を確保しています。
■ 一人当たり粗利、一人当たり営業利益は、右肩上がりに上昇しています。

当日投影のみ

12

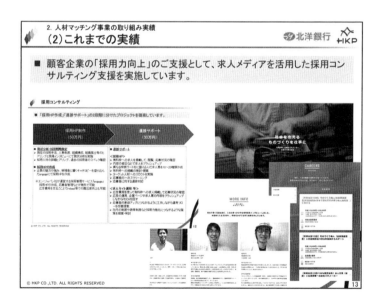

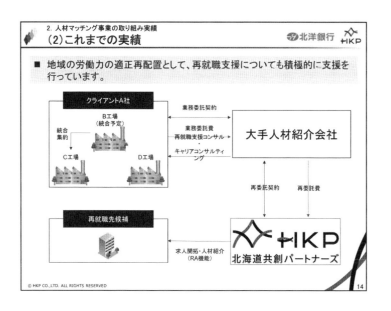

- 地域の労働力の適正再配置として、再就職支援についても積極的に支援を行っています。

クライアントA社

B工場
（統合予定）

統合
集約

C工場　　D工場

再就職先候補

業務委託契約

業務委託費
再就職支援コンサル

キャリアコンサルティング

大手人材紹介会社

再委託契約　　再委託費

HKP
北海道共創パートナーズ

求人開拓・人材紹介
（RA機能）

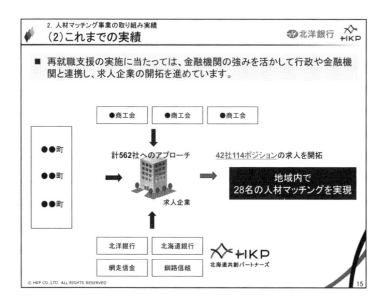

- 再就職支援の実施に当たっては、金融機関の強みを活かして行政や金融機関と連携し、求人企業の開拓を進めています。

●商工会　　●商工会　　●商工会

●●町

●●町

●●町

計562社へのアプローチ　　42社114ポジションの求人を開拓

地域内で
28名の人材マッチングを実現

求人企業

北洋銀行　　北海道銀行

網走信金　　釧路信組

HKP
北海道共創パートナーズ

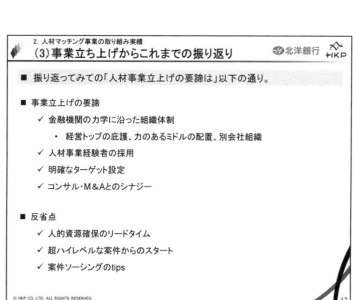

2. 人材マッチング事業の取り組み実績

(2)これまでの実績

北洋銀行 HKP

- 21年10月より、自社求職者DBを作るための転職サイトを開設しました。
- 北海道で働きたい方限定のサイトですが、月間70名程度の方にご登録頂いています。

 16

2. 人材マッチング事業の取り組み実績

(3)事業立ち上げからこれまでの振り返り

北洋銀行 HKP

- 振り返ってみての「人材事業立上げの要諦は」以下の通り。

- 事業立上げの要諦
  - ✓ 金融機関の力学に沿った組織体制
    - 経営トップの庇護、力のあるミドルの配置、別会社組織
  - ✓ 人材事業経験者の採用
  - ✓ 明確なターゲット設定
  - ✓ コンサル・M&Aとのシナジー

- 反省点
  - ✓ 人的資源確保のリードタイム
  - ✓ 超ハイレベルな案件からのスタート
  - ✓ 案件ソーシングのtips

 17

金融機関による人材マッチングの前提としての事業性評価の重要性

神戸大学経済経営研究所
家森信善

知・人・共創と協働

KOBE UNIVERSITY

(RIEB) Research Institute forEconomics and
Business Administration, Kobe University

1

---

1. はじめに

- コロナ禍に対して、地域金融機関は企業の資金繰りを付けることに努力してきた。
- しかし、政府の支援に頼っており、顧客企業を十分に理解して資金繰り支援を行っていなかった金融機関がいるのではないか。
- ポストコロナにおいては、資金繰り支援を超えた企業支援の取り組みが求められるが、それを効果的に実施できるためには、地域金融機関はどうあるべきなのかという意識から様々な企業アンケート調査を行った。

①コロナ禍において、金融機関の対応にはどのような特徴があったか。とくに、事業性評価にしっかりと取り組んでいる金融機関は、危機時にどのような対応をしたか。また、企業は金融機関の対応をどのように評価したか。

②ポストコロナをにらんで、金融機関は、事業者に寄り添う姿勢を示せているのか、新しい支援ツール（経営人材紹介）を有効に活用できているのか、それらの活用にはどのような課題があるか。

 本日は、主に②に焦点を当てて分析を行う。

2

2. 金融機関の多様な支援の必要性

経営者として、コロナ禍の発生前（2019年末ごろ）および、発生後の現在（回答していただいている時点）において苦労していること

	n	取扱商品やサービスについての知識・企画力・開発力の不足	顧客・販路の確保や開拓	仕入先・外注先の確保や開拓	資金繰り、資金調達	財務・税務・法務の知識の不足	従業員（非経営層）の確保・人材育成	経営層の人材の不足	後継者の不在・未決定	経営についての外部の相談相手の不在	その他	特になし／当時は経営者ではない
コロナ禍前	4500	17.4	35.2	12.9	16.2	11.5	24.8	9.8	18.7	9.5	0.4	32.4
コロナ禍後	4500	15.6	39.5	13.2	23.5	11.4	21.1	8.7	17.1	8.9	0.6	30.2

家森信善・播磨谷浩三・小塚匡文・海野晋悟「金融機関の経営統合と地域金融ー「金融機関の経営統合に関する中小企業の意識調査」の概要の報告ー」RIEB　DP2021ーJ04　2021年

3

---

3. 中小企業に対する金融機関の人材支援に関する調査

- 2020年8月に実施し、企業（個人事業を含む）の経営者層3500人からの回答
- 家森信善、米田耕士「金融機関の人材支援に対する中小企業の期待と不安ー2020年「中小企業に対する金融機関の人材支援に関する調査」の結果の概要ー」　神戸大学経済経営研究所　RIEBDP DP2021-J01　2021年1月。
- 家森信善・米田耕士「地域金融機関による人材紹介」『日本労働研究雑誌』第738号　2022年1月

	人数	%
1人	1565	44.7
2〜5人	1129	32.3
6〜10人	274	7.8
11〜20人	159	4.5
21〜50人	134	3.8
51〜100人	84	2.4
101〜300人	81	2.3
301人以上	74	2.1

4

問20. 2020年冬以降のコロナショックに際して、メインバンクは、どのような対応をしましたか。当てはまるものを全て選んで下さい。

| | 全体 | | 企業規模（従業員数） | | | | |
| | | | 1人 | 2～5人 | 11～50人 | 6～10人 | 51人以上 |
	人数	%	%	%	%	%	%
頻繁に訪問してくれた	246	7.0	2.7	8	14	11.3	17.2
オンラインや電話などによって密接に連絡をしてくれた	277	7.9	3.5	7.4	16.7	10.6	25.5
貴社からの申し出はないのに、資金繰りを心配してくれた	329	9.4	3.3	11.2	19.8	19.0	17.6
貴社から資金繰りの相談をしたら、親身に対応してくれた	236	6.7	2.6	7.8	12.3	12.0	16.3
必要な資金を融資してくれた	251	7.2	2.9	6.6	15.4	12.0	22.2
信用保証の利用を勧めてくれた	146	4.2	1.7	5.2	6.1	7.7	8.8
資金繰り以外の経営相談に親身に乗ってくれた	106	3.0	1.0	3.0	4.8	7.7	8.8
新しい取引先を紹介してくれた	47	1.3	0.5	0.9	3.1	2.6	5.4
その他の有益な情報を提供してくれた	207	5.9	4.0.0	5.2	10.2	7.7	14.6
その他の好ましい対応	8	0.2	0.3	0.3	0	0.4	0
特に何もしてくれなかった	1268	36.2	37.8	39.6	31.4	26.6	27.2
担当者と言えるような人はいなかった	1093	31.2	45.9	25.0	9.9	17.5	6.3
合計	3500	100	1565	1129	293	274	239

問31. 貴社の経営課題の解決の観点から、金融機関からの経営人材の紹介に期待しますか。当てはまるものを一つ選んで下さい。

		非常に期待する	ある程度期待する	あまり期待しない	全く期待しない	むしろ懸念する	わからない
	全体	2.1%	8.7%	25.5%	32.2%	8.9%	22.4%
問20	頻繁に訪問してくれた	11.8%	20.7%	32.1%	15.0%	5.3%	15.0%
	オンラインや電話などによって密接に連絡をしてくれた	10.5%	30.7%	26.7%	14.4%	6.9%	10.8%
	貴社からの申し出はないのに、資金繰りを心配してくれた	5.5%	17.0%	33.4%	22.8%	5.2%	16.1%
	貴社から資金繰りの相談をしたら、親身に対応してくれた	6.8%	24.2%	32.6%	17.8%	5.5%	13.1%
	必要な資金を融資してくれた	6.8%	23.9%	33.1%	17.1%	6.4%	12.7%
	信用保証の利用を勧めてくれた	8.9%	21.2%	28.8%	19.2%	7.5%	14.4%
	資金繰り以外の経営相談に親身に乗ってくれた	9.4%	25.5%	31.1%	12.3%	6.6%	15.1%
	新しい取引先を紹介してくれた	21.3%	17.0%	48.9%	8.5%	2.1%	2.1%
	その他の有益な情報を提供してくれた	4.8%	18.4%	34.8%	21.7%	5.8%	14.5%
	その他の好ましい対応	0.0%	12.5%	12.5%	25.0%	25.0%	25.0%
	特に何もしてくれなかった	0.9%	3.9%	24.4%	39.3%	10.9%	20.7%
	担当者と言えるような人はいなかった	0.3%	2.1%	18.1%	37.1%	9.5%	32.8%

➢ 新業務への期待も日頃の金融機関の業務姿勢に依存する。

問32. 問31で期待するとお答えの方にお尋ねします。一般の人材紹介会社と比べて、金融機関の人材紹介にはどのようなメリットがあると思いますか。当てはまるものを全て選んで下さい。

| | 全体 | | 従業員規模 | | | |
| | | | 11～50人 | | 51人以上 | |
	人数	%	人数	%	人数	%
人材採用後の定着支援が充実	136	35.7	25	42.4	32	37.2
人材採用後に生じる様々なトラブル解決への支援が充実	139	36.5	28	47.5	41	47.7
手数料が安い	103	27.0	17	28.8	21	24.4
迅速に人材を紹介してくれる	105	27.6	22	37.3	23	26.7
地元の人材マーケットの情報を豊富に持っている	119	31.2	18	30.5	30	34.9
全国的な人材マーケットの情報を豊富に持っている	64	16.8	14	23.7	22	25.6
採用活動前に、貴社にとって必要な人材スペックを正確に助言してくれる	68	17.8	17	28.8	20	23.3
決まるまで辛抱強くマッチングを続けてくれる	53	13.9	9	15.3	16	18.6
採用に伴う社内体制の整備について支援してくれる	48	12.6	9	15.3	17	19.8
借入面で優遇してくれる	55	14.4	11	18.6	11	12.8
金融機関との関係を強めることができる	77	20.2	8	13.6	24	27.9
その他のメリット	3	0.8	0	0	1	1.2
金融機関以外に、信頼できる人材紹介業者を探すのは難しい	14	3.7	0	0	1	1.2
合計	381	100	59	100	86	100

> ➤ 地元に密着していることから、採用後のフォローへの期待が高い。

7

問33. 問31で期待しない(もしくは、むしろ懸念する)とお答えの方にお尋ねします。期待しない、あるいは、懸念する理由として、下記から当てはまるものを全て選んで下さい。

| | 全体 | | 企業規模(従業員数) | | | |
| | | | 11～50人 | | 51人以上 | |
	人数	%	人数	%	人数	%
ふさわしくない人材を紹介されかねない	697	29.9	76	38.2	48	35.6
いったん紹介されると断りにくい	759	32.5	80	40.2	60	44.4
採用後の定着支援が不十分	130	5.6	19	9.5	12	8.9
手数料が高い	567	24.3	45	22.6	29	21.5
人材紹介に時間がかかる	111	4.8	16	8	9	6.7
地元の人材マーケットの情報を十分に持っていない	153	6.6	19	9.5	6	4.4
全国的な人材マーケットの情報を十分に持っていない	72	3.1	11	5.5	8	5.9
金融機関には、貴社にとって必要な人材スペックの正確な助言ができない	275	11.8	32	16.1	33	24.4
手数料収入を狙って、企業のことを本当には考えてくれない	190	8.1	17	8.5	8	5.9
金融機関のOBの処遇のためのポストにされかねない	298	12.8	43	21.6	26	19.3
人材不足を理由に取引条件を厳格化されかねない	111	4.8	10	5	8	5.9
人材紹介業としての専門性が乏しい	551	23.6	42	21.1	36	26.7
その他の問題	231	9.9	7	3.5	2	1.5
合計	2334	100	199	100	135	100

> ➤ 金融機関が顧客のために行動するという信頼が乏しい
>   →信頼のない金融機関は人材紹介業務で成功するのは難しい

8

4. 一橋大学経済研究所共同利用・共同研究拠点事業プロジェクト研究による企業アンケート調査

　　一橋大学経済研究所 共同利用・共同研究拠点事業（課題番号IERPK2118）の助成を受けて、2021年10月に中小企業2500社に対してWebアンケート調査「ポストコロナにおける金融機関による企業支援と事業性評価に関する企業意識」を実施した。

SQ3　直近の決算期末の時点で、あなたが経営者的な位置におられる会社等の常用従業員数（役員・家族を含み、全くの臨時的な従業員は除く）はあなた以外に何人でしたか。

回答数	1人	2〜5人	6〜10人	11〜20人	21〜50人	51〜300人
2500	270	968	377	287	296	302
100.0	10.8	38.7	15.1	11.5	11.8	12.1

➢ 自分一人で行っている事業者は回答から除いた。

問12. メインバンクから、以下の7の点で助言や情報を得たことがありますか。また、それは貴社の経営にとって具体的な効果がありましたか。

	回答数	新しい販売先	新しい仕入先	新しい技術やその技術の入手方法	新商品や新規事業	人材の紹介（中途採用者の紹介など）	専門家や専門機関の紹介	上記以外の助言や情報	上記の項目のいずれも該当しない
助言や情報を得た	2439	9.4	4.8	2.5	5.7	4.4	8.3	1.3	73.8
経営に具体的効果があった	2439	4.3	1.8	1.2	2.0	1.5	4.0	0.4	86.5

➢ メインバンクから何らかの助言や情報の提供を受けた経験があるのは、全体の25％ほど。それらが効果があったという企業は14％ほどにとどまる。
　　→もっと多くの企業に対してどのように支援をしていくのか。
➢ 人材紹介は5％未満にとどまる。→人材紹介はこれからの業務ともいえる。
➢ 助言を得た企業のうち効果があった比率で見ると、「販売先」で45.7％(=4.3/9.4)など、一定の改善効果を持っていることもわかる。人材の紹介に関しては、34.1％にとどまり、まだ、成果も十分に企業に感じられていない。

問23. 貴社は、金融機関から、人材紹介業務の提案や説明を受けたことがありましたか。当てはまるものを一つ選んで下さい。

		具体的な支援の提案があった	具体的な提案はなかったが、人材紹介業務の説明があった	説明もない	金融機関との付き合いはない
全体	2500	2.9%	11.4%	67.2%	18.6%
1人	270	0.4%	2.6%	60.7%	36.3%
2－5人	968	0.5%	5.7%	72.1%	21.7%
6－10人	377	2.9%	13.0%	66.0%	18.0%
11－20人	287	2.4%	15.0%	72.8%	9.8%
21－50人	296	5.7%	23.6%	61.5%	9.1%
51人以上	302	10.3%	19.9%	58.6%	11.3%
大手銀行	785	2.4%	9.9%	60.6%	27.0%
地域銀行	998	4.0%	12.6%	70.4%	12.9%
信用金庫	526	2.1%	12.4%	74.7%	10.8%
信用組合	66	1.5%	12.1%	81.8%	4.5%

➢ 全体では、提案や説明を受けたことがあるのは2.9%にとどまる。
➢ 「51人以上」企業では10.3%となっており、ターゲットを絞った活動が行われている。
➢ 顧客層の大きさなどから、地域銀行が先行する取り組みとなっている

11

経営課題別の人材紹介のアプローチ状況

		具体的な支援の提案があった	具体的な提案はなかったが、人材紹介業務の説明があった	説明もない	金融機関との付き合いはない
従業員（非経営層）の確保、人材育成	970	4.6%	15.4%	66.8%	13.2%
経営層の人材の不足	350	4.3%	19.4%	65.7%	10.6%
後継者の不在・未決定	586	2.4%	13.8%	70.1%	13.7%

経営課題別の人材紹介のアプローチ状況(従業員51人以上）

		具体的な支援の提案があった	具体的な提案はなかったが、人材紹介業務の説明があった	説明もない	金融機関との付き合いはない
従業員（非経営層）の確保、人材育成	188	9.6%	19.7%	60.6%	10.1%
経営層の人材の不足	86	7.0%	26.7%	54.7%	11.6%
後継者の不在・未決定	62	9.7%	29.0%	54.8%	6.5%

人材を課題に抱えている企業に対してアプローチできていない。
従業員規模51人以上企業ですら、課題を抱えているところが放置されている。

12

13

経営人材の紹介に対する期待（メインバンクへの信頼感・関係性別）

	非常に期待する	ある程度期待する	あまり期待しない	全く期待しない	むしろ懸念する	わからない	回答者数
①メインバンクに対して、常に安定的に必要な資金供給に応じてくれるという信頼感がある	1.6%	21.7%	45.6%	19.7%	2.9%	8.4%	309
②メインバンクの担当者や支店長は、貴社の数字に表れない強みについても十分理解してくれている	2.8%	23.4%	42.3%	18.1%	5.2%	8.1%	248
③借入以外の相談（例 新しい販売先の開拓）についても、対応してくれる	2.9%	25.9%	41.5%	19.5%	4.4%	5.9%	205
④意味のある関係性が築けているわけではない	0.3%	2.7%	20.5%	46.2%	12.0%	18.1%	623

- ➢ 「非常に期待する」と「ある程度期待する」の合計を期待比率とする。
- ➢ ④では、期待比率は3%。
- ➢ ②や③という非金融的な面での信頼関係が強いと、期待比率は25％を超える。
- ➢ ②や③の期待率は、①の金融面の関係性が高い場合の期待比率よりも高い。

コロナ禍での金融機関対応と人材紹介業務への期待

	非常に期待する	ある程度期待する	あまり期待しない	全く期待しない	むしろ懸念する	わからない	回答者数
高く評価する	5.7%	26.2%	37.7%	16.4%	4.9%	9.0%	122
ある程度評価する	1.0%	17.8%	45.6%	21.9%	3.9%	9.9%	597
少し評価する	0.2%	13.5%	43.1%	29.1%	5.3%	8.8%	547
あまり評価しない	0.3%	8.5%	31.0%	45.4%	8.5%	6.4%	390
全く評価しない	1.1%	2.2%	11.6%	59.7%	18.2%	7.2%	181
わからない／該当しない	0.5%	1.8%	16.6%	36.5%	10.0%	34.6%	602

- ➢ コロナ禍での金融機関の対応について評価している企業ほど、人材紹介業務への期待も高い。
- ➢ 日頃からの対応が新しい非金融サービスへの企業ニーズに大きく影響している。

14

コロナ禍での金融機関の具体的な対応と人材紹介業務への期待

	期待比率	回答者数
資金繰り以外の経営相談に親身に乗ってくれた	44.8%	96
新しい取引先を紹介してくれた	35.3%	34
オンラインや電話などによって密接に連絡をしてくれた	32.3%	133
返済条件の変更を認めてくれた	27.9%	86
頻繁に訪問してくれた	24.4%	209
補助金等の紹介や申請をサポートしてくれた	23.9%	176
貴社から資金繰りの相談をしたら、親身に対応してくれた	22.2%	234
貴社からの申し出はないのに、資金繰りを心配してくれた	22.2%	311
必要な資金を融資してくれた	22.0%	277
貴社から資金繰りの相談をしたら、事務的な対応だった	19.4%	72
特に何もしてくれなかった	6.8%	1037
担当者と言えるような人はいなかった	3.1%	459

➢ 「資金繰り以外の経営相談に親身に乗ってくれた」や「新しい取引先を紹介してくれた」といった非金融サービス面での対応経験があると、期待比率は高くなる。
➢ それに比べると、「返済条件の変更を認めてくれた」で27.9%など、金融的な対応の経験だけでは期待比率は低めとなる。
➢ コロナ禍で何もしてくれない金融機関への期待はほとんどない。

15

むすび

➢ 2021年10月に中小企業2500社に対して実施した「ポストコロナにおける金融機関による企業支援と事業性評価に関する企業意識」の調査結果を基にして、ポストコロナにおける地域金融機関の中小企業支援のあり方について検討。

➢ コロナ禍の2021年現在で、苦労していることとして、「従業員（非経営層）の確保、人材育成」が最も多く、「顧客・販路の確保や開拓」が次に多かった。カネに関わること（資金繰り、資金調達）も課題ではあるが、業績に関わること、ヒトに関わることが中小企業にとってのより深刻な課題であった。

➢ 過半数の回答者が「金融機関は資金提供以外でも問題企業を支援すべき」を支持している。なお、メインバンクへの信頼感が強い企業では、「金融的なサービスに対して対価を支払うのに抵抗はない」との回答が多く、手数料ビジネスで成果をあげるためにも、まず、企業との間で信頼できる関係を築くことが必要である。

➢ 人材紹介業務に関して、金融機関から提案や説明を受けたことがあるかを尋ねたところ、約7割が「説明もない」と回答しており、説明や提案があったのは15％以下であった。人材紹介業務の周知についても十分とは言えない。

➢ 経営課題として経営人材に関する点を選択した企業に対しては、相対的には多い割合で提案や説明が行われているが、それでも66％が「説明もない」と回答しており、金融機関側において企業のニーズを的確に察知できていない状況が読み取れた。

16

➢ 金融機関からの経営人材の紹介に期待するかどうかを尋ねたところ、否定的な回答が3分の2であり、積極的な回答は1割ほどにとどまった。
➢ 新しい非金融サービスに対する期待は、コロナ禍での金融機関の対応が親身であった場合ほど、高い傾向が見て取れた。新規業務による企業支援を充実させるとしても、それは日頃からの事業性評価の取り組みを土台にしているのである。
➢ 新規業務の目新しさや手数料収入に注目するのではなく、事業性評価をしっかりと行い、企業の真の経営課題を把握し、その課題を解決するベストのソリューションを提供していく姿勢が何よりも大切であろう。人材紹介や地域商社事業の実施が目的ではなく、顧客企業の価値を高めることを出発点とするビジネスモデルが求められているのはいうまでもない。

◆ 家森信善編著（2022）『ポストコロナにむけた金融機関による事業性評価と金融を超えた支援』経済経営研究叢書（金融研究シリーズ）　No.11。
◆ 家森信善・浅井義裕・相澤朋子・尾島雅夫・海野晋悟・橋本理博（2022）「ポストコロナにおける金融機関による企業支援の課題－2021年企業アンケート結果を基に－」RIEB　DP2022-J04　80pp.　2022年2月。
◆ 家森信善・米田耕士「地域金融機関による人材紹介」『日本労働研究雑誌』　第738号　2022年1月。

資　料

金融庁
Financial Services Agency

今泉宣親氏
（金融庁監督局銀行第二課地域金融企画室長）
パネルディスカッション資料

金融庁における地域金融機関を「後押し」する組織

地域金融企画室

- 地域における金融仲介機能に関する企画・立案・調整、地域銀行の健全性に影響を与え得るリスク等の調査・分析　等

地域金融生産性向上支援室

- 地域金融機能の強化を通じた企業の生産性向上を支援するための政策の企画・立案・調整　等

地域金融支援室

- 地域金融機関の能力向上による金融仲介機能等の発揮を支援するための政策の企画・立案・調整　等

人材マッチング推進室

- 地域金融機関等を通じた地域企業の経営人材確保の支援を目的とした人材マッチングの促進に関する政策の企画・立案・推進　等

1

「人材マッチングの仲介役」となる地域金融機関

◆ 金融庁は、2018年3月、地域金融機関等において取引先企業に対する人材紹介業務が可能であることを明確化

◆ 地域金融機関は、取引先企業の事業性評価・伴走支援活動の一環として人材紹介業務を実施。人材紹介の前提となる**経営課題の把握から、人材を紹介した後のフォローアップまで、ワンストップで支援**

□ 地域金融機関の人材マッチングフロー

① 経営課題の 抽出・分析、提案	**② ニーズの発掘・ 求人票作成**	**③ 人材の選定・採用**	**④ フォローアップ・ 継続支援**
✓ 取引先の経営課題解決のため、**人材紹介による支援**を提案 ※ ヒト以外にも、融資や連携先企業の紹介等、多様なソリューションを提供可能	✓ 経営者との対話を通じて、必要となる人材像を明確化し、**求人票を作成**	✓ ふさわしい人材を選定し、**取引先企業へ紹介**。採用プロセスを経て成約	✓ 取引先企業に対する**継続的なフォロー**や、入社した人材に対する**定着支援**

人材紹介業務における地域金融機関の提携先の例

内閣府・プロフェッショナル人材戦略拠点

大手人材紹介会社、地場の人材紹介会社

取引先企業への継続的なフォローは、一般の人材紹介会社とは異なる、**地域金融機関の取組みの特徴**

2

経営人材の紹介希望相手（複数回答）

Q. 経営人材が必要となった場合に、誰に紹介してもらおうと思いますか。以下の選択肢から上位3つを選んでご記入ください。

(%)　　　　　　　　　　　　　　　　　　　　　　　　　　　　(n=8,733)

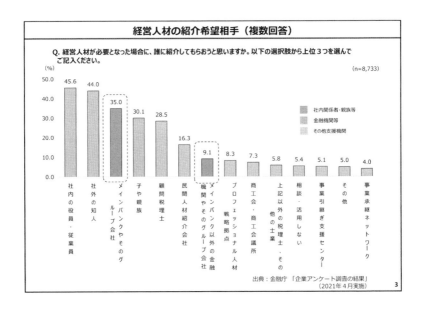

凡例:
- 社内関係者・親族等
- 金融機関等
- その他支援機関

データ値:
- 社内の役員・従業員: 45.6
- 社外の知人: 44.0
- メインバンクやそのグループ会社: 35.0
- 子や親族: 30.1
- 顧問税理士: 28.5
- 民間人材紹介会社: 16.3
- メインバンク以外の金融機関やそのグループ会社: 9.1
- プロフェッショナル人材戦略拠点: 8.3
- 商工会・商工会議所: 7.3
- 上記以外の税理士・その他の士業: 5.8
- 相談・活用しない: 5.4
- 事業引継ぎ支援センター: 5.1
- その他: 5.0
- 事業承継ネットワーク: 4.0

出典：金融庁「企業アンケート調査の結果」（2021年4月実施）

3

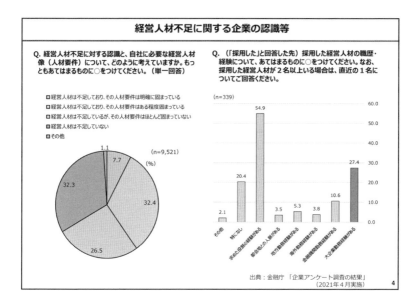

経営人材不足に関する企業の認識等

Q. 経営人材不足に対する認識と、自社に必要な経営人材像（人材要件）について、どのように考えていますか。もっともあてはまるものに○をつけてください。（単一回答）

- 経営人材は不足しており、その人材要件は明確に固まっている
- 経営人材は不足しており、その人材要件はある程度固まっている
- 経営人材は不足しているが、その人材要件はほとんど固まっていない
- 経営人材は不足していない
- その他

(n=9,521)
(%)

1.1
7.7
32.3
32.4
26.5

Q. （「採用した」と回答した先）採用した経営人材の職歴・経験について、あてはまるものに○をつけてください。なお、採用した経営人材が2名以上いる場合は、直近の1名についてご回答ください。

(n=339)

その他	特になし	求めた役割の就業経験がある	都会地の人脈がある	地方勤務経験がある	業界勤務経験がある	金融機関勤務経験がある	大企業勤務経験がある
2.1	20.4	54.9	3.5	5.3	3.8	10.6	27.4

出典：金融庁 「企業アンケート調査の結果」
（2021年4月実施）

4

地域企業経営人材マッチング促進事業について

◆ 政府として「地方への新しい人の流れ」の創出に向けた取組みが進む。

◆ 金融庁としても、地域金融機関の人材仲介機能を強化し、**転籍や兼業・副業、出向といった様々な形を通じた、大企業から中堅・中小企業（ベンチャー企業を含む）への人の流れを創出**し、大企業で経験を積まれた方々の各地域における活躍を後押し

  ✓ 中堅クラスの**兼業・副業、出向** ⇒ 将来の幹部人材として外部で経営に関わる貴重な経験に
  ✓ シニア世代の方の**転籍** ⇒ 人生100年時代に必要性の高まるセカンドキャリアの獲得機会に

□ 事業スキーム

5

地域の中堅・中小企業への給付金

◆ レビキャリを活用して経営人材を獲得した**地域企業には、最大500万円が給付**されます。

◆ 給付金は、例えば、採用者へ提示する待遇の改善、人事制度や福利厚生の充実、その他採用に際して要する諸費用に活用することができます。

□ 地域企業経営人材確保支援事業給付金

■ 大企業人材と地域企業[1]との間に存在する年収ギャップ等を一定程度解消し、地域企業による経営人材確保を進めるため、レビキャリを活用して経営人材を獲得した**地域企業に対し、最大500万円**[2]**が給付**されます。

[1] 「地域」には、特に制限を設けられておらず、三大都市を含む日本全国の中堅・中小企業が対象です。

[2] 以下のとおり、採用形態や年収に応じた給付となります。

【転籍】
地域企業が経営人材の要件（年収500万円以上）を満たす人材を採用した場合に、地域企業に対して、当該人材に支払う年収の3割、最大2年分に相当する金額を、上限500万円まで一時金で給付します。

【転籍以外（兼業・副業、出向）】
地域企業に対して、当該人材に支払う年収等の3割、最大2年分に相当する金額を、上限200万円まで一時金で給付します。

(注) 詳細は、株式会社地域経済活性化支援機構（REVIC）が定める給付規程等をご確認ください。

6

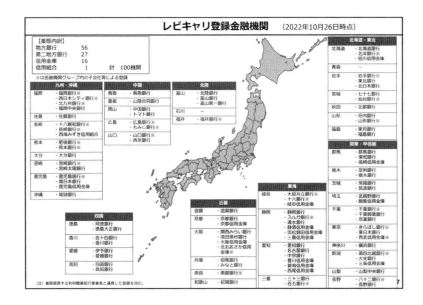

レビキャリ登録金融機関　(2022年10月26日時点)

【業態内訳】
地方銀行 56
第二地方銀行 27
信用金庫 16
信用組合 1 　計 100機関

※は金融機関グループ内の子会社等による登録

(注) 業務提携する有料職業紹介事業者と連携した登録を含む。

7

242

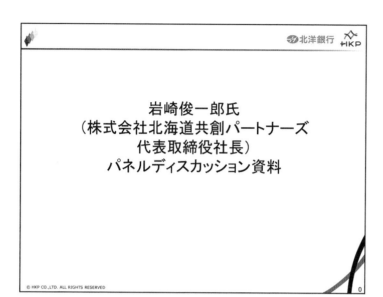

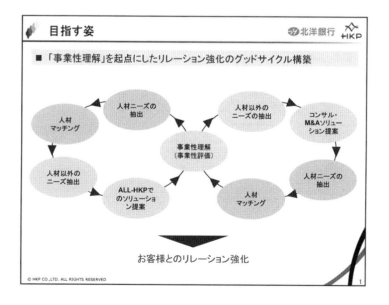

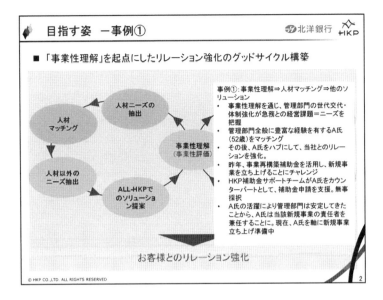

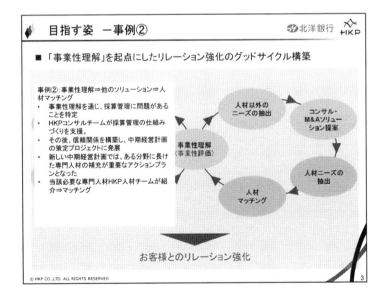

大橋 歩氏
（PwCコンサルティング合同会社 公
共事業部 ディレクター）
報告資料

（1）人材政策へのアプローチ

人材政策領域を通じて、「外部(から調達される)人材」の好循環を促し、
人手不足、働き方改革といった、日本企業共通の人材にかかる経営課題を解決する

"我々の関心事"
対「人材」 … 非正規雇用対策や求職者支援
対「企業」 … 高度人材の活用による企業成長の促進
対「市場」 … 新たな労働市場の形成(≒人材流動化)

外部人材
(非正規、シニア、女性、外国人等)

日本企業

人材の採り方 → 人材の雇い方 → 人材の働き方 → 人材の育て方

（2）プロジェクトを捉える視点

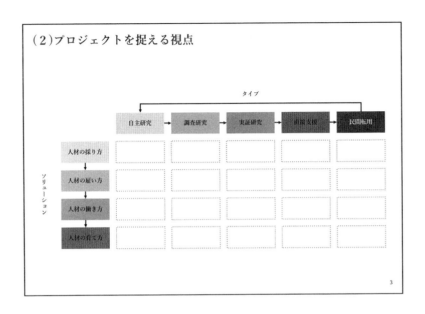

（3）地域金融機関向けの他Los/OUとの連携

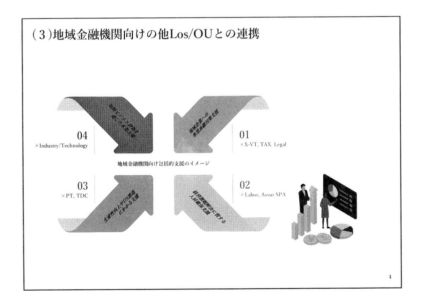

人材会社による人材採用 ＋ 大企業連携副業兼業マッチングによる経営課題解決支援

兵庫県プロフェッショナル人材戦略拠点　亀井芳郎

亀井 芳郎

博士（経営学）・ＭＢＡ
中小企業診断士
内閣府プロフェッショナル人材事業　兵庫県戦略マネージャー
中小企業基盤整備機構中小企業支援アドバイザー

服飾品の輸入商社で海外ブランドの展開を通して、ブランド開発に取り組み、
営業部長、経営企画室長などを経験。
1999年オンリー入社、The@SuperSuitsStoreを立ち上げ、
2002年同社社長を引き継ぐ。
2005年大阪証券取引所ヘラクレス上場。
2006年社長を退任し、コンサルタントとして独立。
2014年プロフェッショナル人材事業兵庫県戦略マネージャー。

著書：「セブンエレメンツモデル」ビジネス社

1

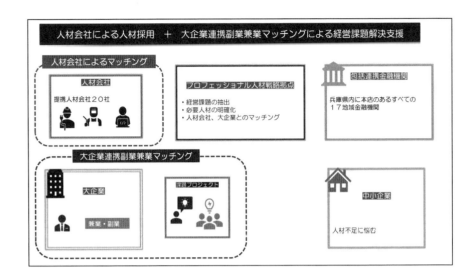

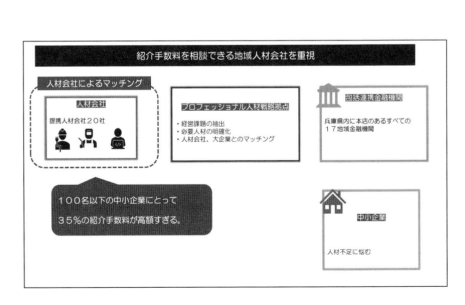

連携大企業の副業兼業人材を人材会社を介さずに、直接紹介して経営課題を支援

月5万円くらいで使いやすい。

経営課題の採用ミスマッチを
できるだけ少なくしたい。

プロフェッショナル人材戦略拠点

・経営課題の抽出
・必要人材の明確化
・人材会社、大企業とのマッチング

包括連携金融機関

兵庫県内に本店のあるすべての
17地域金融機関

大企業連携副業兼業マッチング

大企業

兼業・副業

課題プロジェクト

中小企業

人材不足に悩む

中小企業が抱えている問題点

経営人材が不足していることが悩み

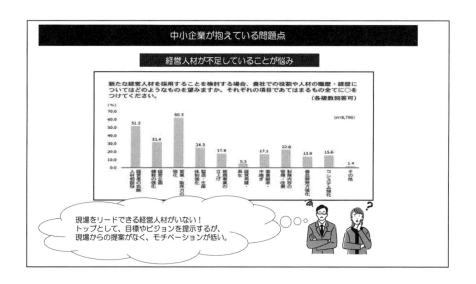

新たな経営人材を採用することを検討する場合、貴社での役割や人材の職歴・経歴に
ついてはどのようなものを望みますか。それぞれの項目であてはまるもの全てに〇を
つけてください。

（各複数回答可）

(n=8,790)

現場をリードできる経営人材がいない！
トップとして、目標やビジョンを提示するが、
現場からの提案がなく、モチベーションが低い。

中小企業が現場ボトムアップができない理由

中小企業の最大の問題点はコミュニケーション不足

● 少人数ゆえに、疑似家族の様な人間関係で問題点を指摘しにくい。

● 中途入社が多く、年齢、社歴、職歴がばらばらで、命令系統が不明確である。

第1に、コミュニケーション不足である。
第2に、外部人材が中小企業ができないことを前提に、課題を指摘する、指導や研修の形で教える。
第3に、支援機関、金融機関からトップダウン分析型の戦略計画を求められる。

現場のコミュニケーションを促進する外部人材の必要性

支援者の条件　※8

1　現場経験のある支援者が支援する。

2　支援者は学習者と一緒に考える。

3　学習者が自ら答えを出すように支援する。

現場プロジェクト型中小企業支援 － 課題抽出プロジェクト・課題解決プロジェクト

1 コミュニケーションの仕組みと外部人材の
受け皿として「プロジェクト」を設置。

2 課題抽出プロジェクトをキックオフとして
プロジェクトをスタート。

3 抽出された課題に取り組む
課題解決プロジェクトへ移行。

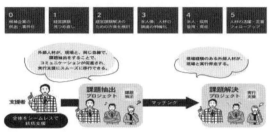

課題解決プロジェクト

課題解決プロジェクト

プロジェクトの着地点 - 課題解決の事例

課題抽出プロジェクトを実施した１００社以上及び、課題ヒアリングを実施した
５００社の事例から、約９０％は以下の課題に着地する。これら課題を現場と一
緒に解決していく事がプロジェクトの目的となる。

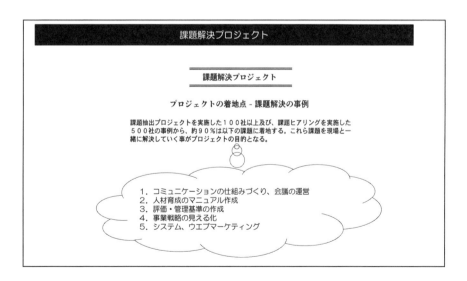

1. コミュニケーションの仕組みづくり、会議の運営
2. 人材育成のマニュアル作成
3. 評価・管理基準の作成
4. 事業戦略の見える化
5. システム、ウエブマーケティング

兵庫県立大学での研修（2022年10月実施）
※令和4年度中企庁中核人材確保支援事業

神戸市中小企業DXワークショップ（2022年7月実施）

課題抽出プログラムテキスト

課題抽出プログラムパンフレット

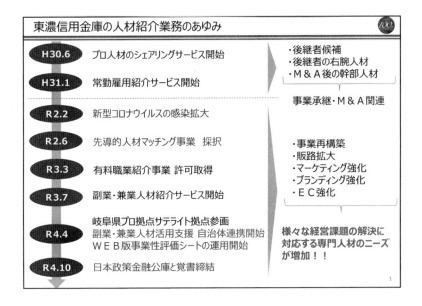

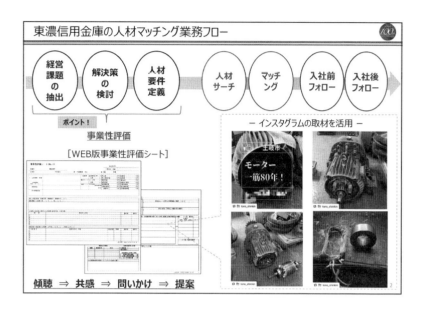

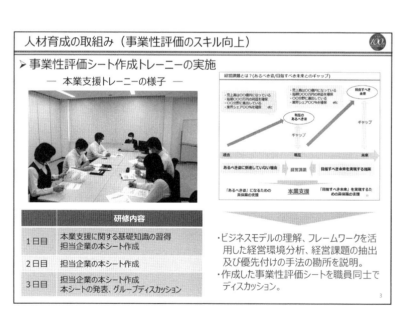

副業・兼業人材の活用支援

地方の中小企業での副業目的は何ですか？

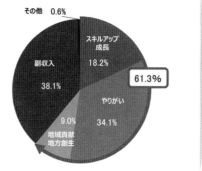

その他　0.6%

スキルアップ
成長
18.2%

副収入
38.1%

61.3%

やりがい
34.1%

9.0%
地域貢献
地方創生

スキルアップや地域貢献・地方創生等、副収入以外が61.3%

出所：みらいワークスＨＰ　2022年度　首都圏大企業管理職に対する
「地方への就業意識調査」一部修正

地方中小企業の課題

①社内に課題解決に必要な
　ノウハウが無い
②コスト面でハイレベル人材
　の採用が難しい
③そもそも地方への転職希
　望者が少ない

都市部の大企業に所属する
人材を、副業・兼業人材とい
う形で活用できる仕組みに
着目！！

4

地方自治体と連携した地域を挙げた副業・兼業人材の活用後押し

《　副業人材活用に関する自治体連携イメージ　》

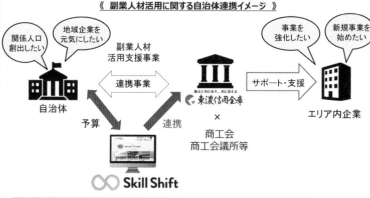

関係人口
創出したい

地域企業を
元気にしたい

副業人材
活用支援事業

連携事業

自治体

予算　　　連携

Skill Shift

地元と共にあり、共に栄える
東濃信用金庫
×
商工会
商工会議所等

サポート・支援

事業を
強化したい

新規事業を
始めたい

エリア内企業

自治体・当金庫・商工団体・副業人材マッチング提供会社が連携し、自治体による副業
人材活用に係る費用の補助から、当金庫による求人活用及びその後のフォロー迄をワン
ストップで提供

5

日本政策金融公庫との連携

～ ポストコロナに向け『人材紹介分野』を中心に日本政策金融公庫と連携拡大 ～

— 令和4年10月8日 岐阜新聞 —

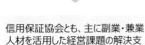

ゼロゼロ融資の返済本格化を見据え、日本政策金融公庫と「人材紹介分野」を中心とする「本業支援」全般での連携強化の覚書を締結

信用保証協会とも、主に副業・兼業人材を活用した経営課題の解決支援に取組み中

6

人材マッチングの件数推移

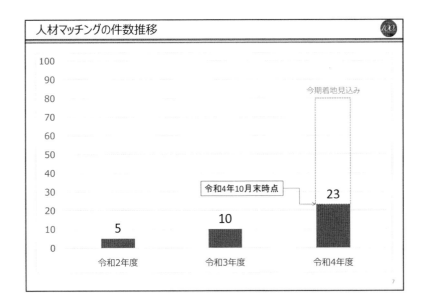

7

ご清聴ありがとうございました

~Thank you for your attention~

Tono Shinkin Bank
とうしん地域活力研究所

東濃信用金庫
公式ＳＮＳ

〈執筆者紹介〉

家森信善	神戸大学経済経営研究所教授・同地域共創研究推進センター長	編者、第9章、第10章、第11章
日下智晴	神戸大学経済経営研究所客員教授（元金融庁地域金融企画室長）	第1章
笹尾一洋	内閣官房デジタル田園都市国家構想実現会議事務局兼内閣府本府地方創生推進室 企画官（執筆時）	第2章、第10章
咄下　新	PwC コンサルティング合同会社公共事業部シニアアソシエイト	第3章
竹本洋平	広島銀行法人営業部事業支援室／ひろぎんヒューマンリソース人材紹介事業部 部長（執筆時）	第4章
松本元伸	みなと銀行地域戦略部ビジネスプラザこうべチーフアドバイザー（執筆時）	第5章
植田卓也	内閣官房デジタル田園都市国家構想実現会議事務局参事官補佐（執筆時）	第6章
田中直也	尼崎信用金庫価値創造事業部法人ソリューショングループ長	第7章
亀井芳郎	兵庫県プロフェッショナル人材戦略拠点戦略マネージャー	第8章
米田耕士	熊本学園大学経済学部准教授	第9章
岩崎俊一郎	株式会社北海道共創パートナーズ代表取締役社長	第10章、第11章
松橋敬司	株式会社北海道共創パートナーズ人材事業責任者	第10章
今泉宣親	金融庁地域金融企画室長（執筆時）	第11章
大橋　歩	PwC コンサルティング合同会社 公共事業部パートナー（執筆時　ディレクター）	第11章
竹下浩司	東濃信用金庫常勤理事　とうしん地域活力研究所長	第11章
相澤朋子	日本大学商学部専任講師・神戸大学経済経営研究所非常勤講師	第10章、第11章

地域金融機関による企業支援の新しい展開
事業性評価に基づく人材マッチングの可能性を探る

2023 年 9 月 30 日　初版第 1 刷発行
2023 年 11 月 30 日　初版第 2 刷発行

編者―――家森信善

発行―――神戸大学出版会
〒 657-8501 神戸市灘区六甲台町 2-1
神戸大学附属図書館社会科学系図書館内
TEL 078-803-7315　FAX 078-803-7320
URL: https://www.org.kobe-u.ac.jp/kupress/

発売―――神戸新聞総合出版センター
〒 650-0044 神戸市中央区東川崎町 1-5-7
TEL 078-362-7140 ／ FAX 078-361-7552
URL:https://kobe-yomitai.jp/

印刷／神戸新聞総合印刷